目 录

影响2016年美国大选结果的深层次因素分析

林至敏　王建伟*

【内容提要】　出乎大多数观察家和主流媒体的预测，共和党候选人特朗普异军突起，赢得2016年美国总统大选。本文试图对所谓的“特朗普现象”进行初步但是比较系统的分析，指出特朗普胜选并非偶然和侥幸，而是反映了美国社会及其内外政策存在的某些深层次的矛盾及发展。它们包括：美国社会对全球化政策的强烈反弹，美国政治和社会的分裂和两极化，民主党的失误，美国外交的内政化，以及“身份政治”的兴起。文章最后指出，特朗普当选美国总统打破了战后美国政治的传统格局和规律。它对美国政治体制的长远影响目前还无法知晓，但今后几年美国国内政治对立加强、政治纷争常态化以至出现过去不常见的政局动荡却是可以预见的。

【关键词】　美国总统大选　特朗普　反全球化　中产阶级　蓝领工人　身份政治

* 林至敏，美国西雅图华盛顿大学政治学博士，澳门大学政府与行政学系教授；王建伟，美国密歇根大学政治学博士，澳门大学政府与行政学系教授。

2016年的美国大选结果不仅令人震撼而且在很大程度上突破了以前分析美国政治的传统框架。直到大选开票前，除了《投资者商业日报》①等两三个非主流民意调查机构准确地预测了特朗普将以微弱多数当选外，所有主要主流民意调查机构均认定希拉里会以大比例赢得选举人多数票。而选举最终结果是，特朗普以304张选举人票当选。希拉里只获得232票。虽然希拉里的选民票比特朗普多出280万票（占总投票人数的2%），但也无济于事。到底是民意调查出错了，还是确有所谓的“隐藏选民”存在？不仅如此，民主党在参众两院选举的表现也远逊于选前的估计。选前一般估计民主党会重新夺回参议院多数党地位②，结果虽然席位增加了两席，却仍然以48席比52席落后于共和党。在众议院，民主党只增加了7席，共和党仍以241席对194席稳居多数。奥巴马卸任前的民众满意度属历届总统同期最高，但对希拉里选情显然没有什么明显的带动效应。此外，传统的分析理论会把选举前这几年经济总体状况的好坏作为选民投票的主要依据之一：经济状况良好对争取连任的政党有利，反之则对在野党有利。从经济总体表现看，奥巴马政府成绩单相当亮丽：执政八年，国民生产总值增加了15%，就业人数增加了8%，股市指数上升了180%，公司盈利增加了112%，而失业率下降了39%，从2008年的7.8%下降为4.6%，联邦预算赤字同期也下降了58%。③更重要的是，美国人口组成的变化，尤其是西班牙裔人口和其他少数民族占人口总数比重逐年增加，扩大了民主党的可靠票源，加上特朗普在竞选期间对少数民族和妇女出言不逊，多有冒犯，使多数分析家认为尽管选民不怎么喜欢希拉里，但特朗普的人格缺陷会使选民在最后时刻“两害相权取其轻”，抛弃他而选择希拉里。④

美国四年一度的总统大选之后一年到一年半，主要政党尤其是落选的一方

① 这家报纸组织的民意调查还准确地预报了前两届大选结果。特朗普团队曾在选前多次引用这家报纸的民意调查结果，以反驳主流媒介的预测。http：//www.investors.com/politics/ibd-tipp-presidential-election-poll/.

② 选举前一天，舆论一般还断定民主党会以51席对49席夺回参议院多数党地位。https：//projects.fivethirtyeight.com/2016-election-forecast/senate/.

③ 数据来自2017年1月3日《纽约时报》。https：//www.nytimes.com/2017/01/03/opinion/2016-in-charts-and-can-trump-deliver-in-2017.html.

④ “两害相权取其轻”（Lesser of two evils）是用博弈理论来解释投票行为的结论之一。

一般会发表一份全面的选举总结，以便为接下来的中期选举和下一次大选做准备。[①]2016年美国大选结果和人们的预期及传统分析框架差异如此之大足以使人们在选举一结束便迫切想知道：哪里出错了？特朗普当选只是侥幸还是因为某些往往被人所忽略的深层次因素合力所致？如果是后者，影响2016年美国大选结果的深层次因素有哪些？最后，这些深层次因素对美国政治今后一段时间的走向会有什么样的影响？本文将就这些问题作一个初步的探讨。

一、特朗普获胜并非侥幸

美国总统大选过程冗长，从报名参选到争取政党提名再到正式选举，时间长达一年半。报名门槛很低，任何人只要符合法律规定的三个条件（出生于美国，35岁以上，在美国连续居住14年以上）即可报名参选。所以美国有人人都可以选总统的说法。但实际上总统选举的耗费惊人，不是一般平头百姓可以问津的。尤其是最高法院2010年裁定任何非营利组织都可以以“超级政治行动委员会”（Super Political Action Committee）名义对所支持的候选人提供无限额的资金，从侧面支持该候选人。如做广告，只要该委员会的活动同候选人的活动分开即可，在此之后，金钱政治更是大行其道。[②]开放式的竞选、多层次投票、美国独有的选举人制度对选举策略和结果的影响，以及巨额选举资金的投入，使得美国总统选举往往颇具戏剧性。再加上国内外热点众多，竞选以及投票期间出现一些偶发事件从而改变选举结果的可能性总是存在的。

然而从这次大选的实际进程看，称得上对希拉里当选有实质性的不利影响的事件只有两个：一是网络黑客侵入共和党和民主党竞选总部网络，然后利用所窃取的资料有计划地在关键时间点泄露大量不利于希拉里选情的信息。二是美国联邦调查局局长在处理有关对希拉里使用私人邮件服务器而可能涉及泄密

① 如美国共和党2012年大选失败后，即开始一项宏大的选举失利研究项目。2013年3月以该项目为基础，共和党发布了一份一百多页的报告，认定输选的最主要原因是共和党未能把“帐篷”做大，以容纳日益多元化的选民结构。

② 有关美国最高法院的这个决定及其影响，可参见 http：//www.usnews.com/news/articles/2015/01/21/5-years-later-citizens-united-has-remade-us-politics。

调查结果时一些不同寻常的做法。

网络泄密事件对大选结果应该说有一定影响，主要是它确实加深了选民尤其是中间选民对希拉里诚信问题原先就持有的怀疑态度，而希拉里的诚信问题一直被认为是她的“阿基里斯之踵”。从主要通过“维基泄露”网站曝光①的美国民主党竞选总部和希拉里团队内部通信邮件来看，它对希拉里团队在公开场合极力想回避或掩盖的问题均有涉及，如：希拉里对华尔街大公司的一些收取高额费用的内部演讲，以及她私下表现出来的对这些大公司的缓和态度同她在公开场合激烈抨击华尔街贪婪行径的表态不符；希拉里以执政经验丰富著称，而民主党内部通信反映出她的助手对她处理敏感事务如邮件门的能力颇有微词。不少分析家把希拉里的诚信度超低看成是她在本次选举中总支持率从未过半（50%）的最主要原因。任何对希拉里诚信问题不利的信息哪怕是微小的透露也会加高希拉里当选要过的“坎”。不过特朗普的诚信度也超低，两人在这个问题上可说是“半斤八两”。由于遭到披露的信息中并没有称得上美国人常说的那种“重磅炸弹”或“掉靴子”，虽然对希拉里当选有明显的负面效应，但这种效应远未达到颠覆大选结果的程度。

美国联邦调查局局长詹姆斯·科米（James Comey）的一些举动的影响则明显要大得多。2016 年 7 月初，科米②宣布了有关希拉里“邮件门”的调查结果。这一调查认定希拉里动用私人服务器发送的邮件中，确实有一些对属于机密的材料的引用，但并不足以对她提出起诉；同时他严厉批评希拉里对保密问题的处理极其粗心大意。这一调查结果对希拉里来说，虽不满意但可接受。然而，离大选前 11 天，科米突然告知美国国会，联邦调查局决定重启有关希拉里“邮件门”的调查，理由是在进行另外一项调查时，发现有一些疑似过去未发现的希拉里邮件。尽管一周后，他再次宣布，核查结果证明这些邮件只是过去已检查过的邮件的复制件，所以不改变原先不起诉希拉里的决定。但这一“十月惊奇”（October Surprise）对希拉里选情的负面冲击是显而易见的。美国联邦调查局通常不会对外宣布尚在进行的调查，而这一次的做法显然不合常规，其动机

① https：//wikileaks.org/dnc-emails/.

② 詹姆斯·科米，2013 年由奥巴马提名担任美国联邦调查局局长，最多任期十年。特朗普当选后，已决定由他继续担任该职务，这恐怕也不是偶然的。

不能不令人生疑。①加上时机上离正式选举日如此接近，希拉里团队即使想反击也为时太晚。所以选后希拉里和她的团队成员直言美国联邦调查局局长的举动是导致她竞选失败的直接原因。②当然这种判断是否准确仍有争议。首先，民意调查直到选举前一天还显示希拉里领先，反对或支持希拉里的人数并未因为联邦调查局局长的举动而发生大逆转。其次，一般认为，最可能受科米做法影响的应该是那些尚未决定投票倾向的选民。这次美国大选由于对两位候选人的评价都很低，直到选举前尚未决定投票的选民比以往多得多。③然而，从已有的选后调查结果来看，尚无足够证据显示联邦调查局局长的决定对这些人的实际投票产生了决定性影响。

如果偶发因素不足以决定选举结果，那么双方选举策略和候选人表现是否足以解释特朗普的成功当选呢？平心而论，两个候选人的表现和预期的相差不大：希拉里稳重，讲话深思熟虑，滴水不漏但缺乏火花；特朗普正相反，说话直来直去，观点标新立异，争议性、煽动性极强，四面出击，毫不顾及以往所谓政治正确的底线，为攻击对手不惜歪曲事实。希拉里依靠强大的竞选团队、清晰的竞选思路强调稳扎稳打；特朗普只打个人牌，从不按常理出牌，只以结果定选举策略。希拉里力求各层次和各种势力的支持，演讲四平八稳；特朗普则毫不掩饰个人喜恶，高调攻击所有敌人。有趣的是，尽管两人个人风格与表现截然不同，结果却大同小异，即他们各有自己的基本盘核心支持者，但都无法突破支持率 50%这一关口。

在选举策略上，希拉里和特朗普也采取了截然不同的做法。特朗普前松后紧。在 2016 年 7 月中旬接受共和党正式提名后，他曾有一个多月把时间主要花在处理和共和党领导层的关系上，以及出席筹款会，此外用了大量时间通过推特攻击各类批评过或反对过他的人，结果是民意调查反映的支持率持续下滑。但在选举的最后两个月，特朗普疑在“高人”指点下，突然加大竞选力度，高

① 2017 年 1 月 12 日，特朗普正式就任前一周，美国司法部宣布正式启动对联邦调查局局长处理希拉里邮件调查一事做法的内部调查。

② https：//www.nytimes.com/2016/11/13/us/politics/hillary-clinton-james-comey.html.

③ 以往到选举前一周，尚未决定的投票人一般会占可投票人数的 5%，2016 年这一比例高达 15%。http：//fivethirtyeight.com/features/election-update-where-are-the-undecided-voters/.

强度、高姿态地连连出席竞选活动，包括多次造访中西部几个被民意调查认定希拉里稳定领先的州，如佛罗里达州等几个关键州。尽管在三次总统候选人辩论中，舆论普遍认为特朗普的表现明显不如希拉里，加上2016年10月7日，他2005年的一段使用大量猥亵语言的录音被曝光，为此受到多方激烈抨击，多达30名共和党议员和官员宣布不再支持他，但特朗普不为所动，反而斗志高昂地进入最后冲刺阶段。在投票日的前三周，特朗普几乎每天都安排竞选活动，最多时一天飞四个地方参加造势活动。相比之下，希拉里的竞选节奏比较缓慢。她的策略集中于花大量时间筹款，积极准备总统候选人辩论，有选择地参加为数不多的竞选造势活动。她一方面把自己相当一部分造势活动、时间和精力花在以前不被看好但新近民调显示她有可能获胜的州，如北卡罗来纳州和内华达州，①另一方面委托奥巴马夫妇等人气高的“战友”在中西部几个关键摇摆州和她一起或单独参加竞选造势活动。特朗普的策略似乎有点反常识，凡常识认为他不应说或做的，他偏去做；他的团队尤其在史蒂夫·班农（Steve Bannon）②接手后，也确定“让特朗普按特朗普风格行事”（Let Trump be Trump）是最佳获胜之道。希拉里的策略正相反。它主要借助希拉里支持者的优势（强大的地方协助选举机器、充裕的资金和重量级现任官员的携手相助）稳扎稳打，争取在传统民主党获胜的州之外，再夺下几个摇摆州，以便日后执政时可以以广泛支持度来推动自己政策主张。同时，她的团队似乎认定最佳制胜战略是充分发挥希拉里的长处而减少出错的可能，同时让特朗普充分表现以致犯错，以此把两个截然不同的选择放在选民眼前。

双方的这些竞选策略都有利有弊，就像一场赌博，不到开盘，不知胜负。然而，即便是事后被证明是更高一筹的策略也必须有相应的环境和条件配合才能成功。从这个意义上说，特朗普反常规、反常识的策略之所以会帮助他成功

---

① 据希拉里团队成员透露，她这样做也不是完全无的放矢。由于考虑到对手会不择手段在最后关口抹黑她，影响传统民主党据点的选情，所以他们决定通过破“红墙”来多建几座“蓝色防火墙”，以确保她竞选成功。https：//www.theatlantic.com/politics/archive/2016/11/trump-clinton-electoral-college/506306/.

② 史蒂夫·班农，在被特朗普任命为竞选总负责人前，曾主持极右网站（Breitbart News）多年。他被公认为美国极右思潮抬头的推手，同时也被认为是最具危险性的政治策略家。特朗普执政后他担任总统顾问兼首席战略师，同时作为正式成员参加国家安全委员会会议。

当选，背后一定有一些深层次的原因或因素在起作用，只是受选情影响和人们固有看法所限制，选前未受到足够重视而已。

二、影响美国2016年大选结果的深层次因素

根据现有的报道和数据分析，决定美国2016年大选结果的深层次因素至少有这么五个。

（一）对美国全球化政策的强烈反弹

特朗普当选的关键是他赢了五个历来对大选结果至关重要的所谓“摇摆州”——俄亥俄州、爱达荷州、宾夕法尼亚州、密歇根州和威斯康星州。尤其后面这三个州近几次大选都是稳定的“蓝州”，共拥有46张选票人票。①可以毫无疑问地说，正是这三个州的“反水”直接导致了特朗普当选。2016年这几个州的选情为什么会发生翻转呢？

美国民众对全球化的反弹，尤其是教育程度不高的蓝领工人对全球化引起工作岗位外移所产生的强烈不满和忧虑极大地影响到这一次选举的结果。更致命的是，无论是民主党还是共和党的精英，长期以来均对这一变化掉以轻心，重视不够，以至于让以反全球化为口号的特朗普得以突破传统选举制约因素脱颖而出。

虽然全球化这个词从20世纪80年代开始才被广泛运用，但美国主导设计的第二次世界大战后国际经济体系的核心从一开始便是以市场经济和自由贸易为基础的全球化。它强调的是通过产品、资源、人员、知识和资金及其他生产要素的自由流通来取得经济效益的最大化。冷战的结束只不过使这一体系真正统领全球。中国等大国的加入无疑给全球化添加了新的动力，以至于20世纪90年代以来，世界经济全球化成了西方各国语境中不容置疑的“神主牌”。甚至连通常以保护蓝领工人及其工会为执政纲领的民主党，从克林顿20世纪90年代

① 宾夕法尼亚州上一次投票支持共和党总统候选人是在1988年，密歇根州在1984年，威斯康星州在1984年。

初执政以来也以不遗余力地推动全球化来促进美国商品和价值观输出为己任。

全球化带来了世界经济的新繁荣，也带来了财富爆发性的增长。然而它的负面效应也在倍增。全球化形成了真正意义上的全球产品链和价值链。从追求经济效益最大化出发，经济发达国家在国际上几乎无限制地向不发达国家转移或投资中低档产品的生产，主战高端产品，占据价值链高位，在国内则以丰厚的利润推行高福利政策，弥补传统产业流失所带来的影响，保持国内社会和政治稳定。但问题是即便像美国这样利用全球化赚得盆满钵满的国家也会早晚遇到由于收支失衡而形成的对全球化支持度的拐点。当资本输出国的经济增长放慢，新增加的财富不足以保证福利需求的增长或和后者同步并进时，尽管从总体上看全球化带来的企业收益还在不断上升，但政治和社会上反全球化的势力会急剧扩张甚至超过支持全球化的主张和势力，从而在一些特定条件下，造成“政治翻盘”。

以美国为例，20 世纪 60 年代美国从事制造业的人数还占到就业人员的四分之一，到 2016 年，这个比例已下降到不到 8%，制造业岗位大量流失。最初，转移出去的工作大部分集中在劳动力密集、技术含量低的行业。但是从 20 世纪 90 年代初开始（以 1993 年达成的北美自由贸易区为标志）到 21 世纪初（以中国加入世界贸易组织为标志），不仅更多的制造业工作转移到墨西哥和中国这样的发展中国家，而且转移的行业已遍布除了军工和宇航等少数极高端领域外的几乎所有行业。2000 年以来，美国制造业就业人口又减少了 500 多万，①而同期美国的总就业人数却从 1.13 亿上升到 1.22 亿。②新增的工作虽然超过被外移的工作数量，但前者大部分集中在收入不高的服务行业，工资通常较低，且增加不快。

对付传统型制造业工作的流失也不是毫无办法可言。如政府和企业可合作创造更多的高新技术行业工作，实现制造业就地升级。政府也可以通过提供更优惠的福利待遇，减少或抵消在全球化过程中，为了降低成本提高利润率，企业生产基地外移，而导致的对本地制造业从业人员及家庭和社区的负面影响。

① http：//money.cnn.com/2016/03/29/news/economy/us-manufacturing-jobs/.

② https：//www. statista. com/statistics/192356/number-of-full-time-employees-in-the-usa-since-1990/.

这两者前者通称政府产业政策，后者简称福利国家。问题是在美国现有体制下，这两者美国政府都难以做到。前者需要系统的政府产业政策支持，而这正是美国联邦政府的短项。①后者需要强大财力作后援。美国联邦政府连年财政赤字、债台高筑，能保持现有福利体系已属不易，更遑论增加。奥巴马政府想通过提高最低工资、由企业承担等办法来提高就业人员收入，都因为遇到政治上强烈的抵制而收效甚微。

从政治层面看，受全球化工作外移最集中的地区通常是工业化较早和发达的地区。在美国，这些地区集中在五大湖沿岸的几个州，俗称“生锈带”，即传统的工业基地由于全球化制造业工作大量流失而失去以往光彩的区域。昔日的繁荣反而成了这些地区的沉重负担。此外，由于实际需要（如生产线生产），传统工业企业如钢铁和汽车制造厂商多雇用学历低的蓝领工人。由于历史原因，这些工人大多来自白人集中的区域。

在这种背景下就不难理解为什么长期的“蓝州”② 在2016年会改变颜色，成为“红州”了。宾夕法尼亚州、密歇根州和威斯康星州这三州正处于“生锈带”。以宾夕法尼亚州为例，这个州1988年以来一直支持民主党总统候选人。其中一个重要原因是蓝领工人及工会通常认为和支持大公司和大资本的共和党政客相比，民主党候选人更愿意替他们发声。然而这一次，特朗普以反全球化斗士的身份出现，一改传统共和党候选人的主张和形象，把蓝领工人作为主要争取对象，摇身一变成为他们的代言人。而希拉里和民主党又没有及时推出反制措施。所以最后就把这一社会阶层让给了特朗普。选举结果表明，该州白人居多且学历较低的几个县，投票率比上次大选平均增加了3.7%。特朗普在这些县得到的选票比上届共和党候选人罗姆尼多了12.5%。③威斯康星州的情况稍有不同。该州从1984年起一直支持民主党总统候选人。这一次，特朗普以一万多票险胜。从投票结果看，各县总投票率都有所降低，但白人居多且学历较低的

① 美国各州都有自己的地区产业政策，如给进驻新工业园区的企业减税，对在本地投资的高技术公司提供财政资助等，只是在联邦层面上，美国是世界上少数几个没有系统产业政策的国家。

② 从2000年美国大选开始，媒介为便于区别把民主党获胜或势力占优势的州称为蓝州（blue states），共和党获胜或势力占优势的州称为红州（red states）。

③ http：//www.wsj.com/graphics/swingstates_turnout/.

几个县投票率的下降要比白人占少数且学历低下的几个县的投票率下降少了一半多。密歇根州的选举结果更能说明问题。该州总投票人数和上一次变化不多，但在白人居多且学历低下的几个县，蓝领工人支持特朗普的百分比大幅度增加了19%，而白人居少数且高学历人群多的几个州，选民依然以大比例投票给希拉里，但这个比例还是比2012年选奥巴马的比例下降了少许。这一增一减使得特朗普以微弱多数（10 700张选票或0.3%）夺下了该州。①所以如果说2016年特朗普是被“生锈带”五个州的以白人为主的蓝领工人阶层“抬进”白宫的，并不为过。

（二）美国政治和社会的两极化

美国政治和社会多年两极化，压缩了中间势力影响和活动范围。在这种氛围下，激进甚至极端主张很容易脱颖而出。特朗普成了这一变化的直接受益者。

多年来，研究成熟民主国家政治的学者经常使用一个广为接受的理论——唐斯理论②——来解释为什么在这些国家中由于中产阶级的壮大，即使党派之争再激烈，政治理念再对立，为了最大限度争夺中间选民，即便是政治上对立的政党，其政策主张也往往会不约而同地向中间线靠拢。近年来美国政治的发展尤其是2016年美国大选结果似乎和这个理论背道而驰，这和美国中产阶级的演变和现状直接相关。

人们常用最富有的1%的人口和剩下的99%的人口各自所占国民财富的比例差来形容美国收入和财富分配差距近年来的极度恶化。实际上，一个更确切的描述是，美国从20世纪90年代开始，富人越来越富，穷人没有越来越穷但也没有大的改观。最值得注意的是广义上的中产阶级内部日益分化。美国经济学家斯蒂芬·罗斯（Stephen Ross）把一家三口年收入在10万至35万美元的家庭称为高收入中产阶级。③按照他的数据，这部分人口占总人口的比例从1979年的12%增加到2014年的30%。但是其余部分中产阶级的收入并没有相应跟上。

尽管近二十多年美国的国民收入增加不少，但和第二次世界大战后的前四

① http：//www.nytimes.com/elections/results/michigan.

② Anthony Downs，*An Economic Theory of Democracy*（New York：Harper and Row，1957）.

③ http：//www.urban.org/research/publication/growing-size-and-incomes-up-per-middle-class.

十年相比，增加速度明显减缓。由于收入增加的大部分被富人和高收入中产阶级拿走，难怪中收入中产阶级和低收入中产阶级一面看着国民财富增加，一面看着自己收入停滞不前，怨声载道，心怀不满。《华尔街日报》评论家佩姬·努南（Peggy Noonan）是最早注意到特朗普现象的分析家之一。她把这个人群称为“失去保障”的一族。①这一人群的共同特征是他们的父母辈曾经有过收入不错的工作，生活不算富裕却相对稳定，即便教育程度不高，由于在制造业工作，按小时收入的工资（一般为全国平均收入的2至3倍）足以使他们跨过中产阶级的门槛。然而，近二十年来这个庞大的人群尽管名义收入并未下降，但由于和高收入中产阶级收入差距明显拉大，且看不到有改善的前景，他们已自认为属于没有保障、没有美好前景的一族。不仅如此，按努南的说法，收入居前的人群由于有良好的教育，且事业有成（她把他们称为有保障的一族）并居住在安全、生活便利的区域，通常不会了解、更不会去全力关注失去保障一族的切肤之痛和关注重点。于是形成了两个人群之间愈来愈大的分离。

中产阶级的分裂不可避免地引起政治层面的动荡。一方面，不论是民主党还是共和党，他们长期以来为证明自己才是中产阶级的真正代言人所提出的主张，如给中产阶级减税、增加福利等主张，在失去保障一族看来愈来愈空洞，吸引力越来越小。原因很简单。由于工作外移，收入高而学历要求低的工作越来越少。没有了稳定的工作和收入，即便有替代工作，这些工作无论从收入和稳定性来看，也均大不如前。对这一人群来说，即便政府减税和增加福利也不足以弥补所失去的。不仅如此，美国中西部由于工业化起步较早，许多中小城市经济严重依赖于若干传统工业企业。一旦这些企业外移，它们带走的不仅是工作机会，连城市经济、社区依存基础也会一并被拖垮。所以全球化的影响对所谓没有保障一族来说，不仅是钱的问题，而且是生活方式的根本改变乃至能否生存下去的挑战。

另一方面，选民对传统政治口号日益失去兴趣，两大政党为了争取民众支持，不断推出更加激进的口号或政策主张，同时不择手段攻击对方，寻求建立

① Peggy Noonan，2016年6月22日《华尔街日报》，https://www.wsj.com/articles/trump-and-the-rise-of-the-unprotected-1456448550。

核心支持群体（core supporting groups）。其后果是过去这八年美国政治分裂达到了前所未有的程度。2008年奥巴马当选为美国第44任总统。他竞选时一句最吸引人心的口号是，我们需要的不是红色的美利坚共和国，也不是蓝色的美利坚共和国，而是团结的美利坚共和国。他誓言要改变华盛顿的政治生态，让功能失调（dysfunctional）的政府系统重新运作起来为民众服务。然而，就是在这八年中，华盛顿的政治生态日益恶化。共和党从一开始便集体决定拒绝在任何重大政策选项上和奥巴马政府合作。奥巴马政府从执政之日起便步履艰难。除了最初两年由于民主党控制了参众两院，奥巴马得以通过包括《可承担的医疗法案》（奥巴马医保）①等一系列重大政策外，在剩下来的六年里，奥巴马在内政上乏善可陈。而奥巴马执政口号和实际政绩之间的差距更加深了选民的失望感。尽管奥巴马本人口碑不错，但在他执政的大部分时间里，美国民众认为这个国家正走在错误道路上的比例一直在50%以上，最高时甚至超过70%。②

在这种氛围下，就不难理解特朗普现象的出现了。特朗普的四个标志性选举口号——反全球化、反移民、反华盛顿建制和反宗教激进主义——在有保障一族（他们中有民主党和共和党的支持者，也包括政治上独立的人群）看来有悖事实或至少有失偏颇。再加上特朗普个人行为颇具争议，属“另类”政治人物，所以他的政治主张很少受到这一人群的认真对待。而在失去保障一族看来，不管他们是否喜欢特朗普本人，他的主张比起两党传统的政策口号来得更实际，更切合他们的利益和需求，或至少更直接地说出了他们的忧虑和不满。

从选前民意调查结果和选后数据看，把选票投给特朗普的选民大致可分成三种人群。首先是由于各种原因（从赞同他的主张，到喜欢他实话实说的风格，再到对他的许诺抱有希望）而全力支持他的人群。这些人对特朗普忠贞不二，是他的铁杆支持者。这部分人一般不超过选民总数的30%。第二种是传统的共和党的主流支持者。他们中大多数人在共和党初选期间甚至在特朗普代表共和党参选后对特朗普心存疑虑，对他的一些做法也非常不满。只是为了防止民主党在希拉里领导下继续执政而权宜性地投票给特朗普。最后一种选民是最值得

① Affordable Care Act，2010年通过成为法案。该法案又常被称为“奥巴马医疗法案”。

② http：//www.realclearpolitics.com/epolls/other/direction_of_country-902.html.

关注的。他们要么通常不参加投票，要么以往投的是民主党候选人而这次改旗易帜。他们投特朗普一票，在很大程度上投的是抗议票。抗议的动机和目标并不相同，他们对特朗普能否真正实现选举纲领也无信心。但他们对现状不满，在支持改变这一点上高度一致。以威斯康星州特伦珀洛县（Trenpealeau）为例。该县一直是民主党重镇。该县 2008 年 60%的选票、2012 年 56%的选票投给了奥巴马。但在 2016 年选举时，特朗普在该县以 53%的多数票获胜。记者选后采访了当地一些选民，发现改选特朗普的选民有一点是一致的，他们对国家的走向深表不满。记者引用其中一位的话说："我们付出了一切但这个国家依然停步不前"。他这次改投特朗普是"为了使这个国家回到它以往的位置。"①

美国中产阶级严重分化的后果是，经济发展、财富增加的好处，以及政治影响力的转移多向高收入中产阶级倾斜，低收入中产阶级尚有政府政策包括福利政策保底，而中收入中产阶级不仅失去了以往的从工作到收入再到社会地位的保障，而且他们中一大部分人对前景严重悲观。政党通过向中间人群靠拢以获得最大选民人数的做法日益行不通，于是各种以往不为主流所接受的激进主张和势力便乘势而起。特朗普以他商人精明的眼光，从直觉上感到有机可乘，顺势抓住民众不满现状、渴望改变的心理，成功地改写了美国的政治历史。②

（三）民主党传统票仓不保

民主党八年执政居安而不思危，开拓新选民票源虽有进展，但对传统保险票仓危机四伏却视而不见，以致两者相抵，得不偿失。

民主党内其实早已有人对此提出警告或批评意见，只是奥巴马执政期间在党内声势极高，很少有人愿意直接对他的想法或做法提出挑战。加上这两年为

---

① https://www.washingtonpost.com/politics/this-deeply-blue-wisconsin-village-still-seems-surprised-it-voted-for-trump/2017/01/19/9e9777ca-dd26-11e6-918c-99ede3c8cafa_story.html?utm_term=.d24fc0dbc3ac.

② 特朗普并非开此风气者。共和党内从 2009 年开始凸显声势的"茶党"运动便是一例。这个运动从默默无闻，到成为左右共和党国会势力的轴心之一只花了几年时间。特朗普虽非该运动本次大选的首推人选，但他的崛起在很大程度上是因为茶党运动为他打了前哨站，铺平了道路，并凝聚了人气。有关茶党崛起一事，可以参见 Lawrence Rosenthal and Christine Trost, *The Precipitous Rise of the Tea Party*（University of California Press, 2012）。

了全力辅助希拉里当选，没有时间也没有理由在党内对自己人开刀。直到在本次选举中意外失手后，民主党内部才开始痛定思痛。对细心的观察家来说，民主党的问题实际上并非“一日之寒”，光清晰可见的问题就涉及三个层面。

首先，民主党长期以来尤其在奥巴马执政期间竭力建立一个庞大的支持者联盟。这一联盟主要包括少数族裔，21世纪前后出生的一代人，白人大学毕业生尤其是女性大学毕业生等。这一庞大的人群为民主党2008年和2012年两次总统大选获胜，奥巴马继罗斯福之后首次连续两届既获得选民票又取得选举人票多数立下了汗马功劳。但是，为了能够维持和扩大这一松散的支持者联盟，民主党在国内政策方面必须大量采纳来自这些支持者的意见。这样做带来了不少政治上的红利，也夹带了一些长期的负面影响。比如，在推行这一联盟为数众多的政策主张时，民主党也渐渐丢失了一个鲜明而又能抓住全国人心的口号。不仅如此，由于这些群体过于集中在大中城市，政策诉求又多聚焦在社会问题层面，如同性恋权利或移民政策等方面，民主党的政策主张中明显缺乏针对经济问题的对策，尤其是如何扩大就业，快速提高中下层人员收入等对中小城镇居民和蓝领工人利益至关重要的解决办法。结果是民主党近年来在扩展新票源方面虽有斩获，但其政治主张忽视或淡化了传统的经济主张，如保障工作岗位、确保收入增长和减少收入不均等表面上属经济层面但实际上与选民政治选择息息相关的问题。①其结果是，民主党在扩大支持者联盟的同时，也逐渐失去了传统支持者的拥戴或至少无法取得他们的无条件支持。②与之相比较，近年来，共和党日趋右翼化，大有回归传统核心价值观的趋势。尽管支持人群面相对狭窄，人数也不占上风。但由于这些群体在反枪支管理、反堕胎等领域的诉求高度一致，一旦时机成熟尤其是出现一个登高一呼的领袖，这些群体就会激发出超乎寻常的选举动员能量，以至于颠覆传统选举规则，创造奇迹。当然，本届民主党候选人希拉里本人的缺陷，如过于保护自己而不敢开诚布公，③主张过于迎合

---

① https://www.ft.com/content/b5b764cc-d657-11e6-944b-e7eb37a6aa8e.

② 有关这个看法，可参见 https://www.theatlantic.com/politics/archive/2017/01/the-post-obama-democratic-party/512885/。

③ 如大选期间，希拉里没有举行过一次记者招待会，除了失去讲清从“邮件门”到“克林顿基金会”的机会外，还给选民尤其是尚未决定如何投票的人群一种她有事要掩盖的负面印象。

不同支持者的诉求而缺乏鲜明领导形象，也在某种程度上“配合”了特朗普的这次异军突起。

其次，美国大选两党竞争，各有优劣。尤其是这次大选，由于特朗普的参选使选举板块的割裂显得格外清晰。国内一些学者形象地描绘这种分割现象为“农村包围城市”（即共和党在农村和乡镇支持率超过三分之二和民主党的主要支持者来自大中城市或少数族裔人口集中区域）①或“草民对抗精英和建制”（大选期间特朗普能以反建制、反精英代表自居而获胜突出显示了这一点）。实际上，另外一种选民分割对大选结果甚至更为重要，即美国政治中所谓的“地方制约中央（联邦）”现象。

奥巴马执政期间应当说还是有不少建树的，但对他的一个比较集中的批评是，在他手下，民主党虽然两次总统大选获胜，但在50个州和地方选举中，从2006年美国中期选举②至2016年大选结束，民主党共丢失了参议院席位三席、众议院席位39席、州长席位12个。③

这一趋势在2016年表现得尤为突出。全美共有223个县在2012年投了奥巴马的票，但在2016年转投了特朗普的票。相较之下，从2012年投共和党到2016年转投民主党的只有17个县。④目前，美国50个州里，有33个由共和党掌权，其中25个州由共和党“一竿子执政”，即在州政府层面，共和党控制了州长席位和参众两院的多数。⑤

不能小看控制州和地方政府对总统选举的影响。美国实行的是选举人团制度，就像这次选举所显示的，即便在选民票总得票数上占有优势，也无法保证

① 2012年，奥巴马在美国最大的100个城市获得比对手多1 200万张选票，而在剩下的3 000个城镇少了700万张选票。https：//www.theatlantic.com/international/archive/2016/09/global-cities-need-immigrants/501059/.

② 美国除了每四年一次的总统大选外，中间还有一次选举，除了435名众议员全部要改选外，还有三分之一的参议员也要改选。

③ https：//www. theatlantic. com/politics/archive/2017/01/the-post-obama-democratic-party/512885/.

④ http：//blogs.wsj.com/washwire/2016/11/23/obama-republicans-played-big-role-in-trumps-win/.

⑤ 由于美国联邦和州议会在通过重要法案时需要有60%的议员支持，才能跨过反对派通过冗长演讲迫使该法案有效投票时间失效（Filibuster）的坎（即强行举行投票），故通常把60%的议员支持率称为超级多数。

当选。为此，美国总统候选人的竞选策略都是以如何最大限度确保获得选举人票一半即 270 票为最终目标。谁控制了州政府包括州议会对能否拿下某一个州的选举人票关系重大。美国选民历来有所谓“地方情结”，即他们即使对联邦政府和国会极度不满，对地方官相对来说评价也会高很多，因为同联邦政府相比，地方官的业绩比较看得到摸得着。只要地方官员人气高，就会对选民投票意愿影响相当大。美国的选举执行监督权在州一级。州政府为保护本党利益，可以通过使用不同手段给对手投票设置障碍或增加有利于本党候选人当选的因素。如这几年，随着共和党控制了越来越多的州议会，加强了对投票资格的检查，要求投票时选民必须出示正式的身份文件或减少提前投票时间或地点的法案屡有出台。这些法案明里不说，实质上都是给潜在的投民主党的选民在制造障碍，因为这些选民或因收入低不容易得到诸如驾驶执照等证明身份的文件，或因工作关系无法在固定时间投票，或因为新从移民转成公民对选举程序生疏本来投票就有困难；而这些新的规定使他们行使投票权时难上加难。①另外州政府影响选举结果，主要因为是国会选举最有效的手段就是通过改变选区划分，使支持执政党的选民更集中在一个选区，从而保证该党候选人能以大概率获胜。②尽管民主党和共和党都干过这些事，但由于共和党控制的州政府大大超过民主党，民主党在这方面比较吃亏。除非民主党大量增加对州一级的控制，否则它的候选人迈向总统宝座的道路会日益严峻。希拉里这次败选不能不说和这个因素有关。

最后，美国选民历来有所谓跨党投票（cross-voting）的传统。③据报道，登记为共和党但在 2012 年投票给奥巴马的选民中间，有 4%在 2016 年大选时转向投了特朗普的票。这些人人数虽不多，但他们的“倒戈”对“摇摆州”的选举结果至关重要。据同一报道，在五大湖的 6 个州，2012 年 16%的男性选民投票给了共和党候选人，2016 年这个比例提高到 21%。特朗普在其中 4 个州获胜，除了在印第安纳州以大比例获胜外，在其余 3 州，他都是险胜，其中这些“回

① 一些类似法案已被联邦法院判定违反宪法，但还是不断有新的加强投票资格的法案出台。

② 各州在这方面做法不同。至少每十年，美国会按照人口变动相应增加或减少一些州的众议员人数。一旦如此，选区就得重新划分过。州政府也可以已其他理由提出重新划分个别选区地图。

③ 如投票登记时填的是民主党而实际投票时投的是共和党候选人。

头选民”的作用极为关键。

这次民主党为什么会失去这些跨党投票选民目前还未见到令人信服的研究结果。但民主党在这方面努力不够或至少效果不彰却是不争的事实。

（四）美国外交问题内政化的结果

美国总统大选一般很少以外交政策为主题或由外交政策分歧主导。①但近年来，这一规律有所变化。特朗普在这次选举中打的四张牌中的两张——反移民和打击宗教激进主义——对他加分不少。这两张牌其实并非传统意义上的外交问题，或至少不属于那种纯外交关系领域，而是处于外交和内政交叉地带的所谓“国际国内合一问题”（intermestic issue）。

美国外交历来有两个传统。一是在重大外交问题决策和执行上，共和党与民主党一般会保持相当程度上的共识，如有关国家安全问题一般不应受党派之争左右，总统对外表态和活动代表的是国家，在野党即便对此有不同意见也不应公开抨击；而白宫一般会尽量在外交政策制定和执行时听取和采纳两党的意见。再比如在挑选外交和国防主管人选时，会不时安排对方党派的人员担任要职，以示外交和安全事务超越党派之争的原则。另外一个传统是，公众和媒介可以公开辩论广义外交和安全政策，但具体外交和安全政策的制定与执行通常由专业机构的专业人员在小范围和相对封闭的环境下进行。另外，按照多年的民调结果，美国选民对外交政策的关心度远不及对内政问题来得强烈。同时，在公众比较关注的有关外交和安全问题上，他们的看法一般相当稳定。即便两党支持者对某些问题看法不同，他们之间的差异度也不是很大。根据芝加哥全球事务委员会 2015 年发表的一项报告，②从 1974 年至 2015 年，尽管受美国对外关系变化（如越南战争的结束到苏联解体到 2001 年“9·11”事件发生）的影响，美国公众对美国是否应积极参与国际事务的态度上有波动，但他们中的大

---

① 当然也有例外。如 1968 年总统选举，尼克松称他有和平解决越南战争的计划，并以此为竞选的王牌口号而获胜。

② 详细数据可参看 American Divided，“Political Partisanship and US Foreign Policy，” Chicago Council of Global Affairs，2015，https：//www.thechicagocouncil.org/publication/america-divided-political-partisanship-and-us-foreign-policy。

多数一直对此持支持态度，在这方面两党的支持度差异不大。即使在1982年民主党支持度唯一一次低于50%时，两党之间的差距也不到15%，其余时间两党选民在这个问题上的差异则远远小于这个幅度。

由于特朗普特意引进移民和反对宗教激进主义的问题，这些传统纷纷被打破。以所谓非法移民问题为例。这个问题既是外交问题又是国内高度关注的问题，因为它直接影响不少美国人生活和工作的问题（尤其是在非法移民较集中的地区）。正因为如此，在这个问题上公众的关心程度和党派对立的程度都是前所未有的。按照同一民调报告显示，当被问到美国是应该允许已在国内的非法移民工作并申请成为美国公民还是强迫他们放弃工作并离境时，支持民主党和共和党的人群的态度截然相反。48%的民主党支持者认为应该允许已在美国国内的非法移民工作并申请成为美国公民，但只有17%的共和党支持者赞同这个选项；45%的共和党支持者赞成强迫非法移民放弃工作并离境，民主党支持者中只有14%赞同这个选项。两者之间的差异幅度差不多是通常幅度的两倍。

对立加剧的原因很简单：由于类似政策属于内政和外交交汇地带，牵涉到国内民众的切身利益，所以外交政策内政化了。结果是原来可以通过外交途径不事声张加以对付的问题成了国内政治的焦点；以前可以在两党默契或共识基础上寻求解决办法的问题现在成了两党鞭挞对方、凝聚支持的工具；原先从外交角度考虑的一些顾忌、规则和限制，为了国内政治利益而被置于脑后，而和它们相反的做法则大行其道，愈演愈烈。

共和党攻击民主党对非法移民的宽松政策是为了争取潜在的选票，尤其是拉丁裔的选票；民主党则反击共和党，把它的对非法移民的严厉政策描绘成白人至上主义或至少含有种族歧视之意。实际上，非法移民不仅人数众多（一般估计在1 000万到1 500万之间），而且来源复杂。他们对就业和社会福利的影响也无法一概而论。另外，非法移民问题和美国对外政策紧密相关，从拉美国家的政治稳定和经济发展到美国本身的反贩毒政策等无一不是造成美国非法移民问题积重难返的原因。反过来说，美国对待非法移民的态度和政策的任何变化都会直接影响到它和众多拉美国家的关系，同时也涉及其他国家和人民对美国外交理念、国际地位和外交政策的认同度。一旦这个“潘多拉”盒盖被打开，国内国际的政治纷争就会一发不可收拾，不管道义上还是政策选择上谁对谁错都会变得微不足道。

特朗普要的正是这个效应。2016 年大选前，其实民主和共和两党的主流力量曾达成共识，想通过对移民政策的全面改革来从根本上解决非法移民问题。2013 年美国参议院以 68 票对 32 票通过《全面改革移民政策法案》。14 名共和党参议员投票支持这个奥巴马政府主导的法案。法案一方面规定加强边境管制，另一方面又规定在满足一些条件的前提下［如完成长达 700 英里（约 1 127 千米）的美墨之间的边境墙等］，逐步和有条件地让已在美国的 1 100 万“未完成法定程序”的移民中的很大一部分通过登记和核查后成为合法移民乃至公民。① 然而，这个法案在众议院和共和党内部引起极大争议。最后不仅这个法案未能在众议院付诸表决获得通过，连支持这一法案的共和党国会成员也多被茶党支持者认定为“敌人”。国会无法成事，奥巴马不得不在 2014 年动用行政命令来实施他的移民改革计划，试图允许近 500 万非法移民在美国合法工作。但是就像当前特朗普的“禁穆令”一样，奥巴马的行政命令被联邦法官裁定为暂缓执行。事情最后闹到最高法院，最高法院出现 4 对 4 的僵局，未能推翻这项裁决。这样奥巴马承诺的移民改革无力回天，终于流产。

特朗普成功地把反移民作为其竞选的核心口号，而且把这个问题同他提出的美国其他三大弊病——工作、安全和反恐——捆绑在一起。他提出移民（主要是非法移民但他也不时提及通过 B-1 签证进入美国的合法移民）抢了美国人的工作，他们中多有罪犯，甚至恐怖分子，对美国国内安全造成极大威胁，给美国每年带来的经济损失高达数千亿美元。这些指控在相当一部分美国民众中引起共鸣。

（五）“身份政治”的兴起及其影响

最后，要想解释美国政治的深层次变化，人们不能不提到所谓“身份政治”（identity politics）的兴起及其影响。在某种意义上，身份政治的崛起更值得重视，因为相比因政策倾向或对候选人好恶而决定投票来说，一旦按身份认同去

① 有关这个法案，可参见 https：//www.americanimmigrationcouncil.org/research/guide-s744-understanding-2013-senate-immigration-bill。

投票，选民的投票倾向会有相当的稳定性，很难被改变。

由于上述原因，过去一直有人推测但无从证实的所谓“白人隐性投票者”在这次大选中终于批量出现了，他们实际上成为特朗普当选的最主要推手。据选后第二天的出口民调（exit polls）数据所作的分析，①58%的白人选民投了特朗普的票，女性白人选民中这个比例也达53%。人们通常认为特朗普侮辱冒犯女性的言论和行为以及希拉里作为第一位主要政党女性总统候选人及其她给予妇女更多权益的主张会多多少少为后者争取到更多白人女性选民的支持。但事实上，白人支持特朗普的总比例非但没有减少，还比上一次选举中支持共和党总统候选人的比例增加了1%。尽管白人投票者中具有大学学历的投票给民主党（希拉里）的比例比上次总统大选增加了10%，但是不具有大学学历的白人投票给共和党（特朗普）的比例增加幅度更大，为14%。由于白人选民目前仍占总选民的大多数（69%），因此这两者之间的差距就在很大程度上决定了大选结果。

美国大选的胜负归根结底取决于民意的基本走向。特朗普的当选与其说是对他政策主张甚至个人性格特质的肯定，不如说是他比其他人都更早更准确地抓住了美国不少选民尤其是白人选民对国家走向的失望和不满，以及由此而产生的对改变的渴望。尽管引领这一改变的领导人有很多瑕疵，其执政前景也有很大不确定性，不少选民（大部分是白人）仍然在风险较小，但维持现状，和风险较大，但至少可以冲击一下的现状之间选择了后者。按《亚特兰大》杂志资深作家罗纳德·鲍恩斯坦（Ronald Bownstein）的说法，他们这样做反映出他们对社会人口结构和经济结构的长期变化趋势对他们前途的影响所感到的深深的忧虑，从而想在这种他们不愿意看到的变化到来之前改变国家走向。所以从这个意义上讲，2016年的大选是对美国身份的一次公民投票。②

三、今后几年美国政治走向

特朗普当选美国总统打破了战后美国政治的传统格局和规律。尽管他当选

① https://www.nytimes.com/interactive/2016/11/08/us/politics/election-exit-polls.html.

② http://blogs.wsj.com/washwire/2016/11/23/obama-republicans-played-big-role-in-trumps-win/.

时的支持率是近30年来最低的，反对者众多，共和党内建制派人士公开地和隐蔽地反对他的也大有人在，但他当选本身所带来的深远影响值得重视。首先，美国的多数民意对美国政治的墨守成规感到厌倦，主张大幅度变革华盛顿政治机器的运行模式。即便他们不认同特朗普的个人品质和行事风格，他们中的大部分也认同特朗普这样一个体制外的候选人比起体制内的传统政客更可能是推行变革的合适人选（agent）。大选后十天的一份民意调查发现，68%的民众认为特朗普会改变美国政府的处事方式，尽管他们中约三分之一以上认为特朗普带来的变革会是错误的。①这种似是而非的民意调查结果实际上正反映了美国当前政治的一个基本事实：即比起维持现有体制，人们更愿意把注投在改变上。特朗普正是搭了这个民意的便车而得以险中获胜。他执政后只要高举改革的旗帜并付诸实施，至少在一段时间内，选民对他的支持会维持下去甚至不能排除上升的可能性。但正如奥巴马从执政八年中所学到的，改革往往是知易行难，说起来容易，做起来难，要想达到原先为争取选票而提出的常常是好大喜功的目标更难。不仅如此，以变革诉求上台的总统会至少在他的支持者当中大大提高人们对他施政取得实际成果的期望值。一旦期望落空，失望感也会更加强烈。从这个角度看，特朗普能否坐稳四年总统宝座仍在未定之天。他上台后不久，在一系列问题上，现存体制对他的制约之网已经张开。

毫无疑问，任何变革都是有风险的。特朗普治下，美国无论是国内政策还是对外政策中的不确定因素将会急剧增加。但是有一个政策面向却可能是例外。那就是今后几年，美国反全球化的意识和思潮，尤其是反对通过类似《北美自由贸易协定》这样的多边贸易机制，以避免工作岗位流失的认知，会进一步发酵扩散。政治人物为争取选票即使理性上不赞同这种看法，也会为了获得选票和选民支持而采取与之妥协的政策。在2017年1月召开的美国经济学年会上，经济学家对下述民意调查结果深感困惑。皮尔研究中心的数据显示，共和党内支持自由贸易协定的比例从2009年以来发生了根本性变化。2009年支持的占59%，反对的占30%；而到了2016年，反对的上升到68%，支持的则下降到

---

① https：//www.wsj.com/articles/poll-finds-americans-believe-trump-will-bring-change-but-are-divided-over-what-kind-1482069601.

不足 25%。而民主党人态度的变化虽然不那么大，却有相反的趋势。支持自由贸易的从 2009 年的 48%上升到 2016 年的 56%，反对的从 38%下降到 32%。① 这虽然和民主党比共和党更反对自由贸易的历史传统不尽吻合，但这次大选希拉里的败选和蓝领工人尤其是白人蓝领工人的倒戈直接有关则是不争的事实。相信民主党在总结这次大选失败的教训时是不会忘记这一点的。事实上，竞选期间更为激进的民主党候选人伯尼·桑德斯（Bernie Sanders）异军突起，以及希拉里在《跨太平洋伙伴关系协定》问题上从支持到反对都显示了民主党在全球化问题上的改弦更张实际上也已经开始了。这种基本趋势必将影响美国和其他国家的经贸关系以及它在全球多边贸易体制中的地位。

这次大选所凸显的其他几个深层次因素也会在今后几年通过互动在特定环境和特定地点凸显出来。美国政治体制的根本是否因此而被撼动以至出现颠覆性变化目前还无法知晓，但今后几年美国国内政治对立加强、政治纷争常态化以至出现过去不常见的政局动荡却是可以预见的。特朗普上台三个星期后，已经有 46%的美国民众赞成对他进行弹劾，② 这对美国政治来说可能不是一个好兆头。

① https://www.wsj.com/articles/top-economists-grapple-with-public-disdain-for-initiatives-they-championed-1483916701?mg=id-wsj.

② "Americans now evenly divided on impeaching Trump," February 10, 2017, http://www.publicpolicypolling.com/main/2017/02/americans-now-evenly-divided-on-impeaching-trump.html.

政治极化：当代美国面临的严峻难题

刘永涛 *

【内容提要】 近年来，“政治极化”成为讨论当代美国政治的一个主要话题。一定程度上讲，美国最初设计的政治体制以及由此所确立的一套传统，不仅影响着这个国家的政治历史进程，而且对其后来为何（以及如何）出现政治极化现象提供了土壤和条件。如果说美国政坛一直存在着党派之间冲突、彼此缺乏政治妥协意愿、意识形态色彩浓厚等现象，那么像现在这般趋于登峰造极地步的情形却属罕见。当前美国政治极化主要呈现为三个不同但彼此关联的方面，即意识形态上的深刻分歧、公共政策上的严重僵持以及政治语言上的极端粗俗和无礼。它们严重阻碍着美国公共政策的有效制定及执行，不断撕裂着整个美国社会及大众政治心理及行为，构成当代美国政治体制面临的严峻难题。

【关键词】 美国政治极化 意识形态分歧 公共政策僵持 政治语言粗俗

* 刘永涛，博士，复旦大学美国研究中心教授。

近年来，“政治极化”成为议论当代美国政治的一个主要话题。[①]人们普遍观察到，美国党派之间冲突日益激烈，彼此缺乏政治妥协意愿，意识形态色彩也日趋浓厚。倘若说美国政坛一直存在着这类现象，那么像现在这般趋于登峰造极地步的情形却属罕见。目前它严重阻碍着美国公共政策的有效制定及执行，不断撕裂着整个美国社会及大众政治心理及行为。

一定程度上讲，美国最初设计的政治体制以及由此所确立的一套传统，不仅影响着这个国家的政治历史进程，而且对其后来为何（以及如何）出现政治极化现象提供了土壤和条件。政府权力分立、（以选区为基础的）代议民主、国会两院制、多数票选举、联邦主义以及私有财产不可剥夺等，所有这些制度性理念及安排，原本旨在防止出现任何政府部门权力过于集中、膨胀和滥用，但也带来不同政治势力及利益集团之间相互抗衡、抵制乃至冲突的可能。一般认为，近年来美国出现的政治极化现象可追溯到20世纪70年代后期。随着国内民权运动高涨、南方政治重组以及社会经济不平等现象日趋突出，美国政治分歧和党派矛盾在当时的国会两院急速上升，并朝着政治对峙的极端方向演变，成为“自美国南北战争结束以来最为严重的一次”。[②]

所谓“极化”，通常指事物在一定条件下走向对立或相反方向，使其性质相

---

① 在国内，围绕这一话题的讨论主要有：张业亮：《“极化”的美国政治：神话还是现实?》，载《美国研究》2008年第3期；李均鹏：《政治多元化与美国政治极化：迈向关系网络的理路》，载《华南理工大学学报（社会科学版）》2011年第3期；周琪、王欢：《值得关注的美国政治“极化”趋势》，载《当代世界》2011年第4期；徐其森：《未竟的争论：当代美国“政治极化”研究述评》，载《美国问题研究》2013年第2期；赵国庆：《“关门游戏”折射美国国会政治“痼疾”》，载《当代世界》2013年第11期；何晓跃：《美国政治极化的层次界定与生成逻辑》，载《国际展望》2014年第1期；武建强：《难以妥协的政治——不断加深的美国政党极化现象分析》，载《东岳论丛》2016年第3期等。在国外，相关的研究可参阅：Morris P.Fiorina，Samuel J.Abrams，and Jeremy C. Pope，*Culture War? The Myth of a Polarized America*（London：Longman，2010）；Marc J.Hetherington and Jonathan D. Weiler，*Authoritarianism and Polarization in American Politics*（Cambridge：Cambridge University Press，2009）；Alan I.Abramowitz：*The Disappearing Center*，*Engaged Citizens*，*Polarization*，*and American Democracy*（New Haven：Yale University Press，2015）；Marc J.Hetherington and Thomas J.Rudolph，*Why Washington Won't Work*：*Polarization*，*Political Trust*，*and the Governing Crisis*（Chicago：The University of Chicago Press，2015）；John Sides and Daniel J.Hopkins（eds.），*Political Polarization in American Politics*（New York：Bloomsbury Publishing Inc.，2015）。

② Christopher Hare and Keith T.Poole，“The Polarization of Contemporary American Politics，” *Polity*，Vol.46，No，3，2014，p.411.

对于原来状态发生偏离。在政治上，保守的政党朝着更为右翼的方向发展；开明的政党朝着更为左翼的方向发展。这种两极分化现象使得两党之间原来重叠的部分逐渐消失。本文认为，当前美国政治的极化主要呈现为三个不同但彼此关联的方面。它们分别是意识形态上的深刻分歧、公共政策上的严重僵持以及政治语言上的粗俗无礼。党派意识形态分歧主要表现为民主党和共和党之间在世界观方面存在着尖锐对立；各自根深蒂固的信念使得党派之间达成政治妥协的意愿日趋淡泊，造成政府制定公共政策的基本功能严重受阻甚至发生缺失；极端的意识形态和政策上的严重僵持，导致美国政坛以极为粗俗的方式表达政治话语的情形不断发生。在美国，政治极化是一个由上至下的蔓延过程，从联邦政府层面向州及地方政府层面不断延伸。因篇幅所限，本文仅从联邦政府层面考察上述政治极化呈现的三个方面。

一、意识形态分歧：不同的世界观之争

对当代美国政治极化的理解，有必要从党派之间严重的意识形态分歧去考察，从开明和保守之间的观念对立，乃至从更为广阔的美国社会及文化冲突中去考察。意识形态分歧具体表现为两大政党（共和党和民主党）在世界观上的根本不同，并由此把美国政治推到极端对立的两个方向。美国社会及经济出现的根本变化（尤其是收入不平等现象日益突出），加剧了这种政治极化朝着更加难以缓解的方向演变。

历史上看，美国一直存在着两种主要价值观，它们彼此紧张对立，却共存于这个国家的政治及日常生活里，并经常在其社会和文化的理论及实践中加以表达。这两种价值观衍生出截然不同的两种世界观，成为美国政坛两党产生意识形态分歧的重要来源。

一种是美国社会盛行的个人主义价值观。它强调个人在社会中的地位及作用，追求个人意志及行动的自由，其核心理念是一切均以个人为中心：社会要体现个人的意愿；政府要保护个人的利益。作为一种思想观念乃至生活哲学，这种体现为自我依靠的个人主义一直被许多美国人所倡导。人们赞赏并钦佩那些凭借自身努力、艰难起步，最后走向成功的人。长辈经常对孩子们说，如果

不刻苦努力，长大后他们将无法做自己想要做的事情，无法得到自己想要得到的东西。个人奋斗是对成就和财富的一种诠释；失落则被经常归咎于个人不够勤奋。于是，（极端）个人主义被视为美国文化的核心价值观之一，并在20世纪被美国作家安·兰德（Ayn Rand）鼓吹和宣扬到难以复加的地步。

兰德以及她所推崇的极端个人主义思想和“客观主义”哲学，对当代美国社会及保守主义意识形态具有重要影响。①尽管其观点极端并颇受争议，“美国大学里（也）很少讲授她的东西”，但兰德的书在美国仍然广为销售和流传，影响着一代又一代美国人（尤其年轻人）。②不仅如此，兰德的思想还深受一些美国保守主义政客和富商的青睐。③南卡罗来纳州前州长、共和党籍众议员马克·桑福德（Mark Sanford）曾坦承，他初次阅读《源泉》和《阿特拉斯耸耸肩》时，便被书里有关“自由个人主义力量”的描述所“震撼”：“令我印象深刻的是，它［指小说《源泉》——本文作者注］阐述了一个至今仍具有意义的核心见解：促使美国繁荣和安全的不是‘集体行动’，而是个人的首倡力及创造力”。④现任国会众议院议长保罗·瑞安（Paul Ryan）在担任众议院预算委员会主席期间，曾要求他的助手们必读《阿特拉斯耸耸肩》，并称他本人最终选择走上仕途

---

① 安·兰德（Ayn Rand，1905—1982年）出生于俄国，21岁时随父母移居美国。兰德把理性的个人“自私”及“利己”视为一种“美德”，轻视“利他主义”以及政府规范市场等社会价值观。著有《自私的德性》（*The Virtue of Selfishness*）（1964年）；其主要小说《源泉》（*The Fountainhead*）（1943年）和《阿特拉斯耸耸肩》（*Atlas Shrugged*）（1957年）突出表达了作者所称的一种“客观主义”哲学观。在助长现代美国保守主义思潮蔓延方面，还包括弗里德里希·哈耶克（Friedrich Hayek）、罗伯特·诺齐克（Robert Nozick）等人。

② Tom Allen, *Dangerous Convictions*: *What's Really Wrong with the U.S. Congress*（Oxford: Oxford University Press, 2013）, p.29.

③ 众所周知，美国联邦储备委员会前主席艾伦·格林斯潘（Alan Greenspan）、证券交易所前主席克里斯·考克斯（Chris Cox）、前众议员容·保罗（Ron Paul）、自由意志党创始者约翰·霍思铂斯（John Hospers）等人，他们是兰德思想的坚定追随者和传播者。据称，深受兰德思想影响的前共和党籍众议员鲍勃·巴尔（Bob Barr），曾受其母亲引导而接触到兰德的作品。参见 Melinda Henneberger, “The Georgia Republican Who Uses the I-World,” *New York Times*, May 9, 1998, http://www.nytimes.com/1998/05/09/us/the-georgia-republican-who-uses-the-i-word.html，登录时间：2016年5月20日。

④ Newsweek Staff, “Mark Sanford on Ayn Rand,” *Newsweek*, October 21, 2009, http://www.newsweek.com/mark-sanford-ayn-rand-81147，登录时间：2016年5月20日。

乃是“深受兰德思想的影响”①。美国新当选总统、房地产大亨唐纳德·特朗普自称是兰德的爱好者，并把自己比作小说《源泉》中的主人公霍华德·罗克（Howard Roark）——一个坚信自我依靠、个人奋斗的建筑师。②

另一种价值观乃是社团参与。它同样存在于美国社会及文化中，但并非像个人主义那样被经常提及。如同其他许多国家的人们一样，美国人也倡导集体主义，包括强调家庭和睦、团队精神、社区服务、对弱者给予同情及帮助的责任。在美国，社团被看作是各种个人利益的结合体。为了实现单凭个人努力难以达到的目的，人们彼此达成契约，结成社团，相互协作。换句话说，依据社会交换原则，个人自愿加入某个社团，通过为社团付出努力去换取自己在契约中规定获得的自我利益。

在个人主义和社团主义这两种相互竞争的价值观中，倡导个人“自由”的共和党保守主义者更重视前者；主张社会“公平”的民主党开明人士则更强调后者。在美国政客及知识精英那里，这两种社会价值观繁衍出两种截然不同的世界观。美国总统富兰克林·罗斯福曾经对开明派和保守派人士（或者说，民主党人和共和党人）之间的区别作过一个划分：开明派人士相信，“随着新的状况和难题不断出现，而且超出作为男女个人的力量所能应对，政府本身便有责任寻找良方去应对它们”；保守派人士认为，对于不断出现的新状况和难题，“政府没有必要插手进去”③。罗斯福对美国两党观念差异的这种根本区分，在今天看来仍然不失有效。

有关政府作用及规模的全国辩论，可以说是扎根美国社会土壤里的一种国民思想遗产。早在建国初期，美国作家潘恩便在一本广为流传的小册子里写到，

---

① Tom Allen，*Dangerous Convictions*：*What's Really Wrong with the U.S. Congress*（Oxford：Oxford University Press，2013），p.29. 2009 年，瑞安曾在一个政治竞选视频里称：“我们生活在兰德的小说里，兰德比任何人都更出色地阐述了有关资本主义及个人主义的道德。对我来说，这是至关重要的。”参见 http：//youtube.com/Watch?v = WmW19uoyuO8，转引自 Tom Allen，*Dangerous Convictions*：*What's Really Wrong with the U.S. Congress*（Oxford：Oxford University Press，2013），p.195。

② Kirsten Powers，“Donald Trump ‘Kinder，Gentler’ Version，” *USA Today*，April 12，2016. http：// www. usatoday. com/. story/opinion/2016/04/11/donald-trump-interview-elections-2016-ayn-rand-vp-pick-politics-column/82899566/登录时间：2016 年 5 月 20 日。

③ 转引自 Tom Daschle and Charles Robbins，*The U.S. Senate*（New York：St. Martin's Griffin，2013），p.15。

政府是一种邪恶，但却是一种“必要的邪恶”。①在联邦党人那里，人们达成共识建立一个强有力的联邦政府，但对政府作用的看法却存在明显分歧。汉密尔顿坚持认为，政府应该在美国生活中做更多的事情；麦迪逊（至少在担任总统之前）则一直主张政府应该对社会少加干预。②

到了现当代，在大多数保守的共和党人眼里，联邦政府被看做是个人及市场自由的侵蚀者、“自我依靠”理念的危害者，政府的许多作为既没有体现出其治理能力，也缺乏社会效率。既然自由是美国价值观的核心要素，那么政府设置各种清规戒律便是对自由的束缚；如果自我奋斗是美国社会倡导的一种价值观，那么这种价值观的对立面则是对他者的依赖。在他们看来，各种社会难题应该让自由市场去解决，政府的强制干预有可能把事情弄得更加糟糕。极端保守的共和党人甚至认为，政府是难题的制造者——而不是解决者——政府本身构成了难题的一部分。因此，在政府规模上，保守的共和党人竭力倡导“小政府”，反对和抵制“大政府”，甚至有时极端地表现为“反政府”。

然而，对于大多数民主党人来讲，政府是促进社会公益事业的重要推动者。在应对超越个体能力及管辖范围之外的社会挑战方面，政府的参与及管理是至关重要的，因为政府能够给那些愿意并有能力工作的人提供就业机会和行动自由。在民主党人总统奥巴马看来，“联邦政府的首要角色乃是确保美国人民的安全”，“联邦政府有能力去帮助开启创造机会的大门，给美国人民创造能够成功的机会”。③换句话说，政府行使着为整个社会提供公共产品服务的职能，奉行美国价值观中倡导人们分享关照社会弱者、贫者的集体责任。这些做法并非对公民的个人自由构成了威胁。有评论者指出，政府是进步和个人自由的阻碍者，还是公共福利的推动者，这两种彼此冲突的看法乃是美国两党意识形态分歧的

① Thomas Paine, *Common Sense*（1776），（Nashville：Sam Torode，2009），p.3.类似地，联邦党人也对政府提出了一种看似自相矛盾的看法：“政府本身若不是对人性的最大耻辱，又是什么呢？如果人都是天使，就不需要任何政府了。”引自汉密尔顿、杰伊和麦迪逊：《联邦党人文集》，程逢如、在汉和舒逊译，北京：商务印书馆1995年版，第五十一篇，第264页。

② 参见汉密尔顿、杰伊和麦迪逊：《联邦党人文集》。

③ “Remarks by the President and Governor Romney in the First Presidential Debate，” at Magness Arena，University of Denver，October 4，2012，https：//www.whitehouse.gov/the-press-office/2012/10/04/remarks-president-and-governor-romney-first-presidential-debate，登录时间：2016年5月30日。

"核心所在"。①

随着"9·11"事件发生以及全球金融危机的爆发，整个美国社会及经济面貌经历着根本变化，包括美国人对国家安全威胁的重新认知和焦虑不安、对经济收入不平等及贫富差距现象突出的日益不满，它们对当代美国政治极化的加剧也形成了不可忽视的影响。在全球"反恐战争"语境下，有关移民、种族、族群、枪支等诸多社会敏感议题的辩论更加激烈。国内经济严重衰退、联邦赤字和国债逐年攀升也进一步撕裂着美国社会及民意。一方面，得到民主党理解和同情的民众"占领华尔街"抗议运动席卷全美，对美国金融系统、权钱交易以及社会不公正表达了强烈不满和抵制。另一方面，喧嚣的、极具意识形态色彩的"茶党"运动异军突起，其主要目标是谋求拯救和改造当代美国社会，把共和党重铸为极端右翼的保守主义政党。所有这些给美国社会及政治带来错综复杂的后果。

二、政治上不合作：公共政策僵持

美国宪法并没有明确提及政党事宜。一个可能的原因是，宪法制定者们意识到宗派政治具有制造矛盾和分裂的弊端。②不过，美国人最终还是采纳了欧洲君主政治里两党竞争的做法。英国历史上的辉格党和托尼党跨越大西洋，在北美土壤上演变成为联邦党和反联邦党，最终发展成为现在的共和党和民主党。

如今，这两个主要政党的活动在联邦及州层面诠释着美国政治制度的运作，构成美国政府及政治不可缺少的部分。两党分享着同样举足轻重的地位，对同样的议题进行辩论和投票。然而，它们看待美国自身及世界所采取的视角相去甚远，以至于达到难以相互接受、妥协、宽容的地步。根深蒂固的各自信念和世界观的尖锐对立，引发两党在一系列问题上针锋相对，彼此争论不休，从而

---

① Tom Allen, *Dangerous Convictions: What's Really Wrong with the U.S. Congress* (Oxford: Oxford University Press, 2013), p.159.

② 譬如，被一些人视为"美国宪法之父"的詹姆斯·麦迪逊，曾担心各类朋党及宗派之争会给美国社会带来危害。参见汉密尔顿、杰伊和麦迪逊：《联邦党人文集》，第十篇，第44—51页。

造成美国公共政策领域出现严重僵持。①

这类僵持表现在联邦政府部门的不同方面，包括国会内部、国会与白宫之间以及最高法院。在美国，几乎每件重大事情都要经过国会。在几乎所有的公共政策领域，国会均以宪法赋予的立法权和监督权而卷入其中。因此，美国各地选民会把自己周围最受信赖的人挑选出来作为议员，派送他（她）们前往国会山参政议政，指望议员们能够代表选民的根本利益和声音。从这个意义上讲，国会乃是美国的一面镜子。不过，如今国会的名声却一直在下降。许多美国人抱怨，国会议员对谋取自身政治及经济上的好处更感兴趣，不关心普通民众的根本利益和诉求。国会日益变成党派之间相互厮杀格斗的场所，而不是制定和处理公共政策的机构。

的确，尽管国会山一直存在着政治“权力走廊”，存在着一党议员投票反对另一党议员议案的情形，但是两党议员之间互不信任、相互猜疑甚至彼此敌意的现象，从未严重到像现在这样的程度。促成跨党派合作的诸重要因素（譬如，温和的共和党人和保守的民主党人）在国会逐渐消失，转而被意识形态泾渭分明的两党议员阵营所取代。在国会政治日趋极化方面，众议院的情形显然比参议院更为突出。尤其共和党人的整体右倾化，以及两党彼此深刻的猜疑和带有敌意地看待对方，加剧了目前国会政治极化的严重程度。②

于是，两党之间的冲突和对抗——通过各种机构手段给对方制造阻碍使其无法实现公共政策目标——成为当代国会政治的一种常态。政治上的不合作成为一种理所当然，跨党派合作和彼此妥协则被国会领袖们视为一种羞耻。凡是民主党赞成和支持的东西，共和党会本能而机械地坚决予以抵制和反对；反过来亦是如此。这种党派对立情形既表现在众议院内部，也表现在众议院和参议

① 在美国，民主共和两党在一系列公共政策事务——从传统的有关政府对经济进行干预的规模和范围，到社会文化问题如医疗保健、堕胎、避孕、同性恋婚姻、宗教自由、移民改革和枪支控制等——展开针锋相对的激烈辩论。

② 在国会（尤其众议院），一批得到“茶党”运动扶持、自称“少壮派”的新一代保守共和党领袖（及议员）开始崛起。他们把坚定的党派信念与强烈的个人政治抱负紧密地结合在一起。参见 Paul Ryan，Eric Cantor and Kevin McCarthy，*Young Guns*：*A New Generation of Conservative Leaders* (New York：Simon & Shuster，Inc.，2010)；亦参见 George Packer，“The Empty Chamber：Just How Broken is the Senate?” *New Yorker*，August 9，2010 issue。

院之间。2016年6月23日，美国国会两党在枪支管控立法上的分歧，演变成为众议院议会大厅一场混乱的政治对抗。约百名民主党籍议员席地静坐长达15个小时，催促共和党人主导的众议院就相关新法案进行投票。面对多年来这一罕见场景，共和党人却宣布休会，并切断了会场的电视直播。[①]2013年10月1日，美国联邦政府因国会两院两党就预算争执陷入“政治瘫痪”而被迫关门。在随后的几年里，重蹈覆辙的危险一直存在着。

公共政策领域的僵持也体现在国会和总统关系上。当国会和白宫由不同政党所主导时，这一情形尤其突出。在医疗保健、移民改革、枪支管控等一系列敏感的社会及文化问题上，共和党人占主导的第114届国会和民主党人主导的白宫之间存在着难以调和的分歧。大选之年则使得这种分歧更加不可化解。共和党人的政治战略目标乃是使共和党人最终重返白宫，阻止和妨碍白宫制定和实施任何政策（或使其政策破产）乃是重要的战略手段。

对于白宫来说，这种僵持使得制定和实施公共政策的其他途径变得更具有吸引力。当一项政策因党派严重分歧而无法获得国会多数支持和通过时，总统方面就会使用单边行动工具去推行一定的政策议程。由于国会迟迟不行动，2014年11月21日奥巴马总统颁布有关移民改革的行政命令，使数百万无证件移民摆脱递解威胁。在有关家庭假期扩展至同性家庭、联邦合同商提高最低工资等问题上，他也使用了行政命令以绕过有深度分歧的国会。反过来，这种经常使用单边行动工具的做法，加剧了国会和总统之间权力关系的紧张和冲突。

美国最高法院也难以置身于这种政治环境之外。作为最高审判机关，美国最高法院享有极大的权力，对案例裁决的诠释或对法典的修订往往成为最后的决定，使得国会和总统均无法推翻它们。2014年4月2日，美国最高法院对“麦卡琴等诉联邦选举特别委员会”（McCutcheon et al. v. Federal Election Commission）一案作出判决，取消私人捐助者在每次竞选期内对资助候选人及政治

---

① 2016年6月12日，美国佛罗里达州奥兰多市一家夜总会发生枪击事件。一名男子持枪屠杀，制造了美国史上死伤最严重的枪击惨案。美国社会再度掀起枪支管控的大辩论，并促使民主党籍议员强推相关立法投票。

团体的数量上的限制。①这一判决从法律上使得更多私人资金得以进入美国政治体制，给予富人更多自由去影响联邦政治选举。对这一判决，5名由共和党籍总统任命的大法官投下赞成票；4名由民主党籍总统任命的大法官投下反对票。开明派试图维持现存的对政治竞选资金的限制，以确保美国民主不受权力者财富的歪曲或腐蚀。保守派则认为，美国宪法第一条修正案（有关言论自由的文字）拒绝政府对谁支付竞选资金以及支付多少加以控制。这一判决表明了近年来最高法院深陷党派政治之中。

美国最高法院的党派政治还反映在人事任命上。自1991年以来，美国最高法院一直保持着5名保守派大法官和4名开明派大法官的结构。2016年2月13日，最高法院大法官安东宁·斯卡利亚突然去世，这使得奥巴马获得机会去改变目前美国最高法院党派力量的现状。3月16日，奥巴马正式提出一项有利于民主党人利益的人事任命，以填补斯卡利亚去世后留下的空缺，但由共和党主导的参议院拒绝考虑，也拒绝就此事举行听证会和投票。在参议院多数党领袖以及共和党籍参议员们看来，这一人事任命应该由下一任总统（而不是由将于2017年1月卸任的奥巴马）进行提名。②这一人事空缺使得政策僵局在最高法院的形成变得更为容易。2016年6月23日，在"美国和请愿者诉得克萨斯州"（United States, et al., Petitioners v. Texas, et al.）一案中，美国最高法院以简洁的一句话——"该判决由平等分立的法院所确认"——维持了第五巡回审判区上诉法院对前述奥巴马移民改革行政命令"违宪"的判决。③它再次表明，意识形态分歧和党派政治给最高法院判决带来了政策上的僵持。

党派之间在意识形态上严重分歧，导致两党在一系列重大和敏感的社会及文化问题上持彼此冲突和对立的看法，并由此妨碍着公共政策的有效制定及实

① 有关该案判决的文字细节，可访问美国最高法院网站：http://www.supremecourt.gov/opinions/13pdf/12-536_e1pf.pdf，登录时间：2016年6月10日。亦参见温宪：《美国最高法院也呈政治极化》，载《红旗文摘》2014年第12期。

② Karoun Demirjian, "Republicans Refuse to Budge Following Garland Nomination to Supreme Court," https://www.washingtonpost.com/news/powerpost/wp/2016/03/16/republicans-refuse-to-budge-following-garland-nomination-to-supreme-court/，登录时间：2016年6月10日。

③ 有关该案判决书，可访问美国最高法院网：http://www.supremecourt.gov/opinions/15pdf/15-674_jhlo.pdf。

施。所有这些不断撕裂着整个美国社会及大众政治心理及行为。有评论者指出，今日美国变成了无法彼此相处的“两个不同国家”——一个民主党人的国家和一个共和党人的国家。[①]对于联邦政府功能失灵的情形，宾夕法尼亚州前资深联邦参议员阿伦·斯佩克特在自传里哀叹道，美国的政治中心已经死亡。[②]

三、政治话语：粗俗和无礼

美国历史上，政客之间的政见不合有时会演变成为（甚至是致命的）暴力行为。因长期的政治意见分歧，副总统阿伦·伯尔（Aaron Burr）于1804年在一场决斗中开枪打死当时的财政部长亚历山大·汉密尔顿（Alexander Hamilton）。1854年，来自密苏里州的参议员托马斯·本顿（Thomas H.Benton）与来自密西西比州的参议员亨利·富特（Henry Foote）在议会辩论中发生争吵，后者掏出手枪对准比自己身材高大的政治对手。本顿则大声喊道：“我没有手枪！让他开枪！别阻拦，让这个杀手开枪！”见此状，参议院立即宣布休会，挽救了一场可能发生的血腥事件。1856年，来自南卡罗莱纳州的众议员普雷斯顿·布鲁克斯（Preston Brooks）对马萨诸塞州参议员查尔斯·萨姆纳（Charles Sumner）先前的废奴言论极为不满，冲入参议院会议大厅，用金属棍条抽打萨姆纳使其流血并失去知觉。1902年，来自南卡罗莱纳州的参议员约翰·麦克劳林（John Mclaurin）在参议院全体大会上指控来自本州的资深参议员本·蒂尔曼（Ben Tillman）“撒了一个经过蓄谋的邪恶谎言”。蒂尔曼突然转过身来，朝麦克劳林的下颚一拳打过去。据说，这个事件促使美国参议院立下一条至今仍然生效的规矩：“任何参议员辩论时不得以任何形式的语言——直接或间接地——把任何与参议员身份不相匹配的行为和意图强加在另一名（或一些）参议员身上。”[③]

---

① Alan I.Abramowitz，“America Today is Two Different Countries. They Don't Get Along,” *Washington Post*，March 10，2016. https：//www.washingtonpost.com/news/in-theory/wp/2016/03/10/america-today-is-two-different-countries-they-dont-get-along/?tid = a _ inl，登录时间：2016年6月10日。

② 参见 Arlen Specter with Charles Robbins，*Life Among the Cannibals：A Political Career，a Tea Party Uprising，and the End of Governing As We Know It*（New York：St. Martin's Press，2012）。

③ Tom Daschle and Charles Robbins，*The U.S. Senate*（New York：St. Martin's Griffin，2013），pp.212—213.

这类因政治冲突而引发的身体暴力行为，在当代美国政治极化环境里演变成为语言粗暴行为。2009 年 9 月 9 日，奥巴马应邀前往国会山就医改计划发表演说。演说期间，来自南卡罗莱纳州的共和党籍众议员乔·威尔逊（Joe Wilson）突然冲着奥巴马大嚷“你撒谎”。这一有失政治礼仪的举止，令在场的许多议员惊得“目瞪口呆”。①9 月 14 日，民主党人控制的众议院以 240 票对 179 票通过一项决议，正式对威尔逊干扰美国总统在国会发表演讲的做法提出告诫。威尔逊成为美国国会众议院两百多年历史中第一个因在总统发言时出言不逊而被告诫的众议员。次日，美国前总统吉米·卡特对威尔逊的粗鲁言行发表看法，称它“建立在种族主义基础之上”，并认为在美国“仍然有许多人对一个黑人总统抱有根深蒂固的情绪”。②

使用语言进行政治攻击的做法一直存在于美国历史中，不过像现在这般突出和严重则是罕见的。作为政治极化的一种表现，政治话语的粗俗和无礼正在变得日益突出。一定程度上讲，当代美国社会正在丧失制约政治话语及行为的规范。首先，不断使用机械而僵硬的政治语言。在美国，持不同政见者之间进行实质性的、理性的沟通和对话变得越来越困难。在一系列公共政策事务辩论中，民主共和两党成员往往拒绝听取对方的观点和看法，而是反复叙述着建立在各自信念上的一套政治话语，也不在乎其措辞是否准确、合理或者逻辑连贯。他们各说各的话，彼此无法倾听、说服或欣赏另一方的讲话；双方似乎简直没有共同基础去相互理解和妥协。这便使得政治话语获得了一种不现实、不真实甚至荒诞的色彩。许多美国人对华盛顿的政治感到厌倦和怀疑，认为政客们遣词造句的时候并不动脑筋，“有时甚至胡言乱语、弄虚作假、使用空洞的术语”③。

其次，不断使用刻薄和具有诋毁性的政治语言。在美国，如果说政治是一个残酷的权力竞争场所，那么党派之间的争斗（尤其在政治大选期间）乃是充满暴力和

① David Batty, “‘You Lie’: Republican Joe Wilson’s Outburst at Obama Health Speech,” *The Guardian*, September 10, 2009, http://www.theguardian.com/world/2009/sep/10/you-lie-joe-wilson-obama-speech，登录时间：2016 年 5 月 25 日。

② Jimmy Carter, “Wilson’s Remarks ‘Based on Racism’,” http://www.cbsnews.com/news/carter-wilsons-remarks-based-on-racism/，登录时间：2016 年 6 月 10 日。

③ Barton Swaim, “Why So Many Politicians Sound Like Robots?” *Washington Post*, February 12, 2016, https://www.washingtonpost.com/opinions/why-do-so-many-politicians-sound-like-robots/2016/02/12/772fd412-d01f-11e5-b2bc-988409ee911b_story.html，登录时间：2016 年 6 月 10 日。

敌意、你死我活的较量。为了确保本党派及个人政治上的地位，政客们会不顾一切地使用破坏性语言去摧毁对方的战斗力，把对方说成是“法西斯分子”和“白痴”。正是美国政治文化中的这种“暴力化”特征，使得美国总统民主党参选人希拉里·克林顿会把共和党人和伊朗人相提并论并称他们为敌人。①在政治极化的语境下，政治演讲、互联网推特平台、谈话节目、电台和电视昼夜滚动播出的频道里，理性的、彼此尊重的语言经常被愤怒的、伤害对方的语言所代替。

再次，使用不文明的、带有歧视性的政治语言。美国共和党总统竞选人特朗普自决定参选以后不断发表一些极端的、具有争议的言论。在移民问题上，他把非法移民视为美国面临诸多难题的根源，把来自墨西哥的非法移民称为毒贩、坏人、强奸者。②他还提出禁止所有的穆斯林人进入美国。在一些人看来，所有这些言论既无礼也粗俗，反映了当下美国政治话语所具有的“极端”、“丑陋”及“可耻”的特征。③奥巴马也抱怨，美国政治中存在着“粗俗语调”，甚至承认美国传统里存在着候选人彼此愤怒谩骂对方的做法，希望美国政治生活里应该坚守更高尚的话语。④从更为深层的角度看，通过对政治话语的操纵，政客们利用美国普通民众在一系列政策问题上的焦虑、恐惧和愤怒的情绪，将其转换成为个人追逐政治权力的资本。

长期以来，人们对语言的理解建立在这样一种认识上，即语言是一种交流工

---

① Democratic Presidential Debate, CNN Democratic Debate-Full Transcript, October 13, 2015, http://cnnpressroom.blogs.cnn.com/2015/10/13/cnn-democratic-debate-full-transcript/，登录时间：2016年6月10日。

② Washington Post Staff，“Full Text：Donald Trump Announces a Presidential Bid,” *Washington Post*, June 16, 2015, https://www.washingtonpost.com/news/post-politics/wp/2015/06/16/full-text-donald-trump-announces-a-presidential-bid/，登录时间2016年6月10日。特朗普的这番言论，不仅引起拉丁裔美国人的强烈反感，而且遭到墨西哥（前）总统们的批评。2016年2月26日，墨西哥前总统比森特·福克斯（Vicente Fox）接受美国电视采访，痛斥特朗普侮辱墨西哥移民的不逊言辞，称他是一个“疯子”。早些时候，墨西哥另一位前总统费利佩·卡尔德龙（Felipe Caldern）曾出面狠批特朗普。墨西哥现任总统恩里克·培尼亚·涅托（Enrique Peňa Nieto）批评特朗普的言论“充满偏见且荒唐至极”。参见新华社：《墨西哥前总统再批特朗普称其是种族主义者》，http://news.xinhuanet.com/world/2016-03/01/c_128762748.htm，登录时间：2016年6月10日。

③ Speaker Ryan Remarks on the State of American Politics, March 23, 2016, http://www.c-span.org/video/?407141-1/house-speaker-paul-ryan-remarks-state-american-politics，登录时间：2016年6月15日。此外，鉴于近年来国内反穆斯林极端情绪上升，第114届美国国会众议院提出决议案（H, Res. 569），谴责美国对穆斯林实施暴力、偏见及仇恨语言的行为。

④ https://www.whitehouse.gov/the-press-office/2016/02/10/remarks-president-address-illinois-general-assembly，登录时间：2016年6月10日。

具，是反映客观现实的一面镜子。如果说语言具有意义，那是因为它可以对外部世界的人和事物的特征进行“客观”、“准确”的描述和再现。不过，这种认识开始不断受到质疑和挑战。在美国政治里，对语言的操纵乃是政客们对政治现实进行建构（或重建）的一种行为方式。在许多情形下，美国政治话语的含义，并不在于政治话语本身是否与外部的政治社会现实相吻合，而在于它在实践中如何被政客们所使用、误用甚至滥用。也就是说，语言的意义并不一定在于语言是否反映了事物的本质，而在于人们在彼此的社会沟通中以一定的方式对它加以使用。

四、结 束 语

本文揭示了当代美国政治极化所呈现的几种在逻辑上相互关联的表现。意识形态上的深刻分歧，促使美国两个主要政党（民主党和共和党）在一系列重要而敏感的社会及文化问题上持有截然不同的看法，并由此导致它们在广泛的公共政策领域出现严重僵持。不同的价值观和信念以及党派之间不合作不商量的态度，进一步造成美国的政治话语日趋粗俗和无礼。美国政治乃是关乎价值观、权力和利益，但政治极化像现在这般趋于登峰造极地步的情形却属罕见。它的诸种表现均折射在联邦政府部门内部（譬如国会政治的对立、最高法院内部的党派划分）以及部门之间（譬如国会和总统之间的党派关系）的相互作用上。

美国人有一句箴言：国会是由天才设计出来的机构，所以白痴也能够经营它。不过，当前美国政治面临的严峻难题在于，政治极化无情地撕裂着整个美国社会及文化价值观，严重阻碍着社会公共政策的制定和实施，破坏着制约政治话语行为的基本规范，甚至使国会乃至整个联邦政治体制本身成为难题的一部分。不容乐观的是，美国政治极化现象似乎难以在短期内消失，恰逢大选年时更是如此。当初奥巴马的政治崛起乃是部分地基于这样的承诺，即他可以给华盛顿带来一种更为理性及平和的政治。可是，今日美国政治面临的难题比八年前显然更为复杂和棘手。对于寻找缓解当代政治极化严重程度的途径，美国人是否愿意并能够对本国政治体制进行必要的改革，人们还将拭目以待。

论经济力量的可替代性：中国的经济崛起与东亚的安全秩序*

陆伯彬**

【内容提要】 中国现在已经崛起为仅次于美国的世界第二大经济体，并由此开始逐步挑战美国所主导的全球贸易秩序。然而，关于中国经济崛起对国际安全秩序影响的讨论则少之又少。国际安全研究的关键议题之一是经济力量是否是可替代的，依靠经济力量本身能否成功塑造大国与小国之间的安全同盟。这个问题同样适用于今天崛起的中国及其对东亚安全秩序的意义。已有的政治经济学研究表明，贸易上的依赖性会促使小国主动与相应大国结成安全上的同盟，而不考虑均势。然而，这些研究在案例选择方面存在很大的问题。通过选择当代东亚地区的双边关系案例作为研究对象，本文将表明，小国对于大国的经济依赖不足以促使其在安全上倒向该大国，这也恰好是中国在其经济崛起的过程中所遇到的问题。

【关键词】 中国经济崛起 中美关系 东亚安全秩序 经济相互依赖

---

* 本文英文原标题为：On The Fungibility of Economic Power：China’s Economic Rise and the East Asian Security Order。本文中文版由复旦大学国际关系与公共事务学院硕士生金九汎翻译。

** 陆伯彬（Robert Ross），美国波士顿学院政治学系教授。

1978 年 12 月，中国共产党第十一届三中全会开启了经济改革。自那时起到 2010 年，中国的经济增长始终保持在每年 10% 的惊人速度。尽管中国在 2010—2014 年期间的经济增长速率降至约 7.5%，然而其发展速度仍然比美国以及东亚其他国家要高出许多。中国的国内生产总值（GDP）在 2010 年超越日本成为世界第二大经济体，而在未来的十年内，中国的名义国内生产总值（nominal gross domestic product）也被普遍预计会超越美国。国际货币基金组织在 2014 年 10 月以购买力平价（PPP）计算中国的国内生产总值并得出了中国的经济总量已经超越美国的结论。此外，中国在 2013 年业已取代美国全球第一贸易大国的地位。①世界上有数量众多的国家的经济增长依赖于中国市场，而全球股市也随着中国每次发布新的经济数据而波动。无疑，中国已成为世界经济的“增长引擎”（engine of growth）。

在中国成为世界上仅次于美国的第二经济强国的背景下，它的经济崛起已经开始挑战美国以经济力量来塑造全球贸易秩序的能力。例如，中国开始能够与美国比肩以引领世界贸易组织（WTO）的协商与谈判。②与此同时，中国也逐渐成为在国际货币基金组织（IMF）与国际能源政治中发挥显著影响力的重要角色。在地区层面，中国以其大陆般巨大的市场成为了东亚地区的贸易中心并推动了区域贸易秩序。例如，中国与东盟国家在 2004 年签署了于 2010 年完全生效的《中国—东盟自由贸易协定》（China-ASEAN Free Trade Agreement）。为了扩大中国作为地区贸易中心的地位，同时为了与美国主导的《跨太平洋伙伴关系协定》竞争，中国自 2012 年开始便积极推进与协调《区域全面经济伙伴关系协定》（Regional Comprehensive Economic Partnership，RCEP）。③另外，中国在 2014 年 10 月与韩国

① Jamil Anderlini and Lucy Hornby，“China Overtakes the US as Largest Goods Trade”，*Financial Times*，January 10，2014，at http：//m.ft.com/intl/cms/s/0/7c2dbd70-79a6-11e381-00144feaabcd0.html；“China's Back”，*Economist*，October 11，2014，at http：//www.economist.com/news/finance-and-economics/21623758-chinas-back.

② Zbigniew Brzezinski，“The Group of Two that Could Change the World，” *Financial Times*，January 13，2009，at http：//m.ft.com/intl/cms/s/0/d99369b8-e178-11dd-afa0-0000779fd2ac.html；Fred Bergsten，“How Washington Should Respond to China's Economic Challenge，” *Foreign Affairs*，July/August 2008；Dan Drezner，“ Perception，Misperception and Sensitivity：Chinese Economic Power and Preferences after the 2008 Financial Crisis，” paper prepared for the conference China，the United States，and the East Asian Order：Managing Instability，May 19—20，2014，Norwegian Institute for Defence Studies，Oslo，Norway.

③ Yang RazaliKassim，East Asian Summit 2012：Power Game in Asia Unfolds，Commentary，Rajaratnam School of International Studies，2012，at http：//dr.ntu.edu.sg/handle/10220/11730.

及澳大利亚签署了自由贸易协定。不仅如此，中国还运用其累积的财富去建设亚洲基础设施投资银行（Asian Infrastructure Investment Bank，AIIB），与世界银行（World Bank）、亚洲开发银行（Asian Development Bank）在作为东亚国家主要发展基金的地位上进行竞争，进而引发了美国对于中国地区影响力扩大的担忧。在东亚地区以外，中国也开始引领建设多个在国际融资功能上能与国际货币基金组织及世界银行比肩的多边开发银行。①

另一方面，虽然中国作为一个崛起的经济大国对国际经济秩序的影响越来越明显，但其经济崛起对国际安全造成的影响仍不明确。一些观察者认为，中国全球经济影响力的增长将使中国能够挑战地区的战略局势以及美国在其中的安全利益，从而对亚太地区未来的和平构成威胁。②

这些假设往往建立在以现实主义政治经济学理论中贸易依赖对安全关系的影响关系的基础上。该理论流派强调的是经济依赖对“二流”国家的结盟决策的重要性。古典现实主义理论与结构现实主义理论则忽略了国际经济关系作为影响国家结盟倾向的因素，认为经济力量无法影响安全政策。③另一方面，政治经济学的各种理论在分析经济依赖作为国家采取结盟决策中的自变量时，却基

① Jane Perlez, “U.S. Opposing China’s Answer to World Bank,” *New York Times*, October 9, 2014, at http://www.nytimes.com/2014/10/10/world/asia/chinas-plan-for-regional-development-bank-runs-into-us-opposition.html?_r=0; Phillip Coorey and Lisa Murray “John Kerry to Tony Abbott: Steer Clear of China Bank, *Financial Review*, October 23, 2014, at http://www.afr.com/p/special_reports/opportunityasia/john_kerry_to_tony_abbott_steer_uldTHDLLR59nsVZ5y7aluL; “Beijing’s Challenge to the World of Bretton Woods,” *Financial Times*, October 20, 2014, at http://www.ft.com/intl/cms/s/0/db2dcaf8-6042-11e4-88d1-00144feabdc0.html.

② Thomas I.Palley, The Economic and Geo-Political Implications of China-Centric Globalization, New America Foundation, February 2012, at http://growth.newamerica.net/publications/policy/the_economic_and_geo_political_implications_of_china_centric-globalization_0. Aaron L.Friedberg, “The Struggle for Mastery in Asia,” *Commentary*, Vol.110, No.4 (November 2000), pp.17—26; James. F.Hoge, Jr., “A Global Power Shift in the Making,” *Foreign Affairs*, Vol.83, No.4 (July-August 2004), p.5.

③ Kenneth N.Waltz, *Theory of International Politics* (Reading, MA: Addison-Wesley, 1979); Robert Jervis and Jack Snyder, eds., *Dominoes and Bandwagons: Strategic Beliefs and Great Power Competition in the Eurasian Rimland* (New York: Oxford University Press, 1991); Hans J.Morgenthau, Politics Among Nations: The Struggle for Power and Peace, fifth ed., rev. (New York: Alfred A.Knopf, 1978); T.V. Paul, James J.Wirtz, and Michael Fortmann, eds., *Balance of Power: Theory and Practice in the 21st century* (Stanford, CA: Stanford University Press, 2004).

本忽略了军事力量的要素，认为一个拥有二级军事力量的经济大国仅经济力量的运用就能决定大国竞争中小国的结盟取向。①

在国际安全研究中，一个最为关键的分析对象为经济力量的可替代性问题，以及国家在国际经济中的力量是否能够被转换成对小国在大国安全秩序中战略性结盟倾向的影响力问题。②这也是评估中国的经济崛起在未来如何影响亚太安全新秩序的重要问题。若中国增长的经济力量能够服务于其实现东亚海域的安全目标，那么即便美国在海上军事力量上处于优势，中国的经济力量也仍能够对美国在东亚的安全利益构成挑战并动摇目前的区域安全秩序。

我认为小国对于大国的经济依赖无法充分构成影响小国战略结盟选择的独立要素，经济力量在国际安全事务中无法替换其他因素的作用。③本文将以当代东亚数个双边关系为案例，指出中国崛起的经济力量并未且不会引发区域中对其经济依赖的小国相应地采取战略性迎合，由此论证经济力量在安全事务中并非具有“不可替代”性。

本文将在第一部分通过分析现实主义政治经济学中有关贸易力量对小国影响力的假设，以此检验相关研究如何看待贸易依赖对于小国结盟行为的作用。本文将在同一部分对这些理论的方法论进行批评，指出相关研究在案例选择上由于选取了强大经济与军事力量并存的案例，从而导致经济力量对于小国结盟的独立作用的效果无法在案例中被分离出来。在第二部分，本文将通过检验中国在东亚经济秩序中的角色，表明中国成为地区经济主导国这一图景为时过早。

① Albert O.Hirschman, *National Power and the Structure of Foreign Trade* (Berkeley: University of California Press, 1980); Jonathan Kirshner and Rawi Abdelal, “Strategy, Economic Relations, and the Definition of National Interests,” *Security Studies*, Vol.9, Nos.1/2 (Autumn 1999—Winter 2000), pp.119—156; David A.Baldwin, *Economic Statecraft* (Princeton: Princeton University Press, 1985); William J.Norris, “Economic Statecraft with Chinese Characteristics: The Use of Commercial Actors in China's Grand Strategy,” Ph. D.Dissertation, Department of Political Science, Massachusetts Institute of Technology, 2010, at http://dspace.mit.edu/handle/1721.1/62474#files-area.

② David Baldwin, “Power Analysis and World Politics,” *World Politics*, January 1979; Robert J. Art, “American Foreign Policy and the Fungibility of Force,” *Security Studies*, Vol.5, No.4 (summer 1996), pp.7—42.

③ Robert A.Pape, “Why Economic Sanctions Do Not Work,” *International Security*, Vol.22, No.2 (Autumn 1997), pp.93, 99—102.

即便许多东亚国家将中国视为第一目标市场，然而对国内生产总值依赖度的检验会发现中国在经济上的崛起及其影响并未产生一个围绕中国的单极区域经济，反而是推动了区域经济的双边化与多极化。在第三部分，本文将对那些已经在经济上高度依赖中国，却仍未经历中国能够对美国海上支配地位构成挑战这一阶段的东亚海洋国家进行审视。这些有关经济依赖案例的分析构成了一个有利于分离出经济对于小国结盟行为独立作用的天然实验场景，从而证明在军事力量匮乏的情境下，小国的结盟行为也不会为经济力量所决定。作为结论，本文的发现剖析了贸易力量在大国政治中的可替换性，并且为中国崛起的经济力量如何对美国在亚太安全利益构成挑战这一问题提供了更好的理解。

一、现实主义、经济力量、安全事务

军事力量与经济力量两者同为国际政治中硬实力的基本来源。两者所发挥的政治影响力都出自国家利用目标国家在经济、军事上的脆弱性而对其造成影响的能力。两种力量的影响力取决于小国与大国间在军事与经济上脆弱性的不对称程度。

国际贸易关系所发挥的政治影响力则出自小国对大国的贸易依赖。经济学家将力量的来源归功于贸易顺差所能为出口国带来的经济增长及增加就业的经济利益，然而国际政治经济学家将国家间的贸易逆差视为力量的来源。市场力量，而非贸易出口，才能导致经济依赖并产生政治力量。这个观点最初由艾伯特·赫希曼（Albert O.Hirschman）在其《国家实力与国际贸易的结构》一书中提出。①

大国能够得益于小国由与大国之间的贸易顺差而产生的对大国的依赖，而小国的出口所推动的经济发展以及就业也符合其当权领导层的利益。这就导致小国会为了维系这些政治与经济利益而极力避免因同进口国发生冲突而失去市场。如赫希曼所描述的：“如同能够干扰商业与金融关系的力量是导致依赖的根

① Hirschman, *National Power and the Structure of Foreign Trade*.

本原因一样，该力量也是导致国家之间追求权力地位的原因。”①

因此，国际安全事务学者与国际政治经济学者皆强调国家的自我依赖倾向。不论是在安全还是发展、就业及政治稳定方面，对于其他国家的权力与市场的依赖都越少越好。较大经济体的贸易逆差能使出口/投资国中有政治影响力的经济利益群体依赖感上升，从而对依赖其市场的小国发挥更多的政治经济影响力。赫希曼称“既得利益”能够成为对安全政策具有影响力的“商业第五纵队”（commercial fifth column）。②乔纳森·科什纳（Jonathan Kirshner）与艾儒蔚（Rawi Abdelal）的案例研究指出，这种强大的、企业利益性质的“第五纵队”能够影响小国的安全政策并使得国家利益被“重新定义”。③同赫希曼一样，科什纳与艾儒蔚指出这些经济利益能够改变国家的安全政策，从而催生出新的战略结盟倾向。从这一理论视角来看，经济力量在安全事务中具有可替代性。

经济依赖的相对性可以从两个方面来看待。一方面，对市场的相对依赖关系到哪一个海外市场最能够吸引到小国的出口。在小国出口中占比最高的经济体较其他经济体更能够对出口国施加经济影响力。全球政治中的次第关系不可忽略。然而，市场地位并非为能够充分测量贸易影响力的指标。首先，第一市场必须与第二、第三市场的差距够大才能对出口国发挥绝对优势的经济影响力。而“经济上的力量均衡”（balance of economic power）则会削弱较大的经济体的相对经济影响力。

另一方面，对贸易的相对依赖反映出一个出口国对某特定市场的出口在国内生产总值中的占比。即便某一出口国家的出口都集中输出至单一市场，出口国的出口若对国内生产总值的贡献不足则市场依赖也无法产生，进口国也因此不具备市场力量。这是许多与大国为邻却处在贫困生存线的发展中国家所面临的情景。由于出口量不足，也因此对于贸易的依赖小。这也解释了为何贸易制裁对于朝鲜以及缅甸等小国的效果甚微。对国内生产总值的依赖会构成小国对

---

① Hirschman, *National Power and the Structure of Foreign Trade*, p.16.

② Ibid., pp.26—29.

③ Kirshner and Abdelal, “Strategy, Economic Relations, and the Definition of National Interests.” 另参见 Klaus Knorr, *The Power of Nations: The Political Economy of International Relations* (New York: Basic Books, 1975), chapter 6。

经济力量的脆弱性。

相关政治分析所面临的一个关键问题是，国家是否能通过经济力量的优势来实现安全上的目标。一种观点认为，对一个市场力量充裕及向内直接投资显著的国家施加经济制裁的过高成本会导致国家避免用经济制裁实现政治目标。然而该见解包含着两个谬误。首先，如同军事事务方面，国家不一定需要通过经济力量优势来获取相应的经济利益。小国会主动地、持续性地迎合大国的利益，而不是冒着冲突与失败的风险去挑战大国的决心。国家在经济事务方面与军事事务方面一样，不需要采取经济胁迫行为就能获益于其经济力量的优势。

这个论点被赫希曼在有关20世纪30年代对德国经济对东南欧国家结盟取向的作用的论述中提出。他指出，随着德国在东南欧地区的市场力量超越其他出口市场，德国就利用该市场力量来影响东南欧的战略分布（strategic order）。①赫希曼的这段论述虽然隐晦，然而在本质上对经济力量的可替换性进行了讨论。

其次，有关经济力量的使用成本阻碍了该力量的使用。该观点忽略了国家为了保护重要利益所愿意作出的牺牲。假设大国会基于经济冲突的成本而避开冲突，则鉴于经济冲突成本高于军事冲突成本，战争理当不存在。在决策上对于成本收益（cost-benefit）的考量以及“不劳无获”（no pain，no gain）的普遍公理同时适用于国家对军事力量与对经济力量的应用。不同程度上的经济关系不对称、冲突成本、相关利益决定了大国采取经济制裁的意愿。

同样重要的是区分经济依赖对政治关系影响中的威逼/胁迫作用以及威慑作用。与国际安全事务一样，阻止不利行为所需的经济威慑力量要低于追求有利结果所需的经济胁迫力量。如托马斯·谢林（Thomas Schelling）、罗伯特·阿特（Robert Art）、亚历山大·乔治（Alexander George）所指出的，阻止国家进行其未做的行为要比推动国家进行其并未做的行为容易。②此逻辑对军事能力上的威胁与经济能力上的威胁同样适用。

---

① Hirschman，*National Power and the Structure of Foreign Trade*，pp.95—112.

② Robert J.Art，“Coercive Diplomacy：What Do We Know?” in Robert J.Art and Patrick M.Cronin，*The United States and Coercive Diplomacy*（Washington，United States Institute of Peace，2003）；Alexander L.George，*Forceful Persuasion：Coercive Diplomacy as an Alternative to War*（Washington，United States Institute of Peace，2009）；Thomas Schelling，*Arms and Influence*（New Haven：Yale University Press，1966）.

在国际安全事务中，小国根据市场依赖的增长所作出的再结盟政策调整反映出了经济大国具备进行经济胁迫外交的危险性。因此，赫希曼、科什纳与艾儒蔚等人不认为市场力量的威慑作用能够阻止战略再结盟，反而指出市场依赖具有推动小国采取新的战略再结盟的独立作用。这个观点为经济力量的可替换性提供了有效的支持。

二、小国再结盟的原因与案例选取

政治经济学界此前所面临的一个难题是，如何在小国同时受到大国经济与军事力量压迫的情境中将经济力量的作用独立出来并进行评估。在不对称的国家关系间同时存在这两个独立因素的情况下，将经济胁迫的影响力归结为小国再结盟行为的原因是错误的。①然而赫希曼在其案例中却忽略了这个方法论的障碍，称 20 世纪 30 年代的德国正通过市场力量来胁迫性地改变依赖于它的东南欧国家的结盟取向。

德国在 1933 年 1 月民族社会主义德国工人党（German National Socialist Party）掌握政权后的短时间内对军备重整投入了大量资金，导致德国军备重整的力度迅速提升并废除了《凡尔赛条约》对德国所构成的军备限制。大部分的数据指出德国的军事开销在 1933—1935 年期间翻了 7 倍。德国于 1933 年末开始重建军队，其军队规模于 1935 年秋季实施全体征兵后就不仅从 1933 年的 30 万人数提升至 1935 年秋季的 40 万人数，还发展出了三支装甲部队与两支骑兵部队。

在 1934 年间德国军用飞机的数量从没有发展至 840 架，在 1935 年达到 1 823 架。②而德军于 1936 年 3 月对莱茵兰（Rhineland）的占领标志着德国军事力量复苏的第一次胜利，显示出了德国军力重建的成效、德国用武的决心，以及

---

① 关于案例研究的选择，参见 Alexander L. George and Andrew Bennett, *Case Studies and Theory Development in the Social Sciences*（Cambridge, MA：MIT Press, 2005）。

② Hans-Erich Volkmann, "The National Socialist Economy in Preparation for War," and William Deist, "The Rearmament of the Wehrmacht," in Research Institute for Military History, ed., *Germany and the Second World War*, *Vol.1*, *The Build-up of German Aggression*（Oxford：Oxford University Press 1998），pp.232，237，410—413，421，425.

其他国家对抑制德国的野心决心不足。

此外，军备重整在20世纪30年代时为德国的经济增长提供了主要的动力，促使德国成为东南邻国原材料出口的主要市场。因此，德国从1930年中期开始对其他较小的邻国同步性地发挥递增、超群以及不受抑制的军事力量与经济力量。然而赫希曼的案例实际上无法指出德国在东南欧所建立的战略影响范围是否归结于德国经济优势的独立作用。①

科什纳与艾儒蔚对后冷战时期俄罗斯的经济力量对临近小国结盟政策的作用的分析则反映出了同样的方法论问题。②俄罗斯自20世纪90年代始就对其"就近"的东南欧以及高加索地区的小国同时发挥政治与经济上的相对优势力量。

因此，若要为经济力量对小国的战略结盟的独立作用找出定论就必须设下案例选取的标准：国家在基于其经济优势力量而令小国产生经济脆弱性时，不能同时具备能够令小国感到不安的军事优势力量。在欧洲的历史中符合该标准的案例极少，因此从欧洲外交史中抽取的案例基本无法呈现经济依赖对小国结盟政策的影响力。③

不过当代东亚国际政治却提供了大国在经济影响力与政治胁迫性力量上不完全重合的多个双边关系案例。东亚的经济秩序不重叠于东亚的战略分布。中国在对于某些东亚国家具备经济胁迫能力的同时在军事上弱于美国。从中国与美国在经济与军事力量上分布不一致的地区选取案例才能够有效地评估中国崛起的经济力量对地区安全事务的独立影响。

本文的分析将以2014年亚洲主要贸易国家的出口数据（表1）为基础。2014年被选作分析年份的原因是这一年处于冷战后中国国内生产总值急剧增长及东亚国家对华出口相应激增的巅峰时期之后。中国的市场力量对地区结盟行为的影响理应在其市场力量处于高峰时最为明显。此外，选取中国黄金增长期之后的年份进行分析能够涵盖到此前中国市场增长的趋势。这些增长的趋势对

① Hirschman, *National Power and the Structure of Foreign Trade*, pp.71—73.

② Kirshner and Abdelal, "Strategy, Economic Relations, and the Definition of National Interests." 另外参见 Randall Newnham, "Oil, Carrots, and Sticks: Russia's Energy Resources as a Foreign Policy Tool," *Journal of Eurasian Studies*, Vol.2, Is.2, July 2011, pp.134—143.

③ 上述案例在欧洲历史上似乎不存在，因此需要新的解读。

于那些经历过对中国市场的依赖程度急剧上升并作出相应准备的依赖国具有政策上的影响。

表1　2014年特定东亚国家和地区的出口趋势（商品及服务）①

国家和地区	出口占国内生产总值比重（%）	对华（含香港）出口占整体出口比重（%）	对华（含香港）出口占国内生产总值比重（%）	主要出口对象（出口占国内生产总值百分比）		
澳大利亚	16.53	34.92	5.77	中国 5.77	日本 2.9	韩国 1.2
印度尼西亚②	23.6	13.9	2.74	日本 2.9	中国 2.74	
日　本	17.75	23.83	3.58	中国 3.58	美国 2.85	韩国 1.2
韩　国	50.3	31.05	12.23	中国 12.23	美国 5.00	日本 2.28
马来西亚③	73.85	23.77	16.46	中国 16.46	日本 4.2	
菲律宾	28.7	22.05	4.79	日本 4.88	中国 4.79	美国 3.06
新加坡④	52.60	22.96	12.08	中国 12.08	美国 4.69	马来西亚 4.29

① 本文中的数据如无专门指出，均来自“World Integrated Trade Solution，”World Bank，at http：// wits. worldbank. org/Default. aspx；http：//wits. worldbank. org/CountryProfile/en/Country/WLD/Year/2014/TradeFlow/Export。

②③ National Bureau of Statistics of China，“Value of Imports and Exports by Country（Region）of Origin/Destination”（Table 11—6），China Statistical Yearbook，2015，（Beijing：China Statistics Press，2015），http：//www.stats.gov.cn/tjsj/ndsj/2015/indexeh.htm.对日出口资料的原始数据，参见 http：// www. customs. go. jp/toukei/srch/indexe. htm? M = 23&P = 1，，，，，，，，，4，1，2014，0，0，0，，，，，，，，，，，，1，，，，，，，，，，，，，，，，，，，，，，，，20。

④ *Yearbook of Statistics Singapore*，*2016*，at http：//www.singstat.gov.sg/docs/default-source/default-document-library/publications/publications _ and _ papers/reference/yearbook _ 2016/yos2016.pdf.

续表

国家和地区	出口占国内生产总值比重（%）	对华（含香港）出口占整体出口比重（%）	对华（含香港）出口占国内生产总值比重（%）	主要出口对象（出口占国内生产总值百分比）		
中国台湾①	69.98	39.7	32.92	中国 32.92	美国 11.76	日本 11.63
泰　国	69.3	16.56	9.32	中国 9.32	美国 5.92	日本 5.40
越　南	86.41	13.44	10.84	美国 14.3	中国 10.84	日本 7.88
	出口占国内生产总值比重	对美出口占整体出口比重	对美出口占国内生产总值百分比	主要出口对象（出口占国内生产总值百分比）		
中　国	22.63	16.95	3.83	美国 3.83	日本 1.44	韩国 0.97
	出口占国内生产总值比重	对华（含香港）出口占整体出口比重	对华（含香港）出口占国内生产总值百分比	主要出口对象（出口占国内生产总值百分比）		
美　国	9.34	10.16	0.95	加拿大 1.80	墨西哥 1.38	中国 0.95

三、中国的崛起以及轴辐式两极经济体制的产生

中国成为东亚经济大国的过程起始于中国大陆在 2000—2001 年期间取代美国成为中国台湾地区与韩国最大的出口市场。②在 2009 年中国取代了美国作为日

① Ministry of Economic Affairs，Bureau of Foreign Trade，ROC，at http：//cus93.trade.gov.tw/ENGLISH/FSCE/.

② Barry Naughton，*The Chinese Economy*：*Transitions and Growth*（Cambridge，Mass.：The MIT Press，2007），pp.393—394 & 413—416.

本最大出口市场的地位。①如表 1 右栏所显示，中国在 2014 年成为了澳大利亚、日本、马来西亚、菲律宾、新加坡、泰国等国家最主要的出口市场。在这些国家的经济增长、就业与政治稳定方面，中国的重要性居于第一而美国最多居于第二。中国在 2014 年的国内生产总值增长速度显著地高于美国与日本的合计增长速度，中国巩固了其作为崛起的地区自由贸易体制中心的地位。

表 1 显示了几个特定东亚国家的国内生产总值对出口依赖的趋势。数据合并了这些国家对中国（含香港）的出口。香港被作为中国南部珠三角地区的重要港口。相较于珠三角地区约 2.6 亿的人口总量，香港的人口总量不到 800 万。②要理解香港作为小型经济体对中国出口依赖的评估标准就必须将香港从属于中央政府的关系纳入考量。需要意识到，中央政府要终止其他国家与香港的经济往来就同终止与内地的经济往来一般容易。因此将香港与内地视为中国政府管辖下的同一市场才是最佳理解。

表 1 中数据对东亚国家出口市场及其国内生产总值对于出口市场依赖性的排列体现出了一种用排位顺序来衡量经济依赖与经济影响的分析方法上的错误。许多专家非常强调中国作为日本第一出口市场的重要性。③虽然中国在 2009 年确实成为日本的第一出口市场，然而中国却无法对日本发挥市场影响力。首先，在 2014 年日本的国内生产总值对于中国内地/香港市场的依赖程度为 3.58%，仅占日本经济的小部分。其次，日本经济得益于用出口上的多元性来减少对于单一市场的依赖。例如日本在 2014 年对美国的出口依赖占了国内生产总值的 2.85%。在与日本的贸易关系中，中国相比美国并不更具备不对称的贸易影响

---

① Japan Trade Summary, World Integrated Trade Solution, World Bank, at http: //wits.worldbank.org/CountryProfile/Country/JPN/Year/2012/Summary.

② John Wong, "CEPA: Gift from Beijing?," and John Wong and Zheng Yang, "Hong Kong's CEPA with Mainland China," in Zheng Yongnian and Yew Chiew Ping, eds., *Hong Kong Under Chinese Rule: Economic Integration and Political Gridlock* (Singapore: World Scientific, 2013); Brian C.H.Fong "The Partnership Between The Chinese Government and Hong Kong's Capitalist Class: Implications for HKSAR Governance, 1997—2012," *China Quarterly*, No.217 (March 2014).香港的再出口数据来自联合国货物贸易数据库，参见 http: //comtrade.un.org/db/default.aspx。

③ Hisane Masaki, "China Replaces U.S. as Japan's Top Export Market," *Journal of Commerce*, January 27, 2010 at http: //www.joc.com/economy-watch/china-replaces-us-japans-top-export-market_20100127.html.

力。鉴于迎合中国的安全利益来维护其中国市场准入可能危及其美国市场准入，日本相应地缺乏迎合中国经济胁迫的意愿。

以中国作为主要进口国的数据显示，中国在2014年时为印度尼西亚的第一出口市场。然而印度尼西亚的国内生产总值对中国的出口依赖只有约2.74%。与日本相似，印度尼西亚对多个市场进行了较平均的出口分配。以日本作为主要进口国的数据指出，在2014年时印度尼西亚的国内生产总值对作为第二大出口市场日本的出口依赖约为2.9%。而印度尼西亚在国内生产总值上对中国的出口依赖要低于菲律宾对中国的出口依赖。

同样需注意的是，对于几个具有政治影响力的东亚国家来说中国并非是最重要的出口市场。在2014年时日本是菲律宾的第一出口市场，约占据其出口的5%。居其次的才是中国内地/香港市场，出口占其国内生产总值的4.79%。美国则以占据菲律宾总出口额的3%为其第三大出口市场。而与之相对的，在2014年时美国以占据其总出口的14%而成为越南（一个对于中国边境安全非常重要的国家）最重要的出口市场。

这些贸易数据突出了中国还未成为地区经济主导国这个事实。①综合起来，表1的数据指出仅以贸易的排位顺序作为判定市场依赖与贸易影响力的指标是错误的。然而东亚地区中各国的出口市场、国内生产总值对出口依赖的排位顺序确实显示该地区的政治经济状况正随着中国作为地区的经济力量崛起而发生改变。该地区的经济不再由美国支配，而是围绕着中国与美国市场所构成的两个锚而两极化。该地区目前存在两个互相重叠的轴辐式贸易体制。

中美间经济增长速度的差距将随着未来十年中国经济增速远缓于1978—2014年高速增长而缩小。两国国内生产总值增长速度在差距上的缩小将会使得中国在目前高于美国的东亚进口增长率上与美国的差距缩小。②因此，东亚目前的贸易秩序在未来十年将至少会得到维持。以日本为例，在2009—2014年其最

① Cf. Jane Perlez, "Asia's 'Big Guy' Spreads Cash and Seeks Influence in Pacific Region," *New York Times*, November 22, 2014, at http://www.nytimes.com/2014/11/23/world/asia/asias-big-guy-xi-jinping-spreads-cash-and-seeks-influence-in-pacific-region.html? _r=0.

② 关于中国经济增速放缓的分析，参见 Ligang Song, Ross Garnaut, Cai Fang, eds., *Deepening Reform for China's Long-term Growth and Development*（Canberra: Australia National University Press, 2014）。

大的出口市场为中国，然而在2014年上半年其第一大出口市场为美国。①

同样值得考虑的是，2014年中国在国内生产总值上对美国的市场依赖(3.83%)要高于美国对中国市场的依赖（0.95%）。中美在市场依赖上的差距造成了中国在与美进行贸易冲突的情境中具有相对不对称的经济脆弱性，难以利用胁迫性的经济力量来挑战美国在东亚的安全合作架构。②

四、中国台湾地区与韩国：多元决定的战略再结盟

韩国与中国台湾地区在国内生产总值上都呈现出对于中国大陆市场的高度依赖。韩国的国内生产总值有约15%依赖于对中国的出口，在程度上几乎三倍于其对第二大出口市场美国的出口依赖。而台湾地区对于中国大陆市场的依赖则更高，其国内生产总值约有25%依赖于对中国大陆的出口，在程度上高出其对于第二大出口市场美国的出口依赖有三倍以上的。③然而中国台湾地区与韩国也在此同时经历着中国大陆相对于美国增强的军事力量，因此任何合作交流都被视为是多元决定的。

台湾地区与中国大陆的政治关系直到2016年之前一直处于持续进步的状态。台湾地区放弃了任何具有假定性的转向法理“独立”的行为。在2008年3月时，中国国民党台湾地区领导人候选人马英九以“一中”及两岸政经关系作为其政策基础，以63%投票率的优势击败了“独派”民主进步党台湾地区领导人”候选人。④

① Hisane Masaki, “US Narrowly Retains Status As Japan's Top Export Market,” *Journal of Commerce*, July 24, 2014, at http://www.joc.com/international-trade-news/trade-data/asia-trade-data/us-narrowly-retains-status-japan%E2%80%99s-top-export-market_20140724.html.

② Daniel W.Drezner, “Bad Debts: Assessing China's Financial Influence in Great Power Politics,” in *International Security*, Vol.34, No.2, (fall 2009).

③ Scott L.Kastner, “Is the Taiwan Strait Still a Flash Point? Rethinking the Prospects for Armed Conflict between China and Taiwan,” *International Security*, Vol.40, No.3 (winter 2015—2016), pp.65—69.

④ Alan D. Romberg, “The 2012 Taiwan Election: Off and Running,” September 21, 2012, *China Leadership Monitor*, Is. 35 at http://www.hoover.org/research/2012-taiwan-election-and-running; Alan D.Romberg, “Taiwan Elections Head to the Finish: Concerns, Cautions, and Challenges,” *China Leadership Monitor*, January 6, 2012, Is. 36 at http://www.hoover.org/research/taiwan-elections-head-finish-concerns-cautions-and-challenges; Alan D.Romberg, “After the Taiwan Elections: Planning for the Future,” *China Leadership Monitor*, April 302012, Is. 37at http://www.hoover.org/research/after-taiwan-elections-planning-future.

马英九上任后迅速推进了两岸的贸易、社会关系。在2012年的台湾地区领导人选举中马英九则再次获胜。马英九治下的台湾地区将重心放在内政上，并避免直接挑战中国大陆在台湾海峡的军事力量，从而导致其间台湾地区的安全开销在整体的政府开销及国内生产总值的比例中都急剧降低。①两岸在台湾海峡的海巡合作也从2012年开始得到进展。②

与台湾地区对中国大陆出口依赖一齐上升的是中国大陆在包括台湾海峡的邻海范围内的军事力量。③中国大陆自20世纪90年代中期“台独”运动时期始就于每年部署50—100枚短程M-9战术导弹瞄准台湾地区，这为中国大陆提供了有效、令“台独”代价高昂的攻击手段。④截止到2005年，中国大陆已经部署了750枚该型号的导弹。⑤中国大陆还从俄罗斯采购了包括Su-27与Su-30等在内的先进军用飞机，令中国大陆于台湾海峡内具备导弹能力之外还具备空中优势。⑥陆基导弹与空中力量所提供的军事能力令中国大陆有自信能够于海峡的冲突中对台湾地区造成巨大伤害。无论美国在台部署反导系统还是直接驻军，任何保护措施都无法在对岸进行军事攻击的情境下保卫台湾地区。结合其潜艇舰队，中国大陆的军事力量所具备的反介入能力对美国在台海进行空中作战能力构成严峻的

① Directorate-General of Budget，Accounting and Statistics，“Executive Yuan” Taiwan，“Central Budget Information，” Fiscal Year 2005—2014 at http：//eng.dgbas.gov.tw/np.asp? ctNode = 1911&mp = 2.

② Taiwan Affairs Office of the State Council PRC，“Chinese mainland，Taiwan agree joint maritime rescue exercise，” August 31，2012，athttp：//www.gwytb.gov.cn/en/CrossstraitInteractionsandExchanges/201208/t20120831_3027002.htm；Yin Zhou，“Cross-strait ‘humanitarian’ cooperation in S China Sea：Chinese admiral，” *Want China Times*，March 8，2013 at http：//www.wantchinatimes.com/news-subclass-cnt.aspx? id = 20130308000073&cid = 1101.

③ Peter Dutton，Andrew S.Erickson，and Ryan Martinson，eds.，*Chinas Near Seas Combat Capabilities*（Newport：China Maritime Studies Institute，U.S. Naval War College，2014）.

④ U.S. Department of Defense，*Annual Report on the Military Power of the People's Republic of China*，2003，p.5.

⑤ U.S. Department of Defense，*Annual Report on the Military Power of the People's Republic of China*（Washington，D.C.：U.S. Department of Defense，2005），p.4.关于DF-15，参见Shirley A.Kan，*China：Ballistic and Cruise Missiles*，*CRS Report for Congress*（97—391 F）（Washington，D.C.：Congressional Research Service，Library of Congress，2000），pp.11—12；Alan Vick，et. al..，*Aerospace Operations Against Elusive Ground Targets*（Santa Monica，CA：RAND，2001）。

⑥ U.S. Department of Defense，*Annual Report on the Military Power of the People's Republic of China*.

挑战。①鉴于台湾地区在应对中国大陆增长的力量时在经济与军事力量两大硬实力的脆弱性上同时越来越明显，台湾地区采取的政策转向应被归为是多元决定的。

韩国对中国市场所产生的贸易依赖从2000年初期就逐步上升，韩国也越来越倾向于迎合中国的崛起。这个趋势被充分地反映为后冷战时期韩国对与美国在东亚进行“区域外”（out-of-area）的同盟合作上的抗拒，也要归因于美国在地区的驻军并不单针对某一指定的地区变故，而是针对任何可能发生的地区变故。然而在2005年卢武铉宣布禁止美军在涉及台湾地区的冲突情景中利用韩国的设施，此后韩美在美国于地区变故的情景中使用韩国军事基地的议题上也始终无法达成协议。②继任的韩国总统也都保持这一立场。韩国多年来拒绝与美国就共同发展区域性导弹防御系统进行合作，充分地反映出韩国顾虑到中国对韩国在东北亚部署导弹防御系统所持的反对立场。③虽然到了2016年时朴槿惠政权终于同意在韩部署萨德导弹防御系统（THAAD-Terminal High Altitude Area Defense），然而这一过程不仅为时长久，在国内也面临强烈反抗。这充分反映出韩国对于挑战中国的利益存有明显顾忌。④

然而与台湾地区政策转向的案例相似，不能将韩国安全政策的转变归结于韩国面对中国经济胁迫的脆弱性，要同时考虑到中国的崛起对韩国战略环境的改变。随着中国解放军陆军的预算在中等程度上的增加，可投入训练、装备等战争能力的资源也得到了提升。相比于周边国家，解放军不仅可拥有更为庞大的军事训练预算，也是最优先获取包括从俄罗斯进口的先进战车、火炮、陆地

① James M.Lindsay and Michael E.O'Hanlon, *Defending America: The Case for Limited National Missile Defense* (Washington, D.C.: Brookings Institution, 2001), 123—130; Eric Heginbotham, *The US-China Military Scorecard: Forces, Geography, and the Evolving Balance of Power, 1996—2017* (Washington, DC: RAND Corporation, 2015), at http://www.rand.org/content/dam/rand/pubs/research_reports/RR300/RR392/RAND_RR392.pdf.

② *Chosun Ilbo*, March 8, 2005, at http://english.chosun.com/w21data/html/news/200503/200503080028.html; *Yonhap*, January 20, 2006.

③ Ashley Rowland, "Official: THAAD missile defense system being considered for South Korea," *Stars and Stripes*, October 1, 2014, at http://www.stripes.com/news/official-thaad-missile-defense-system-being-considered-for-south-korea-1.305980.

④ Ellen Kim and Victor Cha, "Between a Rock and a Hard Place: South Korea's Strategic Dilemmas with China and the United States," *Asia Policy*, No.21 (January 2016), 101—121.

运输车辆以及大载重直升机等先进军备的军队。此外，中国 *C4ISR* 系统的现代化也使得解放军获益。①早在 2002 年解放军就拥有了“令周边地区的潜在对手面临巨大风险以及付出高昂代价的能力”。而此后随着中国从俄罗斯引进了数架先进军用飞机、地对空导弹（SAM-surface-to-air missiles），中国在朝鲜半岛的军事力量也进一步得到提升。②

就近期来说，中国增长的海上力量越来越构成对韩国在黄海安全利益的挑战。中国在潜艇舰队以及海面舰队的发展令韩国的海军力量相较下显得渺小。其庞大的非军事海上力量也在能力上对韩国在黄海的渔业利益构成挑战。中国还能通过陆基导弹及军用飞机将军事力量投射至黄海。③此外，中韩在东海的专属经济区（EEZ- exclusive economic zones）及其中岛礁上的划界争议也有升级而危及韩国安全的可能性。与此同时，中国在黄海的反介入能力的提升降低了韩美同盟在制衡中国上的作用，从而削弱了两国的同盟关系。④

韩国自 2000 年中期起就逐渐趋向于迎合中国的安全利益。然而，与解释台湾地区政策的转向所面临的分析方法问题相似，无法确定中国的经济影响力是否对韩国安全政策的转变起到独立的作用。其政策同时受到国家面对中国的政治与经济力量的脆弱性的影响，韩国政策的转变是多元决定的。

五、新加坡、马来西亚、澳大利亚：共存中的贸易脆弱性与战略稳定性

虽然新加坡、马来西亚与澳大利亚的经济脆弱性正因为经历着中国潜在经

① Andrew N.D. Yang and Col. Milton Wen-Chung Liao（ret.），“PLA Rapid Reaction Forces;” Mulvenon，“The PLA Army's Struggle for Identity，” pp.116—117；Lonnie Henley，“PLA Logistics and Doctrine Reform，1999—2009，” in Susan M.Puska，ed.，*The People's Liberation Army After Next*（Carlisle，PA：Strategic Studies Institute，U.S. Army War College，2000），pp.72—73.

② Susan M.Puska，“Rough but Ready Force Projection：An Assessment of Recent PLA Training，” in Andrew J.Scobell and Larry M.Wortzel，eds.，*China's Growing Military Power：Perspectives on Security，Ballistic Missiles，and Conventional Capabilities*（Carlisle，PA：Strategic Studies Instituted，U.S. Army War College，2002），pp.223，244—245.

③ Dutton，Erickson，and Martinson，eds.，*Chinas Near Seas Combat Capabilities*.

④ Heginbotham，*The US-China Military Scorecard：Forces，Geography，and the Evolving Balance of Power，1996—2017*.

济影响力的上升而越来越明显，然而作为美国在东亚的重要战略伙伴的这三个国家并未在当前的地区环境中经历过中国在军事上具备能够对美国区域军事能力构成挑战的力量。因此，可以通过分析此三者如何战略性地应对其国内生产总值对中国市场的高度依赖来决定经济胁迫是否对国家的安全结盟具有独立作用，并找出中国的经济崛起及贸易力量的提升对于东亚战略局势的启示。

表 1 的数据显示中国同时是马来西亚、新加坡以及澳大利亚最大的出口市场，三个国家的国内生产总值都很大程度上依赖于对中国市场的出口。以中国作为主要进口国的数据显示，在 2014 年马来西亚对中国的出口占其国内生产总值的 14.5%，对作为第二大出口市场日本的出口仅占国内生产总值的 4.2%。新加坡在同一年对中国市场的出口依赖则占其国内生产总值超过 12%，对作为第二大市场美国的出口仅占国内生产总值的 4.7%左右。此外，自 2010 年起新加坡对中国的出口就增长了超过 6%，在同时期内新加坡对其他主要市场的出口反而有所下降。①澳大利亚在 2014 年的国内生产总值约有 5.8%依赖于对中国的出口，比对日本出口的依赖程度要高出近两倍、比对其第三大出口市场的韩国的依赖要高出近五倍。同样值得注意的是澳大利亚对中国的出口也经历过高速增长。澳大利亚对中国的出口量从 2009 年起就增长了超过三倍，其国内生产总值对中国市场的依赖性仅在 2013 年 3 月至 2014 年 3 月期间就增加了 7%。②马来西亚、新加坡与澳大利亚三国都落入了中国的“经济轨道”（economic orbit）。

鉴于这三个在国内生产总值上依赖于对中国出口的国家的出口并非由可再出口零部件的制造业产品所构成，因此表 1 的数据确实反映出了这些国家对中国出口的出口总值。即便如前所述国际供应链及国际生产网络影响了台湾地区、韩国与日本对中国的出口总值，然而新加坡、马来西亚以及澳大利亚对中国的

① “Non-Oil Domestic Exports by Major Country/Region at Current Prices（Table A6.7），Department of Statistics，Singapore.另参见 note 29。

② Lincoln Archer，“Digging to China：Australia's Mining Boom Visualised，and Where We Go from Here，” *Australian Broadcasting System*，November 13，2013，at http：//www.abc.net.au/news/2013-11-13/australia27s-trade-relationship-with-china/5088618；Lincoln Feast，“Australia Seeks to Fireproof Budget Against a China Downturn，” *Chicago Tribune*，May 8，12014，at http：//articles.chicagotribune.com/2014-05-08/news/sns-rt-us-australia-budget-china-20140508 _ 1 _ iron-ore-prime-minister-tony-abbott-scott-haslem.

出口却不关系到国际生产网络，因此这三国对中国的出口总值不需要被纳入附加价值的计算而作出修正。

即便如此，这三个国家都处于美国在东亚海上的军事支配范围之内。中国的陆基战机以及俄制地对空导弹显著提高了解放军在包括台湾海峡、黄海，以及南海北部的邻海范围的战斗能力。中国同时发展出了能够于战争情景中对美国在离中国海岸更远的西太平洋以及全部南海海域中的设施进行打击的能力。海上战争会令中美双方都承受高昂代价。然而，虽然美国海军在与中国的战争中会承担巨大损失，然而解放军的海军力量却无法在澳大利亚的邻近海域以及在新加坡与马来西亚左近的南海南部海域中对美国的霸权构成实质的挑战，反而会被美军轻易地击败。①

在 2013 年时，每三架中国战机中只有一架可以被视作“现代战机”。此外，鉴于中国缺乏可靠的空中加油能力（air-refueling）与复杂先进的空中预警系统，其俄制战机与舰载导弹也无法将力量投射至由美国部署在关岛及日本的舰船及前沿部署的战机、导弹所控制的远海。②即便中国自产的现代化柴油潜艇部队有所发展，然而其过于缓慢的速度以及射程上的限制导致这些潜艇不适合于空旷海域与美国海面舰队进行鱼雷战。③虽然中国正在发展由搭载 YJ-8/C801 反舰巡航导弹的候北级 022 型导弹快艇（*Houbei*-class fast attack ships）组成的先进海面舰队，然而该导弹快艇与导弹的总计攻击距离只有约 535 海里，并且为时过短。该型号的舰艇需要从其他解放军平台得到防空支援，然而解放军空军与解放军海军航空部队却无法在中国邻海之外的海域进行支援。同时，中国距离有可运作的航母能力还非常遥远。而候北级导弹快艇的导弹在有效瞄准美国船舰的能力上的欠缺也构成了另一个挑战，需要跟其他脆弱的、短程侦查设施进行协调作业。④中

---

① Heginbotham，*The US-China Military Scorecard：Forces，Geography，and the Evolving Balance of Power，1996—2017*.

② David Shlapak，“Chinese Air Superiority in the Near Seas，” in Dutton，Erickson，and Martinson，eds.，*Chinas Near Seas Combat Capabilities*，pp.65—67.

③ William S.Murray，“Underwater TELs and China’s Antisubmarine Warfare：Evolving Strength and calculated Weakness，” in Dutton，et al.，*Chinas Near Seas Combat Capabilities*，pp.18—19.

④ John Patch，“Chinese Houbei Fast Attack Craft：Beyond Sea Denial，” in Dutton，et al.，*Chinas Near Seas Combat Capabilities*，pp 4—9.

国超地平线雷达原本就有限的精准度和导弹、卫星上搭载有效侦查能力的技术问题等缺陷，导致了对美国军舰瞄准上的困难，从功能上限制了中国在潜艇导弹、东风-21D 反舰艇导弹、发展初期的无人机部队等方面的能力。①

六、经济力量在东亚安全事务中的不可替代性

目前，在中国的海上军事力量相对弱于美国的背景下，中国增长的市场力量直到 2014 年都未能影响对其经济依赖的东亚国家的结盟倾向。相反，中国的市场力量虽然得到了增长，然而这些经济依赖于中国的国家却对美国在东亚的军事存在予以更多支持。

马来西亚与美国的防务关系从 2000 年中期开始就持续有所加强，而双方的防务合作在 2010 年奥巴马的“重返亚太”战略下得到了进一步的发展。自 2005 年开始，每年会有大概 15 至 20 艘美国海军船舰到访马来西亚的港口，仅在 2013 年期间到访的船舰就有 30 艘，并且美国的航空母舰也经常于马六甲海峡的巴生港停泊（Port Klang）。②两国的防务合作于奥巴马时期得到了进一步的进展。马兰西亚于 2011 年初次参与了美国在东亚主导的“金色眼镜蛇”联合军演（Cobra Gold），其派遣参与的船只与人员数量也自此每年提升。美国陆军及美国海豹突击队（Navy Seals）每年都会在马来西亚接受当地提供的丛林野战训练的

① Murray，“Underwater TELs and China's Antisubmarine Warfare，” pp.20—21；Owen R.Cote Jr.，“Assessing the Undersea Balance，” *SSP working paper WP11-1*，Massachusetts Institute of Technology，pp.12—14. http：//web.mit.edu/ssp/publications/working _ papers/Undersea%20Balance%20WP11-1.pdf.关于美国在这方面的努力，参见 Ronald O'Rourke，China Naval Modernization：Implications for U.S. Navy Capabilities-Background and Issues for Congress，Library of Congress，No.RL33153，September 8，2014，at http：//fas.org/sgp/crs/row/RL33153.pdf；Presentation by Chief of Naval Operations Adm. Jonathan Greenert，Carnegie Endowment for International Peace，September 8，2014，at http：//www. navy. mil/navydata/people/cno/Greenert/Speech/140908% 20CNO% 20speaks% 20at% 20the%20Carnegie%20Endowment%20for%20Peace.pdf。

② Ian Storey，*Malaysia and the United States 2004—2005：The Best of Times*?（Honolulu：Asia-Pacific Center for Security Studies，2005），p.5；Malaysiakini，June 5，2006，Foreign Broadcast Information Service，document number 200606051477.1 _ c1bf005f528d30b4；Office of Defense Cooperation，U.S. Embassy，Malaysia，at http：//malaysia.usembassy.gov/odc.html；Andrew J.Shapiro，“U.S.-Malaysia Partnership，” U.S. Department of Defense，February 15，2012，at http：//www.state.gov/t/pm/rls/rm/184846.htm.

指导。在2013年马来西亚邀请美国海军陆战队协助发展其陆战队，并提升其两栖作战、快速部署的能力。而在2014年美国的海军陆战队与马来西亚海军陆战队在马来西亚的沙滩多次联合进行两栖作战演习。①美国军队与马来西亚武装部队（Malaysian Armed Forces）每年会进行14至16次的双边及多边演习，并且每年会与马来西亚武装部队及马来西亚皇家警察进行超过75次的合作。②马来西亚也于2014年同意美军反潜艇飞机利用其飞机场来进行侦查中国潜艇的作业。③

新加坡积极与美军展开包括基地、防御策略与军购上的各种合作。新加坡从2000年开始就每年参与美国的“金色眼镜蛇”联合军演。新加坡于2001年完成了为能够容纳美军航母所设计的樟宜海军基地，并且于2001年3月第一次接待了小鹰号航空母舰（USS Kitty Hawk）。④在2005年，新加坡与美国签署了《安全合作战略框架协议》（Strategic Framework Agreement），增加了双方在联合军演上的合作力度。⑤美国海军于新加坡还维持着一个负责协调在南海的军舰部署与后勤事务的区域后勤指挥单位：西太平洋后勤群指挥部（Commander, Logistics Group Western Pacific）。美军会每个月定期地将数队战机轮换派遣到新加坡，并且每年约有100艘海军船舰会到访新加坡。此外，新加坡参与了美国洛克希德·马丁（Lockheed Martin）公司的联合攻击战斗机（Joint Strike Fighter）

---

① “Enabling Partnerships: Navy and Marine Corps partner with Malaysia for Amphibious Operations,” *America's Navy*, September 7, 2014 (story No.NNS140907-01), at http://www.navy.mil/submit/display.asp? story_id=83140; Justin Goldman, “CARAT 2014: Advancing the US-Malaysia Partnership,” *The Diplomat*, June 25, 2014, at http://thediplomat.com/2014/06/carat-2014-advancing-the-us-malaysia-partnership/.

② Ian E. Rinehart, Malaysia: Background and U.S. Relations, Congressional Research Service, May 23, 2014, at http://fas.org/sgp/crs/row/R43505.pdf.

③ Jane Perlez, “Malaysia Risks Enraging China by Inviting U.S. Spy Flights,” *New York Times*, September 13, 2014, at http://www.nytimes.com/2014/09/14/world/asia/malaysia-risks-enraging-china-by-inviting-us-spy-flights.html? smprod=nytcore-ipad&smid=nytcore-ipad-share&_r=0.

④ Chan Kay Min, “High-Tech ‘Stars’ at New Naval Base,” *Straits Times*, March 11, 2001, p.1. On Cobra Gold, see Edward Tang, “S'pore to Join Cobra Gold This Year,” *Straits Times*, January 14, 2000, p.42.

⑤ Anthony L.Smith, *Singapore and the United States 2004—2005: Steadfast Friends* (Honolulu: Asia-Pacific Center for Security Studies, 2005), pp.4—5; Jim Garamone, “Singapore, U.S. Reaffirm, Strengthen Relationship,” *American Forces Press Service*, July 12, 2005, at http://www.defenselink.mil/news/Jul2005/20050712_2040.html.

研制项目，并且在2014年重申其对数架F-35战机的收购。新加坡与美国之间包括联合空战在内的各双边演习与训练也在奥巴马任期内得到了提升。此外，新加坡在2013年成为了第一个欢迎前沿部署美国濒海战斗舰（LCS-Littoral Combat Ship）的国家，同意美国于2017年前在新加坡部署四艘濒海战斗舰。新加坡国防部长对美国于新加坡部署美国濒海战斗舰表示欢迎，称该战舰的部署能够“让美国能在亚太区域维持其有力的存在”①。

虽然澳大利亚在国内生产总值上越来越依赖其对中国出口天然资源，然而澳大利亚却同时与美国加强防务上的合作。美国从2000年初期就开始于澳大利亚设立大量的卫星通信地面站，使其能够利用通信拦截（Echelon）与卫星通信协助美国海军的作业（移动用户目标系统-Mobile User Objective System）。②澳大利亚与美国军队的战略合作于奥巴马时期则得到了进一步发展。澳大利亚于2011年11月最初同意了在其南部地区部署250名美国海军，并计划将兵员数量扩充到2 500名。此外，澳大利亚也同意了美国增加使用其机场设施以便B52轰炸机进行飞行训练。根据两国于2014年签署的军力部署协议，在2017年前澳大利亚的军事设施将扩建至能容纳2 500名海军兵员的规模。协议同时正式确定了美国B52轰炸机对澳大利亚轰炸训练场与训练设施的使用权、美国海军对澳大利亚港口的使用权。③在2014年澳大利亚以加强美国海军侦查及通信的指挥控

① Emma Chanlett-Aver, Singapore: Background and U. S. Relations, Congressional Research Service, No.RS20490 (July 26, 2013); “Singapore ChangiNaval Base,” Globalsecurity.org, at http: //www.globalsecurity.org/military/facility/singapore.htm.

② Australian Department of Defence, “Australia and United States Defence Satellite Communications Cooperation at Geraldton,” July 21, 2008, at http: //www.defence.gov.au/media/departmentaltpl.cfm?CurrentId=8007; “Australian Defence Satellite Communications Station, Kojarena,” Nautilus Institute, p.2, at http: //nautilus.org/publications/books/australian-forces-abroad/defence-facilities/australian-defence-satellite-communications-station-kojarena/.

③ Jackie Calmes, “A U.S. Marine Base for Australia Irritates China,” *New York Times*, November 16, 2011, at http: //www.nytimes.com/2011/11/17/world/asia/obama-and-gillard-expand-us-australia-military-ties.html? pagewanted = all& _ r = 0; “Gillard, Obama Detail US Troop Deployment,” *Australian Broadcasting Corporation*, April 26, 2013, at http: //www.abc.net.au/news/2011-11-16/gillard2c-obama-announce-darwin-troop-deployment/3675596; “Australia-US DefenceDeal: What it Means,” Lowy Institute for International Policy, June 13, 2014, at http: //www.lowyinterpreter.org/post/2014/06/13/Australia-US-defence-deal-What-it-means.aspx.

制系统，以及以双方能够就澳大利亚支持美国的导弹防卫能力展开商讨为目的同意加强与美国的卫星合作。①双方于 2011 年就美国对科科斯群岛（Cocos Islands）的军事使用权展开了讨论。澳大利亚国防部 2012 年的评估报告（Defense Force Posture Review）随后提出建议，鼓励澳大利亚扩充印度尼西亚南方的科科斯群岛的军事设施以支持美国进行 P-8 反潜作战机、无人驾驶飞机（UAV—Unmanned Aerial Vehicle）的任务。位于印度尼西亚南方的科科斯群岛在军事设施上的扩充能够为美国在南海的空中与海上执行军事任务提供支持。②

澳大利亚也为研究商业“第五纵队”在影响出口依赖国安全政策的作用上提供了一个良好案例。澳大利亚在国内生产总值上的出口依赖高度集中于对中国的矿产出口，其集中程度还在持续增加。这种情形在铁矿石出口上特别显著。澳大利亚铁矿石的出口总值在 2001 年为 52 亿美元，到 2011 年提升至 641 亿美元。这个增长率高达每年平均 31.9%，为澳大利亚综合出口增长率的四倍。在 2001 年，铁矿石在澳大利亚的综合出口占比仅为 3.3%，到了 2011 年则提升至 20.5%。2011 年时澳大利亚的铁矿出口有 70%出口至中国。③总的来说，矿产企业从对中国出口所产生的税收以及就业对于地区与国家的经济来说重要性显著。在 2011

---

① Cameron Stewart，“WA Spy Station to Target Terror，” *The Australian*，July 08，2014. at http：// www. theaustralian. com. au/national-affairs/defence/wa-spy-station-to-target-terror/story-e6frg8yo-1226981051031.；Daniel Wasserbly，Update：US，Australia Codify Deal to Rotate Marines through Darwin，” *IHS Jane's 360*，12 August 2014，at http：//www.janes.com/article/41864/update-us-australia-codify-deal-to-rotate-marines-through-darwin.对于美澳卫星交流设备的分析，参见 Richard Tanter，“The ‘Joint Facilities’ Revisited-Desmond Ball，Democratic Debate on Security，and the Human Interest，” Nautilus Institute for Security and Sustainability，December 12，2012，at http：//nautilus.org/wp-content/uploads/2012/12/The- _ Joint-Facilities _ -revisited-1000-8-December-2012-2.pdf。

② John Kerin，“Cocos Base Under Review，” *Australian Financial Review*，November 21，2011，at http：//www.afr.com/p/national/cocos _ base _ under _ review _ HXdm52YPBGqAfKpOEbnMoO；Australian Government，*Australian Defence Force Posture Review*，p.26，March 30，2012，at http：//www.defence.gov.au/oscdf/adf-posture-review/docs/final/Report.pdf；对于科科斯群岛地缘战略价值的分析，参见 Carlo Kopp，“Strategic Potential of the Cocos Islands and Christmas Island，” *Defence Today*，at http：//www.ausairpower.net/PDF-A/DT-Cocos-Christmas-Mar-2012.pdf。

③ Australia's Coal and Iron Ore Exports，2001 to 2011，Australian Department of Foreign Affairs and Trade，2012，pp.6—7，at https：//www.dfat.gov.au/publications/stats-pubs/australias-coal-and-iron-ore-exports-2001-to-2011.pdf.

年至2012年，来自矿产企业的企业税构成了澳大利亚总联邦税收的24%。①西澳大利亚州在铁矿石对中国出口上的依赖程度非常严重。来自铁矿石产业的直接雇佣构成了2012年西澳大利亚州就业率的43%，该洲76%的铁矿石都出口至中国。铁矿石产业的利润构成了西澳大利亚州2013年总收益的61%左右。②

虽然澳大利亚一方面非常依赖于对中国的天然资源出口，然而在另一方面却扩大了与美国的防务合作，并且对中国采取了“不友善”的政策。在2009年中国对世界第二大铁矿石生产商力拓铁矿（Rio Tinto）的大型股权收购中，中国的收购计划因受到澳大利亚政治家的强烈反对而失败。③而澳大利亚于2012年拒绝让中国的通信公司华为技术有限公司使用其国内通信网络。中国对于澳大利亚提出了抗议并指出澳大利亚的对外政策具有影响两国双边经济合作的可能性。澳大利亚矿产企业的高层则对澳大利亚安全政策取向感到担忧，并且在影响澳大利亚对中国及美国的防务政策上作出努力，亲自向澳大利亚外交部前部长鲍勃·卡尔（Bob Carr）呼吁要避免激怒中国。然而卡尔却拒绝了这些提议，澳大利亚也持续地扩大与美国的防务合作。④

七、结　　论

中国已不是一个处于崛起阶段的经济力量。在连续35年以每年10%的增长率增长之后，许多经济指标都指出在全球政治经济层面上中国与美国在国际经

① The Australian government data at “Company Tax-Table 4”, at https://data.gov.au/dataset/taxation-statistics-2011-12/resource/4a6034fb-b31a-48ae-a677-b80bbcc94a28? inner_span=True.

② Department of State Development, Government of Western Australia, “Western Australia Iron Ore Profile-Mar. 2014,” at http://www.dsd.wa.gov.au/documents/WA_Iron_Ore_Profile_-_March_quarter_2014.pdf; Government of Western Australia, Overview of State Taxes and Royalties 2013-14 (2014), at http://www.treasury.wa.gov.au/cms/uploadedFiles/_Treasury/Publications/2013-14_overview_of_state_taxes_and_royalties.pdf.

③ David Barboza and Michael Wines, “Mining Giant Scraps China Deal.” *New York Times*, June 4, 2009, at http://www.nytimes.com/2009/06/05/business/global/05mine.html; Maggie Lu Yueyang, “Australia Bars Huawei From Broadband Project,” *New York Times*, March 26, 2012, at http://www.nytimes.com/2012/03/27/technology/australia-bars-huawei-from-broadband-project.html.

④ Bob Carr, *Diary of a Foreign Minister* (Kensington, Australia: University of New South Wales Press, 2014), pp.52—53, 201, 254.

济上近于持平。中国经济上的崛起被反映在中国于国际经济制度中的领导力及其对于国际经济秩序的显著影响力。

即便如此，中国国际政治经济影响力的提升并未对东亚的战略局势或对美国的安全利益提供战略层面上的启示。首先，中国市场在东亚地区并不具备市场支配性。反之，中国作为出口市场的重要性程度在大部分东亚国家的视角中仅仅是与美国持平，其市场重要性并未超越美国。就这方面而言，中美在市场力量上的相对平均化意味着任何一方在区域中都不具备能够为其获取有利政治条件的不对称经济力量。

这个情况也为出现一个基于中国市场秩序的区域贸易体系的可能性提供了启示。东亚国家 2013 年的出口中有 45%属于区域外贸易。①东亚与国际经济的持续接轨对发展出任何以中国为中心的区域贸易秩序的可能性构成了挑战。同样，多数的轴辐式区域贸易体系的出现意味着必须对东亚发展出能够推动政治变化的全区域相互依赖关系的可能性有所警觉。东亚较小的经济体间的双边贸易目前只得到微小幅度的提升。②

其次，截至 2014 年，美国在东亚的重要安全伙伴在国内生产总值上一直经历了对中国市场的高度依赖。在经济稳定与经济增长上，无论是新加坡、马来西亚还是澳大利亚都依赖于对中国的出口。然而，中国不对称的经济力量优势却不具备对国际安全事务的可替换性。随着中国对新加坡、马来西亚与澳大利亚所能发挥的市场力量得到增长，这三个国家也相应地加强了与美国的战略合作。美国在地区中的海上战略优势，而非中国的市场力量，主导了东亚国家的结盟倾向。

这些发现对于理解经济力量在国际安全事物中的可替换性提供了多个启示。在东亚地区中唯有韩国与中国台湾地区出于国内生产总值因对中国大陆的依赖

---

① United Nations ESCAP. "Asia-Pacific Subregional Trade Briefs：East and North-East Asia，" Figure 2，*Asia-Pacific Trade and Investment Report 2014*，at http：//www.unescap.org/sites/default/files/East% 20and% 20North-East% 20Asia. pdf. 另参见 Asian Development Bank，*Emerging Asian Regionalism*；*A Partnership for Shared Prosperity*（*2008*），at http：//aric.adb.org/emergingasianregionalism/；Miles Kahler，"Regional Economic Institutions and East Asian Security，" in Avery Goldstein and Edward D.Mansfield，eds.，*The Nexus of Economics*，*Security*，*and International Relations in East Asia*（Stanford：Stanford University Press，2012），pp.75—82。

② John Ravenhill. "The 'New East Asian Regionalism'：A Political Domino Effect，" *Review of International Political Economy*，Vol.17，No.2（2010）.

而改变其安全政策，两者却也同时经历了中国大陆在军事上的崛起。中国大陆对中国台湾地区与韩国所结合发挥的经济与战略支配力量重现了与德国在两次世界大战间对东南欧、俄罗斯对就近的高加索地区的经济与战略支配背景相似的决策情景。小国只有在具备优势的经济大国同时具备优势的军事力量时才会采取再结盟政策。

本文的发现为罗伯特·佩普（Robert Pape）对于经济制裁的独立效用的发现作出了补充。佩普的研究确立了在大部分“成功”的经济制裁中都同时有军事力量的作用。①因此，不论是经济制裁还是国内生产总值的依赖性都无法充分决定某一对象国家的安全政策。这一对安全政策中的经济力量影响力的研究加深了我们对不同力量在国际政治中所具备的可替换性的理解。同其他相关研究一样，本文的案例研究论证了经济胁迫力量无法单独影响小国的安全政策，而军事力量却能够独立塑造小国的国际经济政策。其他相关研究也论证了军事力量能够单独塑造小国的国际经济政策。这种状况在美国的支配性军事力量成功推动其与欧洲、中东地区的合作中有所体现。②这些在军事力量可替换性上及制裁、贸易依赖的效用上的发现表明，军事力量在国际政治中比经济力量更具能够发挥可替换性。

这些发现进一步指出，若中国的经济发展速度持续高于美国并且其市场成功地在东亚地区树立起贸易支配地位，那么小国的安全结盟倾向及地区的力量均衡仍取决于中美之间的军事均衡。美国对于同东亚国家达成新的贸易协定的抵抗不会影响地区的安全秩序。即便中国经济的增幅会导致中国在国防开支上的提升，但是中国同美国在军事力量上竞争的能力不仅仅取决于其经济资源，还取决于其将战略资源集中于东亚海洋的能力，以及与美国海上力量相关的科技创新方面竞争的能力。③

① Robert Pape，“Why Economic Sanctions Do Not Work，” pp.93，99—102.

② Robert J.Art，“American Foreign Policy and the Fungibility of Force，” *Security Studies*，Vol.5，No.4（summer 1996），pp.7—42；David Baldwin，“Power Analysis and World Politics，” *World Politics*，January 1979.

③ Jonas Nahm and Edward S. Steinfeld，“Scale-up Nation：China's Specialization in Innovative Manufacturing，” *World Development*，Vol.54（February 2014）；Thomas Barlow，*Between the Eagle and the Dragon*：*Who is Winning the Innovation Race*？（Sydney：Barlow Advisory，2013）.

奥巴马政府对朝“战略忍耐”解析

张景全　吴　昊*

【内容提要】　“战略忍耐”是奥巴马政府对朝战略核心，是接触与施压并行的“双轨”战略。“战略忍耐”的目标设置模糊，在实践中体现出重“施压”、轻“接触”的特征。在手段的运用上存在“接触不利”和“施压失灵”的问题，在战略效能上体现在朝核危机升级和同盟强化两个方面，对东北亚地区安全和中美关系都带来了消极影响，不利于朝核危机的改善。“战略忍耐”已陷入困境，特朗普政府应致力于调整。

【关键词】　战略忍耐　朝核危机　朝鲜半岛　奥巴马政府

* 张景全，吉林大学东北亚研究院教授，博士生导师；吴昊吉，林大学东北亚研究院博士研究生。本文为国家社科基金项目“亚太地区对美国航行自由政策认知及中国应对策略研究”（16BGJ044）的系列成果。

朝鲜半岛是东北亚地缘政治环境最为复杂的地区，朝核问题也是东北亚各国最为关切的安全议题之一。“战略忍耐”（Strategic Patience）是奥巴马政府对朝战略的核心，贯穿奥巴马政府对朝外交始终。如今，特朗普政府接替奥巴马政府，“战略忍耐”是否人去政息姑且不论，但作为一个运行数载的美国对朝战略，值得深入解析。

一、奥巴马政府“战略忍耐”的目标

“战略忍耐”具备了战略的两个基本要件，即设定战略的目标并试图匹配相应的手段。然而，“战略忍耐”作为一个运行于朝鲜半岛这一极度敏感区域数载的战略，其目标设置是否明确得当，值得深入探讨。

在美国政要的言辞及官方文献中，对“战略忍耐”目标的表述是十分模糊的，甚至在官方的讲话中几乎没有明确提及。2009 年 12 月 10 日，时任美国国务卿希拉里·克林顿（Hillary Clinton）首次使用“战略忍耐”一词来描述美国的对朝战略。她在评价美国朝鲜问题特使斯蒂芬·博斯沃思（Stephen Bosworth）对朝鲜的访问时表示，奥巴马政府对朝战略是“战略忍耐”，同时与六方会谈中其他相关方保持密切协商。①此后，美国政府官员在内容上对“战略忍耐”作了一定的诠释和补充。2010 年 9 月 15 日，博斯沃思在访问日本时，将美国对朝战略诠释为在对朝实施制裁的同时，愿意与朝鲜进行富有成效的对话和谈判。美国朝鲜事务特别代表格林·戴维斯（Glyn Davies）在参议院外交委员会作证时，将“战略忍耐”进一步诠释为一种接触（engagement）与施压（pressure）并举的“双轨”策略，并认为其最有可能推进朝鲜无核化前景的实现。②可以看出，美国官方政要并未明确提出“战略忍耐”的目标，从戴维斯关于“接触”与“施压”并行的表述仅可以推断出“战略忍耐”是通过“恩威并施”或“奖惩并

---

① Hillary Clinton，December 10，2009，http：//www.voanews.com/content/clinton-calls-exploratory-meeting-with-north-korea-quite-positive-78980687/416329.html.2009-12-10.

② Glyn Davies，“U.S. Policy Toward North Korea. Testimony Before the Senate Committee On Foreign Relations，” Washington，D.C.，March 7，2013，http：//www.state.gov/p/eap/rls/rm/2013/03/205691.htm.

行”的手段来规制、引导朝鲜的国际行为，不过从“战略忍耐”七年来实施的状况上分析，上述推断是远远不够的。

鉴于美国官方对“战略忍耐”目标表述的模糊性，目前，国内学者普遍认为，奥巴马政府与小布什政府一致，其战略目标是要求朝鲜弃核。在对朝“接触”和“对话”的条件上，奥巴马政府将朝鲜“完全地、可核查地、不可逆转地”弃核作为与朝鲜对话的先决条件，这是国内学者将朝鲜弃核视为“战略忍耐”目标的主要依据。奥巴马政府要求朝鲜履行“9·19”共同声明，将弃核与改善朝美双边关系挂钩：如果朝鲜“完全地、可核查地、不可逆转地”弃核，美国将与朝鲜建立正常的国家关系，签署和平条约，加大对朝的援助力度；反之，美国“不会松动对朝制裁”，不会与拥有核武的朝鲜建立“正常国家关系”。①

奥巴马政府试图通过对朝不接触并施加压力，把朝鲜弃核作为“战略忍耐”的目标，这是脱离实际且具有理想主义色彩的不当战略选项。在“战略忍耐”推出以前，朝鲜已进行了两次核试验，其核能力显著增强，拥核的信念愈发坚定。在“战略忍耐”的实施过程中，奥巴马政府一直秉持“朝鲜先弃核”这一“高门槛”作为双方对话的条件，在重启六方会谈的尝试中也强硬坚持这一主张，并继续通过经济制裁、军事威慑和谴责朝鲜人权问题等手段持续对朝施压，试图通过“以压促变”的方式逼迫朝鲜就范。“接触”与“施压”并行的双轨策略体现出重“施压”、轻“接触”的特征，而朝鲜一贯以“超强硬对强硬”来应对美国的施压，在奥巴马任期内，朝鲜先后进行了四次核试验，并将拥核视为国家安全保障和谋求强国地位的工具。事实上，“以压促变”既难以使朝鲜从内部崩溃，又难以有效抑制朝鲜的核开发，战略目标设置不当的负面效应凸显，朝核危机进一步加深。

除了战略目标设置与朝核问题发展现状相悖外，奥巴马政府的“战略忍耐”更像是一种“权宜之计”。

首先，“战略忍耐”可以被解读为意图“改变现状”，即规制朝鲜的拥核行为，迫使朝鲜先弃核。2016年10月22日，美国国务卿约翰·克里（John Kerry）在

① Hillary Clinton, “Remarks at the Asia Society,” February 13, 2009, http://www.state.gov/secretary/rm/2009a/02/117333.htm.

韩美外长、防长会议（2+2）后表示："下一任美国总统必须把重点放在解决朝核问题上，美国绝对不承认朝鲜拥核，若朝鲜继续发展核和导弹计划，将遭到更强力的制裁。"①可以看出，尽管"战略忍耐"一再受到朝鲜核试验的冲击，但美国并未放弃改变朝鲜拥核这一现状的尝试，通过施压迫使朝鲜弃核是"战略忍耐"的重要目标，在奥巴马任期内，这一目标一直被坚持着。

其次，"战略忍耐"的目标又可以被解读为"维持现状"，即利用朝核问题，强化美国在东北亚的军事存在并遏制潜在对手。朝鲜半岛地区并非美国的第一战略选项，美国在亚太地区又有良好的同盟基础，这为美国以"战略忍耐"为名，以静待变创造了条件。美国借助朝核问题，巩固军事同盟、强化地区军事部署，为美国亚太再平衡战略服务。奥巴马任期内，美国不断以应对朝核危机为名扩大其在东北亚地区的军事存在，强化军事同盟与美日韩三边安全合作，扩大联合军演的规模，并在韩国部署萨德反导系统，在威慑朝鲜的同时，也显现出监视和遏制中俄的意图。

再次，"战略忍耐"又具有回避矛盾、转嫁危机的图谋。在奥巴马任期内，美国多次公开指责中国对朝制裁不力，指责中国在朝核问题中没有承担相应的责任，督促中国对朝施压，希冀从中朝关系的恶化中渔利。2016 年 3 月 3 日，中国赞成联合国安理会对朝制裁的决议，并公布了对朝禁运矿产品的清单。2016 年 11 月 30 日联合国安理会通过 2321 号决议制裁朝鲜，主要内容是限制朝鲜煤炭出口，出口量限制在每年 750 万吨，同比减少 60%；中国外交部发言人耿爽在 12 月 1 日表示，联合国安理会 11 月 30 日通过的涉朝第 2321 号决议应得到全面、平衡的执行。②尽管中国在对朝制裁问题中作出了重大让步，但美国并未停止在朝核问题上对中国的指责和非难。在朝鲜 2016 年 9 月 9 日进行第五次核试验之后，美国防长阿什顿·卡特（Ashton Carter）宣称中国对朝鲜核试验负有责任："中国对这一事态发展有着而且分担着重要责任，对逆转它也有重要

---

① U.S. Department of Defense, "U.S.-South Korean Defense, Foreign Affairs Leaders Meet to Discuss Alliance," October 19, 2016, http://www.defense.gov/News/Article/Article/979687/us-south-korean-defense-foreign-affairs-leaders-meet-to-discuss-alliance.

② 新华社：《联合国安理会第 2321 号决议应得到全面、平衡执行》，2016 年 12 月 1 日，http://news.xinhuanet.com/2016-12/01/c_1120034757.htm。

责任。因此中国利用自己的位置、历史和影响力进一步促进朝鲜半岛的无核化至关重要。”①通过美国的上述言行，我们看到“战略忍耐”体现了一种不负责任但又转嫁危机的推卸，给中朝、中美关系都蒙上了阴影。

可见，“战略忍耐”目标设定模糊，对其存在改变现状、维持现状、推卸责任的多重解读，这使其战略效能大打折扣，给朝鲜半岛局势带深远的消极影响。

二、奥巴马政府“战略忍耐”的手段与效能

“接触”与“施压”的表述较为清晰地勾勒出奥巴马政府“战略忍耐”的实施手段，由于奥巴马政府在对朝“接触”选项中设置了较高的“门槛”，“战略忍耐”在实施中具有轻“接触”、重“施压”的特征，存在着接触不利、施压失灵的问题。

首先，“战略忍耐”中的接触。奥巴马政府并非完全忽视对朝接触这一选项。在“战略忍耐”提出以前，奥巴马希望继承小布什执政后期对朝鲜的灵活政策，表达了希望与朝鲜接触的意愿。在总统竞选期间，奥巴马就表示“将同朝鲜方面举行无条件的对话。”此后，奥巴马在就职演说中提出了“伸手外交”的理念，即“（美国的敌人们）如果你们愿意松开拳头，我们就会向你们伸出手”②。“伸手外交”虽然向朝鲜传递了善意的信号，但和小布什执政后期的“总体交易”相比显得“口惠而实不至”，对改善朝鲜半岛局势既缺乏信心，又缺少真金白银的付出，具有消极观望的色彩。因此，“伸手外交”并没有从实质上改善朝鲜半岛局势，2009 年 5 月，朝鲜进行了第二次核试验，奥巴马政府开始对“伸手外交”进行反思，“战略忍耐”开始成为奥巴马政府对朝政策的主线。

奥巴马政府认为小布什政府后期的对朝政策陷入了朝鲜“挑衅—谈判—捞到好处”的恶性循环，现任政府需打破这种现状。③事实上，小布什执政后期，

---

① U.S. Department of Defense，“Joint Media Availability with Secretary Carter and Minister Eriksen Sreide in Oslo，” September 9，2016，http：//www.defense.gov/News/Transcripts/Transcript-View/Article/939736/joint-media-availability-with-secretary-carter-and-minister-eriksen-sreide-in-o.

② Barak Obama，“Barack Obama's Inaugural Address，” *The New York Times*，January 20，2009，http：//www.nytimes.com/2009/01/20/us/politics/20text-obama.html.

③ Don Oberdorfer，Robert Carlin，*The Two Koreas：A Contemporary History*（New York：Basic Books，2013），p.213.

美国对参与六方会谈表现出一定的积极性，《“9·19”共同声明》“承诺对承诺、行动对行动”的原则、《落实共同声明第二阶段行动的共同文件》等共识的达成在一定程度上缓和了朝鲜半岛局势，美国对朝鲜停止适用《敌国贸易法》，并批准将朝鲜从“支持恐怖主义国家”名单中删除的计划；朝鲜先后关闭了宁边核反应堆、提交了核申报清单、接受了国际原子能机构的核查。虽然朝美之间的战略互疑仍根深蒂固，但在六方会谈各国的共同努力下，双方均作出了让步，缓解了朝核危机进一步升级的可能。然而在对六方会谈的认知上，奥巴马政府认为，六方会谈在对朝接触中取得的成果有限，甚至认为六方会谈为朝鲜拥核索取更多好处提供了平台，以对朝“战略忍耐”为名实施对六方会谈的“战略忽视”。因此，美方坚持必须将朝鲜先弃核作为重启六方会谈的前提条件，在奥巴马任期内六方会谈也一直没有重启。由于奥巴马政府将六方会谈视作对朝施压的工具，朝美难以在多边渠道下进行接触，朝美只能通过有限的双边接触来进行沟通和交换意见，成果有限，反复极大。

2011 年至 2012 年美国换届选举，朝鲜也面临政权交接的关键时间节点，朝美双方都期望缓和关系，这一时期是奥巴马任期内朝美双边接触最为频繁的时期。2011 年 4 月 26 日，美国前总统吉米·卡特（Jimmy Carter）再次访朝，与朝鲜领导人就半岛无核化以及对朝鲜进行人道主义援助等问题交换了意见。7 月 28 日至 29 日，美国朝鲜问题特使博斯沃思与朝鲜外务省第一副相金桂冠在纽约进行了会谈，在此次会谈中，美方重申，如果朝鲜承诺在谈判过程中成为有建设性的一方，美国愿意重启与朝谈判。10 月 21 日，朝美军方在曼谷磋商达成协议，决定恢复美军遗骸的搜寻行动。10 月 24 日，美朝就重启六方会谈在日内瓦进行了为期两天的谈判。

2012 年 2 月 29 日，美朝签署的《闰日协议》（“2·29”协议）是奥巴马任期内对朝接触最具代表性的成果，协议的签署是朝美双方相互妥协的结果。奥巴马政府在这一时间段也延续了过去美国用援助来换取朝鲜暂停核开发的政策，此轮朝美双方接触达成了短暂的共识。然而，2012 年 3 月 16 日，即《闰日协议》签署两周后，朝鲜表示计划在 4 月中旬发射卫星，美国称朝鲜此举违背了其在协议中所作的承诺。3 月 29 日，美国负责东亚和太平洋安全事务的代理助理国防部长彼得·拉沃伊（Peter Lavoy）宣布暂停对朝食品援助，并开始筹划亚洲反导系统。正如美国学者维克托·查（Victor Cha）所评价的，“《闰日协议》在墨迹未干之时就已经成为废纸。目前尚不清楚遏制是否会奏效。但这是我们仅剩的选择”①。《闰日协议》失败之后，奥巴马政府的对朝接触政策也随之失去了国内政治和舆论的支持，又回归到对朝以“施压”为主的政策。

可见，“战略忍耐”中的对朝“接触”是一种在严格条件限制下的有限接触，也延续了“伸手外交”中“以静待变”的思路，这极大地增加了美朝开展正式对话的难度。美国坚持“朝鲜先弃核”是其重返六方会谈的必要条件，六方会谈作为朝美官方对话的唯一渠道，重启仍遥遥无期。朝美双方的交流只能通过秘密外交和民间交流的形式来实现，这种非正常国家关系框架下的交流难以从实质上改善朝鲜半岛局势，取得的成效十分有限。

其次，“战略忍耐”中的施压。美国对朝施压主要表现在如下几个方面：强化军事力量部署，巩固军事同盟；加大制裁力度，包括对朝单边制裁和运用多边框架的对朝制裁，等等。奥巴马政府加大施压力度一直是其对朝政策的主流，在施压为主的背景之下，接触空间所剩无几。

在“战略忍耐”之下对朝制裁显著增强。奥巴马执政以来便秉持对朝制裁，在2015年《美国安全战略报告》中，奥巴马仍然在为其对朝鲜实施制裁的有效性背书。②除了加强对朝单边经济制裁外，奥巴马政府还在对朝鲜制裁上投入了大量的外交资源，借助联合国安理会这一平台，协调国际社会对朝施压。在奥巴马任期内，联合国安理会先后通过了1874号、2087号、2094号、2270号和2321号决议，对朝制裁决议的数量和严厉程度都达到一个新的高度。然而，朝鲜的核开发进程并未因此而有所减缓。奥巴马任期内，朝鲜已经进行了四次核试验，其中在2016年进行了两次核试验，核试验的频率和威胁程度亦达到了一个新的高度。有学者指出，在2016年9月朝鲜第五次核试验后，其核武器研究所发布的声明信息量巨大：核试验最终检验并确认了核弹头的构造、具体特征、性能、威力；核弹头已经标准化并能搭载到战略弹道导弹上；朝鲜有能力生产

---

① Victor Cha，“Taking North Korean threats seriously，” December 16，2013，https：//www.ft.com/content/b1e6cc0c-1a72-3c86-aad9-70c0e2c1a777.

② The White House，“National Security Strategy，” February 16，2015，https：//www.whitehouse.gov.default/files/docs/2015 _ national _ security _ strategy.pdf.

更多的核弹头；朝鲜核弹头能够更小型化、轻量化和多样化；朝鲜能够生产并使用各种裂变材料；朝鲜将进一步增加核武器数量，提升核武器质量。[1]朝鲜的核威慑能力进一步升级，朝核危机进一步恶化。

“战略忍耐”之下推动美韩同盟升级为全面战略同盟。2010年7月，第一次美韩防长与外长会议（2+2）在韩国首尔召开，提出“战略同盟2015”计划。10月，在美韩第42次年度安保会议上，双方正式签署了《战略同盟2015》、《国防合作方针》以及《战略计划方针》，决定设立“延伸威慑政策委员会”，构建美韩“21世纪全面战略同盟”。其中军事方面是美国“功夫下得最多、动作最迅速、影响最大的方面”[2]。2016年10月19日至20日，第四次美韩“2+2”会议在华盛顿召开，美国国务卿克里当天宣称，美国“将尽可能快地”把“萨德”反导系统部署到韩国；美国防长卡特也在会上重申美国所谓“延伸威慑”承诺，声称朝鲜核试验和发射弹道导弹对美国及其盟友的集体安全构成“严重威胁”。在当天会议上，美韩双方就成立“延伸威慑战略和咨询团队”达成一致。[3]随着围绕核博弈而引发的朝鲜半岛危机接连发生，美韩在军事上也密切了双边关系。除了连续进行大规模的美韩军事演习外，美韩同盟正在被双方赋予更高的战略定位。美国总统奥巴马和国务卿希拉里·克林顿将韩美同盟定位为“东北亚安全和稳定的关键”。[4]

“战略忍耐”之下美日韩三边合作强化。2012年5月30日，美日韩防长在香格里拉会议期间举行了首次三边防长会谈，磋商应对朝鲜威胁事宜，日韩还加快了《军事情报保护协定》和《战备物资相互提供协定》等军事协议签订的步伐，以求加强对朝鲜情报的分享以及实现军事援助共担。2014年12月29日，美日韩关于朝鲜核与导弹威胁的情报交流协议签署并生效。根据该协议，日韩

---

① 樊吉社：《朝核问题重估：僵局的根源与影响》，载《外交评论》2016年第4期，第37页。

② 阮宗泽：《美国“亚太再平衡”战略前景论析》，载《世界经济与政治》2014年第4期，第9页。

③ U.S. Department，48th Security Consultative Meeting Joint Communiqué 2016，October 20，2016，https：//www.defense.gov/Portals/1/Documents/pubs/USROKSecurityJointCommunique2016.pdf.

④ Hillary Clinton，“Secretary of State Hillary Rodham Clinton on America's Engagement in the Asia-Pacific，” October 28，2010，http：//www.state.gov/p/eap/rls/rm/2010/10/286500.htm.

双方不能直接共享军事情报，但两国可以通过美国国防部来交流有关朝鲜核与导弹的情报。①2016年3月31日，美国总统奥巴马、日本首相安倍晋三和韩国总统朴槿惠在华盛顿举行会谈。会后发表声明，宣称三国将在安全领域深化合作，以阻止朝鲜核武器和弹道导弹的研制。此外还确认了将彻底履行联合国安理会对朝决议以及各国对朝制裁，加强施压。②2016年11月23日，韩日两国在首尔正式签署韩日《军事情报保护协定》，这一协定是自1945年韩国光复以来韩日两国签署的首个军事协定。协定签署后，韩日两国可直接共享包括朝鲜核和导弹项目等在内的军事情报，在日美、韩美之间分别缔结有《军事情报保护协定》的基础上，该协定推进了美日韩在情报领域的三边合作。中国外交部发言人耿爽表示：“有关国家固守冷战思维，加强情报军事合作，将加剧半岛对立对抗，给东北亚地区增添新的不安全不稳定因素，不符合和平发展的时代潮流，不符合地区各国共同利益。”③

尽管奥巴马政府借助朝核危机强化同盟成效显著，却无益于朝鲜半岛局势的改善，反而加剧了朝鲜半岛困局。与地缘文化认同度极高的欧洲不同，东北亚地区复杂的地缘政治环境使得区域内任何军事同盟甚至军事行动的出现，都会加剧周边的不安。美韩同盟与美日同盟自冷战时期就存在遏制对手的战略意图，冷战后这种战略意图继续强化。在美国“战略忍耐”的阴影之下，美日韩频繁军演，美韩部署“萨德”系统，美日、美韩同盟开启太空领域和网络领域合作，美韩同盟将结盟视野拓展至半岛以外，美国东北亚同盟体系由双边向三边演化。奥巴马“战略忍耐”掩盖之下是美国东北亚同盟的强化，是朝鲜半岛与东北亚区域安全的恶化。

---

① South Korea's Defense Ministry, "Korea-U.S.-Japan Establish Information Sharing Agreement, 29 December, 2014," http://www.mnd.go.kr/user/boardList.action?command=view&page=8&boardId=O_47261&boardSeq=O_108076&titleId=null&siteId=mnd_eng&id=mnd_eng_030100000000.

② U.S. Department of State, "U.S.-Japan-Republic of Korea Trilateral Meeting in Washington," March 31, 2016, http://www.state.gov/r/pa/prs/ps/2016/03/314505.htm.

③ 新华网：《韩日正式签署〈军事情报保护协定〉》，2016年11月24日，http://news.xinhuanet.com/asia/2016-11/24/c_129375975_2.htm。

三、"战略忍耐"对中国国家安全的影响

"战略忍耐"实施数载，朝鲜半岛无核化进程出现了严重的倒退，朝核危机进一步升级。一方面是更具包容性的六方会谈停摆，另一方面是更具排他性的军事同盟强化，这对中国的国家安全产生了消极影响。

首先，"战略忍耐"使六方会谈重启与东北亚区域安全机制构建面临困境。

目前，东北亚区域内多边安全机制还没有构建起来，只存在美国主导的双边军事同盟，但是军事同盟的排他性使其非但不能为东北亚地区提供所需的公共安全产品，反而加剧了其他国家的"不安全感"，使东北亚地缘政治环境日趋恶化。在地缘政治环境极端复杂的东北亚地区，中国政府大力倡导并推进的六方会谈是对地区多边安全机制的一次探索。目前，六方会谈是东北亚地区最具包容性的区域安全机制——它涵盖了东北亚的主要国家，探讨了关乎东北亚安全的众多议题，不同于奥巴马"战略忍耐"的非核不谈；六方会谈是东北亚地区最积极的本土机制——不同于奥巴马"战略忍耐"的超然，它一直积极介入并努力构建区域和平与安全；六方会谈是东北亚地区重启成本最小的区域安全机制——它已经在相关国家的外交部门中存在相应机构并运行数载，其机制寿命远长于"战略忍耐"。如果六方会谈机制运行得当，则中国、朝鲜半岛、区域三赢。

在奥巴马任期内，中国政府为重启六方会谈作出了巨大的努力，包括同意制裁朝鲜，为南北沟通提供平台，积极斡旋各国重返六方平台。奥巴马的智囊团布鲁金斯研究所早在2008年就力荐奥巴马"将六方会谈作为与东北亚列强沟通的平台"①。然而，奥巴马政府一直坚持朝鲜先弃核作为重返六方会谈的先决条件，使中国为重启六方会谈的外交努力付诸东流。2004年，美国前朝鲜问题谈判代表杰克·普里查（Jack Pritchett）提出将六方会谈发展成为东北亚多边安全机制，这是最早关于六方会谈多边机制化的提议，被称为"普里查"模式。

① 新华网：《奥巴马智囊团呼吁将六方会谈发展为地区安保机构》，2008年11月27日，http://news.163.com/08/1127/10/4ROGBOQN000120GU.html。

他认为这种多边安全机制可以避免在六方会谈中出现“五对一”局面，以扭转朝鲜单独“受审”的困境，从而鼓励朝鲜在弃核问题上采取积极措施，为结束朝鲜半岛的冷战体制创造条件。①而奥巴马政府将重启六方会谈视为制裁朝鲜的平台，意在形成“五对一”的制裁局面，这明显违背了六方会谈的初衷。同时，有学者认为，奥巴马政府不愿通过六方会谈解决朝鲜问题，而是希望利用朝鲜问题整合地区资源，以制衡中国。②“美国不希望看到中国通过六方会谈获取解决朝鲜问题的主导性地位，其政策设计是要将美日韩三边协调机制打造为对朝政策的基石，排斥六方会谈。”③ 事实上，奥巴马“战略忍耐”在区域气氛与重启机制上都对六方会谈构成了巨大的消极影响，六方会谈重启一直受阻于“战略忍耐”。

其次，“战略忍耐”对中国周边安全构成了巨大的挑战。

与对朝鲜“战略忍耐”的冷冻半岛和平与和解进程相对应的是，奥巴马政府祭起“再平衡战略”旗帜向中国的东部海域全面进击，对中国周边尤其是东部周边安全构成巨大的挑战。

如今还原“战略忍耐”，事实上是美国鉴于东北亚核问题的敏感性、危险性与复杂性，通过“战略忍耐”，把朝鲜核问题留在东北亚，既可以让朝鲜核问题继续消耗中国的国家资源与声誉，也可以让韩国、日本不得不强化与美国的同盟关系，后者无疑也可以继续消耗中国的国家资源。美国在东北亚“战略忍耐”看似无为，实则在东南亚“战略突进”大有作为：对接东盟机制、拼凑“跨太平洋伙伴关系”（TPP）、强化美菲同盟与美澳同盟。布局数载后，东北亚与东南亚安全险情迸发。2016 年 7 月，南海仲裁案和萨德危机同时爆发，中国的周边安全受到巨大的挑战。

中国一直致力于朝鲜半岛的和平与稳定，努力搭建平台，积极斡旋，呼吁

① Charles L.Pritchard，“A Guarantee to Bring Kim into Line,” *The Financial Times*，October 10，2003；“Beyond Six Party Talks：An Opportunity to Establish a Framework for Multilateral Cooperation in the North Pacific,” Hokkaido Conference for North Pacific Issues，October 7，2004.

② 孙国强、黄凤志：《奥巴马政府的对朝政策研究》，载《当代亚太》2015 年第 6 期，第 130 页。

③ 朱峰：《“后天安舰时代”半岛无核化进程评析》，载《现代国际关系》2010 年第 10 期，第 13 页。

各方克制，坚持半岛“无核、不乱、不战”的原则。然而奥巴马政府名为“战略忍耐”，实则步步紧逼：我们一方面看到了美韩同盟的持续强化，“萨德”系统的部署；另一方面，我们需要注意日本对朝鲜半岛的介入。目前，日本通过签订新的《日美防卫合作指针》与解禁集体自卫权，具备了支援美军在朝鲜半岛展开军事行动的法制杠杆；通过美日韩三边会议，具备了介入朝鲜半岛事务的外交与舆论杠杆；通过联合国对朝制裁决议与单边制裁动议，具备了介入朝鲜半岛事务的经济杠杆。可见，“战略忍耐”对中国与朝鲜半岛构成了“战略压力叠加”，朝鲜半岛爆发冲突的可能性大大增加，成为影响中国周边安全的不稳定因素。一旦朝鲜半岛陷入混乱，除了核扩散的风险外，中国东北地区会面临难民问题、恐怖袭击问题等诸多非传统安全问题，中国周边安全受到巨大的挑战。

再次，中美战略互疑加深。

在朝鲜半岛问题上，美国与中国扮演着举足轻重的角色，在半岛无核化上中美存在着共同的利益。多年来，中美两国围绕对朝决议的制定和执行问题进行了大量的双边和多边沟通工作，并在执行过程中加强了协调。

“施压”是“战略忍耐”的主要部分，美国在自身对朝“施压”失灵的情况下，要求中国对朝施压。美国不断宣扬所谓的“中国责任论”，甚至将朝核问题久拖不决的责任推到中国一方。美国片面地认为，中国未中断对朝援助是朝鲜核扩散的重要原因，中国没有尽到应有的国际责任。于是，美国向中国施压，要求中国履行国际责任。美国为此采取了多种施压方式：一是，借亚太地区的军事部署向中国施压，指出如果中国不加大对朝施压力度，美国将在亚太重新部署军力，反之，美国则可能削减在西太平洋新增添的反导系统。二是，督促中国执行联合国对朝制裁决议。三是，美国利用朝鲜人权问题国际化向中国施压。上述举动均引起了中国的巨大反感，这导致双方在共同应对朝鲜半岛问题的过程中，互疑加剧。

随着特朗普入主白宫，其朝核政策存在如下发展的可能，即从重“施压”、轻“接触”，转化为“施压”“接触”并重的平衡战略。首先，特朗普政府会安抚美韩、美日同盟，继续依靠传统同盟体系施压朝鲜，试图迫使朝鲜在核问题上就范。2017 年 2 月，特朗普政府的防长詹姆斯·马蒂斯（James Mattis）将其出访的首站选为韩国，随后访问日本，在韩日期间，马蒂斯均表达了强化美韩、美日同盟，以因应朝鲜核威胁的意愿。①随后，特朗普政府会动用外交资源，启动外交渠道，与朝鲜就核问题展开讨价还价。如果美朝在核问题上达成可接受的交易，六方会谈会恢复，此时六方会谈由谈判机制可能转化为监督机制。如果美朝在核问题上未能达成可接受的交易，特朗普政府会恢复“施压”策略，发出战争信号；另外，特朗普政府可能会利用朝核问题，对韩日的谈核拥核从过去的严格管控转向“战略容忍”，促成特朗普版的“核扩散”，形成东北亚的“核均势”；同时，会在韩日提高驻军费用的前提下在韩日部署萨德并将其纳入统一的东北亚导弹防御体系。

四、结　论

总之，“战略忍耐”作为奥巴马政府对朝战略的核心，是“接触”与“施压”并行的双轨策略。在“战略忍耐”实施的过程中，存在着战略目标设置模糊，手段实施不当的问题，对朝政策也转向以施压为主。战略效能上主要表现为朝核危机加剧和同盟强化两个方面，对中国的国家安全和中美关系都带来了负面影响。“战略忍耐”面临困境，美国新政府需要对消极的“战略忍耐”作出调整，在推进美朝沟通和中美协商合作上付出更多的努力。

---

① Readout of Secretary Mattis，“Meetings with ROK Minister of Foreign Affairs Yun Byung-Se and Minister of National Defense Han Min-Koo，” February 3，2017，https：//www.defense.gov/News/News-Releases/News-Release-View/Article/1070027/readout-of-secretary-mattis-meetings-with-rok-minister-of-foreign-affairs-yun-b.

游戏、战略思维与中美互动的对弈逻辑：一种分析框架

潘忠岐*

【内容提要】 研究中美战略互动的基本逻辑，需要超越博弈论，从真实的游戏入手。根据典型性、代表性、可比性等选取标准，中国围棋与国际象棋、中国麻将与美国德州扑克、中国太极拳与美式橄榄球，是最能反映中美战略思维及其差异的游戏。在这些游戏中，对弈者对战略目的的界定、战略威胁的认知、战略手段的选择、战略原则的确立、战略关键的把握和战略禁忌的规避，最能体现中美两国人民的战略思维。在此基础上通过分析中美战略思维的基本特点，从战略思维相容性的视角概括中美战略互动的对弈逻辑，将构成一个全新的研究中美战略互动的基本框架。

【关键词】 游戏战略思维　战略互动　对弈逻辑

* 潘忠岐，博士，复旦大学国际关系与公共事务学院教授。本文系笔者所主持的2010年度教育部人文社会科学重点研究基地（复旦大学美国研究中心）重大项目（10JJDGJW008）“中美战略互动研究”和复旦发展研究院“中美友好互信合作计划”（FDDI17002）的部分成果，特此致谢。

表面上看，博弈论是分析中美战略互动的当然起点，甚至是分析所有国家间互动的最佳路径。毕竟，国家间互动就像是各种国际行为体长期、持续进行的双边或多元博弈。国际关系研究跟博弈论一样，假定作为博弈方的国家是理性行为体。国际冲突与合作作为国际关系研究的核心问题，涉及国家之间的战略互动，而博弈论无疑为此类问题的研究提供了一个强有力的分析工具。

然而，博弈论的理性假定却是有缺陷的，既是一种不顾对方策略选择、只关心己方成本—收益状况的单边理性，又忽略了博弈者的主体性。因此，博弈论更适用于分析个体的行为，而不是国家的决策；适用于分析同类单位的互动，而不是异类单位的互动；适用于分析简单博弈和国家间功能互动，而不是复合博弈和国家间战略互动。

为此，笔者认为，应该用合理性假定取代理性假定，用真实的游戏取代抽象的博弈模型，用对弈逻辑理论实现对博弈论的超越。合理性假定不仅涵盖互动理性的因素，而且能体现博弈者的主体性差异，因此是更好地分析国家间战略互动的理论假定。尽管博弈模型是对博弈者行为方式的一种模拟，但游戏却是对游戏者行为方式的一种更为贴切的模拟。不同游戏者的战略思维和两个游戏者之间互动的对弈逻辑可以通过研究他们所喜好的不同游戏而得以展现。对弈逻辑理论强调，战略思维是指研究和处理战略问题的思维方式和基本观念，是一国地理、历史、文化、制度等特质的长期积淀。战略思维具有相对稳定性，经常变化的是在战略思维指导下的具体战略方针、政策和计划。战略研究只有深入到战略思维的层次，把握一国战略思维的基本观念和逻辑脉络，才能预测该国会按照什么思路去思考问题、制定政策和采取行动。作为国家行为体在制定和实施战略决策过程中所持的主流认知与偏好，战略思维决定国家间战略互动的基本格局。国家间战略互动的结构则随互动进程而呈现出复合多元的变动特征。战略思维是对弈者为在对弈中取胜而采取某种策略的推理过程，对弈逻辑则是由此形成的对弈双方的互动模式。战略思维事关取胜之道，对弈逻辑事关互动格局和进程。

从对弈逻辑理论的视角分析中美战略互动，就是要考察中美两种战略思维在多大程度上是相容的，战略思维的相容性会使它们之间的对弈形成什么样的互动格局和结构，互动进程是如何演变的，有哪些对弈模式。战略思维的相容性，不等于共同性，而是指两国战略思维指导下的战略行为在多大程度上不会对对方构成实质性威胁。由于中美战略思维的相容性是变动不居的，因此中美战略互动会呈现出多元复杂的对弈模式，并在不同对弈模式之间变幻不定。

从反映中美战略思维的典型游戏出发，从战略目的、战略威胁、战略手段、战略原则、战略关键和战略禁忌六个方面，分析中美战略思维的基本特点，并在比较的基础上根据对弈逻辑理论，从战略思维相容性的视角，概括中美战略互动的对弈模式，将构成有别于博弈论的研究中美战略互动对弈逻辑的基本框架。由此，本研究将根据典型性、代表性、可比性等标准选取三对游戏——中国围棋与国际象棋、中国麻将与美国德州扑克、中国太极拳与美式橄榄球——从战略目的、战略威胁、战略手段、战略原则、战略关键和战略禁忌六个方面，分析中美战略思维的基本特点，并在比较的基础上根据对弈逻辑理论，从战略思维相容性的视角，概括中美战略互动的对弈模式。

一、最能体现中美战略思维的游戏：选取标准

从真实的游戏出发分析中美的战略思维和中美战略互动的对弈逻辑，需要我们选取中国人和美国人各自喜爱的典型游戏。选取的标准之一是典型性，游戏的种类应包括战略游戏、运气游戏和体育游戏。依据约翰·罗伯茨（John M. Roberts）、马尔科姆·阿斯（Malcolm J.Arth）和罗伯特·布什（Robert R.Bush）对游戏的区分，战略游戏是指游戏者主要依赖智谋和战略运筹取胜的游戏，既不涉及体力，也无关运气。典型的战略游戏包括国际象棋、中国象棋、中国围棋等，因此也称棋盘游戏。运气游戏是指游戏者主要靠运气取胜，尽管也需要智谋，但战略运筹和体力都不是决定胜负的主要因素，如纸牌、麻将、骰子等。体育游戏是指游戏者主要依赖体力和技巧取胜的游戏，尽管或多或少也会涉及谋略和运气，如橄榄球、太极拳、马拉松等。在他们看来，战略游戏是对社会体系的掌控练习，运气游戏是对超自然力量的掌控练习，体育游戏是对自我和环境的掌控练习。①

① John M.Roberts，Malcolm J.Arth，and Robert R.Bush，“Games in Culture，” *American Anthropologist*，New Series，Vol.61，No.4，August 1959，pp.597—605.

选取的标准之二是游戏必须具有代表性，最能生动反映中美各自的战略思维。游戏作为战略思维载体的代表性并不完全取决于游戏者的多寡，更取决于游戏在该国存在的历史是否悠久。一般而言，只有参与者众多、历史悠久的游戏才是能反映国家战略思维的游戏。少数人的游戏和历史上曾经流行但后来逐渐消亡的游戏则没有代表性。相对而言，游戏是否起源于本土并不能说明游戏的代表性。有些外来游戏只要在该国的受众足够广泛、历史足够悠久，依然可以被看作能反映该国战略思维的代表性游戏。此外，有代表性的游戏应受到国家决策者的喜爱，甚至亲自参与，因为他们往往代表国家进行外交决策。

选取的标准之三是游戏必须具有可比性。出于分析中美战略互动的需要，选取的游戏应能体现中美战略思维的差异。有很多游戏是中国人和美国人都在玩的，如“剪刀石头布”，且不是文化交流的结果，这类游戏显然不具有典型的可比性。还有些游戏已经从中国引入到美国，如麻将，或从美国引入到中国，如德州扑克，它们则不应作为同类游戏而被排除在外。游戏的可比性并不仅仅意味着差异性，在一定程度上也包含相似性。中国围棋和国际象棋尽管有很大差异，但在玩法上又不乏共通之处，因此通过对比这两种游戏不仅有利于厘清中美战略思维的相异之处，也可以探寻两国战略思维的共性所在。因此，选取相异的游戏优于选取相似的游戏。

据此，笔者确定三组游戏进行比较：中国围棋与国际象棋、中国麻将与美国德州扑克、中国太极拳与美式橄榄球。

二、最能体现中美战略思维的游戏：选取理由

（一）围棋和国际象棋

围棋和国际象棋分别是中国人和美国人喜爱的战略游戏，具有典型性、代表性和可比性。作为战略游戏，围棋在中国比其他同类游戏（如中国象棋）更依靠谋略和规划。总参办公厅原主任、中国围棋协会副主席林建超将军认为，围棋是最具有战略性的智力运动。他说：“围棋所包含的战略要素，在所有智力博弈运动中是最丰富的、最完整的。围棋与战略的关系，从来都是围棋博弈思

想和竞技艺术研究中最受关注、也是最高层次的内容之一。”[①]他强调，围棋的许多战略思想，超越了围棋本身，上升到国家战略层面，这是一些其他领域的思想文化成果所不能达到的。围棋在中国具有非常悠久的传统，并且主要在文人士大夫阶层流行。尽管象棋也非常流行，但主要流行在下层民间，上层精英对象棋存在根深蒂固的偏见，认为象棋是“贩夫走卒之戏”。在中国人的传统观念中，“围棋如阳春白雪，象棋如下里巴人”[②]。在中国，象棋人口尽管赶上并超过了围棋人口，但“象棋的崛起，却未能超越和动摇围棋在社会上的固有地位和影响”[③]。

围棋不仅受文人雅士喜爱，也颇受政治家青睐。历史上，有不少帝王将相都是好弈之人，如汉高祖刘邦、魏武帝曹操、唐太宗李世民、明太祖朱元璋、清圣祖玄烨等。在当代，陈毅是有名的围棋爱好者。毛泽东则对围棋的战略意义作过非常经典的阐释。他在《中国革命战争的战略问题》、《抗日游击战争的战略问题》等名篇中，曾多次使用围棋进行类比，如把敌我之间相互包围形象地比作棋局，把战役和战斗比作吃子，把开辟根据地比作“做眼”。他说：“八路军、新四军向敌后进军，与日军的攻势形成了包围与反包围的关系，这种你中有我、我中有你的犬牙交错的状况，就好像是下围棋”；“敌我各有加于对方的两种包围，大体上好似下围棋一样，敌对于我我对于敌之战役和战斗的作战好似吃子，敌之据点和我之游击根据地则好似做眼”；“如果把世界性的围棋也算在内，那就还有第三种敌我包围，这就是侵略阵线与和平阵线的关系。敌以前者来包围中、苏、法、捷等国，我以后者反包围德、日、意”；“由于我们有许多的敌后根据地‘做眼’，就使我们在更广泛的意义上处于外线作战。尤其是当我敌后根据地‘眼’与‘眼’相联时，更是从外线把敌人多方面包围起来”。[④]美国耶鲁大学教授斯科特·鲍尔曼（Scott Boorman）在《拖长的游戏：从围棋角度解释毛泽东的革命战略》一书中指出，毛泽东正是利用围棋的原理带领中

① 林建超：《围棋与战略》，载《围棋天地》2012年第23期。

② 史良昭：《枰声局影——中国博弈文化》，上海：上海古籍出版社1991年版，第210页。

③ 同上书，第209页。

④ 吴锡超：《从围棋艺术看毛泽东的军事战略》（上、下），载《党的文献》2006年第2期、第3期。

共打赢中国革命战争的。鲍尔曼因此强调："可以说，历史上围棋战略与中国在战争中实际使用的战略之间很有可能存在可观的互动。如果围棋和中国共产党的战略的确都是这种同样的战略传统的产物，那么围棋就是可以用作分析这些战略的一种类比模型，它比西方社会科学家建构的任何纯理论结构都更具现实性。"①

国际象棋的历史也非常悠久。据可靠的文字记载，它至少已有1 500多年的历史。尽管更多的人相信它起源于东方，但从它的演变史来看，国际象棋主要是在西方尤其是欧洲定型并流行开来的。国际象棋非常强调战略思维，并与西方国家对战争方式的理解直接相关。诚如H.J.R.穆雷（H.J.R.Murray）所指出的："国际象棋必须被划入战争游戏。两个游戏者指挥两支实力相等的军队在范围有限的同一块战场上作战，谁对对方都是寸土不让。"②目前，世界上国际象棋爱好者已经超过5亿，已成为最受欢迎的棋盘游戏。美国人对国际象棋的喜爱源自美国与欧洲之间独特的历史渊源关系。在雷霆（David Lai）看来，"美国的政治和军事领袖熟悉国际象棋、扑克、拳击和美式橄榄球。这些游戏在相当大的程度上反映并反过来影响美国文化、战略思维和美国的战争方式"③。

古往今来，世界上许多对人类社会作出过巨大贡献的伟人都喜欢下国际象棋，如马克思、恩格斯、列宁、爱因斯坦、丘吉尔、基辛格、铁托等。在美国，从首位总统华盛顿到奥巴马，44位总统中有24位会下国际象棋。例如，林肯非常喜欢下国际象棋，而且喜欢先守后攻。这样的棋风与其人生经历颇为相似。克林顿1968年曾代表乔治敦大学参加国际象棋比赛。杜鲁门不仅会下国际象棋，而且在1947年的一次演讲中还说："人们常常拿国际关系与国际象棋对局相提并论，每个国家都想战胜甚至将死对手。"④ 美国前国家安全事务助理布热津斯基在《大棋局》一书中对国际象棋的战略意义作过非常经典的阐释。他把欧亚大陆视为一个地缘战略大棋盘，把美国等大国比作主要棋手，把大国之间

① Scott Boorman，*The Protracted Game：A Wei-Ch' I Interpretation of Maoist Revolutionary Strategy*（London：Oxford University Press，1971），pp.5—6.

② H.J.R.Murray，*A History of Chess*（Oxford：Clarendon Press，1913），p.25.

③ David Lai，"Learning from the Stones：A Go Approach to Mastering China's Strategic Concept，Shi，" Carlisle，PA：Strategic Studies Institute，U.S. Army War College，2004.

④ Harry S.Truman："Address in Mexico City"，March 3，1947.

的较量比作对弈。他说："欧亚是个棋盘，对世界领导权的争夺在此从未停止。虽然地缘战略——对地缘政治利益的战略管理——可被比作棋局，但在这个略呈椭圆形的棋盘上一争高下的不是两个，而是数个实力不等的棋手"；"这个巨大的、形状不规则的欧亚棋盘从里斯本一直延伸到符拉迪沃斯托克，为'棋赛'提供了舞台。美国可能成为赢家，条件是：棋盘的中间地带能逐步并入扩大中的由美国主导的西方势力范围；南部地区不被某一个国家单独主宰；东部国家不联合起来将美国逐出近海的基地"。①美国前国务卿和国家安全事务助理基辛格则强调国际象棋与美国战略思维的相关性。在他看来，国际象棋最能反映和代表美国的战略思维，就像围棋最能代表中国的战略思维一样。他说："国际象棋教给人们的是克劳塞维茨的概念，如'战略重心'和'决胜点'，这个游戏通常就是从双方争夺对棋盘中心的控制开始的。"②

基辛格在引述雷霆相关研究的基础上，把中美战略思维的差异类比为围棋和国际象棋两种游戏行棋思路的差异。在他看来，"西方传统欣赏决定性的力量冲突，强调英雄主义壮举，而中国理念强调含蓄、间接和相对优势的耐心累积"。而"这种反差反映在每个文明所喜爱的不同智力游戏之中"。③他说："高明的国际象棋棋手旨在通过一系列正面搏杀消灭对手的棋子，而高明的围棋棋手则向棋盘上的'空地'挺进，逐步削弱对手棋子的战略潜能。国际象棋培养专一思维，围棋则培养战略灵活性。"④与此相似，欧洲学者倾向于通过比较国际象棋和围棋来分析中欧两种文化对战略和战术的不同理解。⑤

诚然，我们也可以选择中国象棋来与国际象棋进行对比，从中挖掘两国不同的战略思维。例如，中国象棋与国际象棋的不同在于，棋盘中间以楚河汉界

---

① ［美］兹比格纽·布热津斯基：《大棋局：美国的首要地位及其地缘战略》，中国国际问题研究所译，上海：上海人民出版社 1998 年版，第 43、47 页。

② Henry Kissinger，*On China*（New York，N.Y.：The Penguin Press，2011），p.24.

③ Ibid.，p.23.

④ Ibid.，pp.24—25.

⑤ 参见 Giuliano D'Eredità and Filippo Spagnolo，"Strategy and Tactics in the Chinese and European Culture：Chess and Weich'i，" in F.Spagnolo and B.Di Paola，eds.，*European and Chinese Cognitive Styles and Their Impact on Teaching Mathematics*（Springer-Verlag Berlin Heidelberg，2010），pp.201—218。

相隔，棋子占据在交叉点上，通过线路与对方交锋，国际象棋则没有楚河汉界，棋子面对面直接对峙。这说明两种游戏对于战场对峙的观念是不同的。其次，中国象棋中的将、帅不能出宫，且不能见面，兵只有过河之后才变得厉害一些，但也总是一步走一格的小兵。国际象棋中的王具有很大的作战价值，尤其是在残局阶段可以四处作战，兵则可以根据战功而被不断提拔，冲到对方底线之后可以升格为除王以外的任意一子。这说明在战争成败的决定因素方面中国象棋更看重物，国际象棋更看重人。但比较而言，中国象棋与国际象棋更为相似，其差异性小于中国围棋与国际象棋。中国象棋与国际象棋不仅有相似的走法和相似的规则，甚至遵循相似的战略思想和相似的战术手段。就连国际象棋传入中国的时候，专业术语也都是以中国象棋的习惯叫法来翻译的。尽管东西方地域遥远、社会文化差异很大，但这两种游戏超乎寻常地相似。①因此，从可比性的视角来看，对比中国围棋与国际象棋比对比中国象棋与国际象棋更有利于我们把握中美战略思维的差异，同时也能关照到两国战略思维的相似之处。

（二）麻将与德州扑克

麻将与德州扑克分别是中国人和美国人喜爱的运气游戏，也具有典型性、代表性和可比性。作为运气游戏，麻将的输赢固然离不开运气，尽管玩的人总是强调牌技和智谋的重要性。于光远强调："麻将完全是中国人发明的。"②他把麻将与围棋相提并论，认为"发源于我国的围棋是世界棋类之王，发源于我国的麻将是一种很有特色的牌类游戏"③。由于麻将是一种运气游戏，因此在很长时间里，"麻将被简单地视为赌具，不把它作为一种文化来看"④。但于光远认为，这是一种偏见。在他看来，麻将的赌博成分是相对较少的。他说："在各种带有赌博性的竞赛中我认为也有赌博成分较少的。麻将我想就是一种"；"在麻将这种竞赛中，豪赌的人也可以大输大赢，但是它毕竟同时也是一种实力和策

① 刘适兰：《从国际象棋与中国象棋的异同看中西方文化的差异》，载《武汉体育学院学报》2003年第5期。

② 于光远：《漫谈竞赛论·漫谈聪明学》，北京：中国文联出版社2000年版，第95页。

③ 同上书，第96页。

④ 同上书，第99页。

略性游戏，非赌博的成分不小。而且打麻将花的时间太多，单位时间的输赢相对地较小。加上打麻将还要凑足四个人，‘三缺一’就打不成”。①如今，麻将越来越被视为中华文化的瑰宝，而不是单纯的赌博工具。有关研究麻将的书和文章已经正式出版和发表。更为重要的是，中国国家体育总局已于1998年6月18日正式批准，将麻将作为一种体育竞技项目，并正式编定了《中国麻将竞赛规则》，由人民体育出版社出版。②麻将在中国日益成为最具规模和影响力的智力体育活动，并常被称作“平面太极拳”。

与围棋相比，麻将的历史也非常悠久，可以追溯到中国古代的骰子和骨牌游戏。跟麻将相似的运气游戏还有很多，如斗鸡、斗蟋蟀、牌九、押宝、扑克、老虎机等。③麻将相比而言最受欢迎。《赌博史》的作者戈春源认为：“麻将牌自发明之后，风行全国，成为地地道道的‘国牌’。”④《游戏史》的作者蔡丰明认为：“由于麻将复杂多变、刺激有趣，因此自诞生后，很快就成为整个中国最为盛行的博戏形式。”⑤ 麻将因可操作性强，玩法最为复杂有趣，基本打法简单，容易上手，但其中变化又极多，搭配组合因人而异，而成为中国历史上一种最吸引人的博戏形式。无论至高无上的皇帝，还是大权在握的重臣，对麻将感兴趣的都大有人在。至于一般的布衣平民、村夫俗子，喜欢搓麻将、斗雀牌的就更是不计其数。因此，一时间曾有“十亿人民九亿搓，还有一亿在琢磨”之说。毛泽东喜欢打麻将也被传为佳话。⑥麻将不仅在海内外华人圈中非常流行，在外国人中也有很多爱好者。日本人打麻将非常普遍。麻将在20世纪20—30年代曾在英美等国盛行，美国甚至还成立了全国麻将联合会。⑦2005年10月，在中国、日本、美国、德国、法国、丹麦、荷兰、匈牙利等国共同倡议下，在北京成立了世界麻将组织。该组织在主席于光远先生的领导下，发展成为国际智力麻将运动、竞赛、培训、交流的权威机构，并编译出版了《麻将竞赛规则》，制

---

① 于光远：《漫谈竞赛论·漫谈聪明学》，北京：中国文联出版社2000年版，第51—53页。
② 国家体育总局审定：《中国麻将竞赛规则（试行）》，北京：人民体育出版社1998年版。
③ 参见戈春源：《赌博史：中国历史上形形式式的赌博》，上海：上海文艺出版社1995年版。
④ 同上书，第34页。
⑤ 蔡丰明：《游戏史》，上海：上海文艺出版社1997年版，第55页。
⑥ 李光荣：《毛泽东与牌》，载《党史文苑》2003年第1期。
⑦ 参见戈春源：《赌博史》，第35页。

定了《麻将品级认定制度》。

扑克，尤其是德州扑克（Texas Hold'em），是最受美国人欢迎的运气游戏之一，被美国人看作“国牌游戏”和“智力运动”。尽管扑克游戏属于运气游戏，但玩家能否在游戏中取胜并不仅仅取决于运气，还离不开谋略。很多人甚至更强调牌技和谋略对于扑克游戏的重要性。在很多美国人看来，扑克并不像轮盘赌那样全靠运气，而且非常强调牌技，高明的牌手可以一直赢，甚至靠玩牌为生，但却没有人能一直在轮盘赌中赢，或靠玩轮盘赌维持生计。2012 年，纽约的法官甚至在美国历史上第一次判定德州扑克为“技艺游戏，而不是运气游戏”，玩德州扑克“不属于非法赌博”。①在学界，扑克并没有被简单地作为一种赌具来看待，而且吸引无数学者将扑克作为研究对象，探讨游戏的一般规律和制胜之道。研究扑克的书和文章可以说数不胜数，②尽管大多都聚焦在输赢的概率分析和牌手的最优策略等方面，而不是美国人的战略思维。

美国人之所以如此喜欢玩扑克，在很大程度上是因为美国人的基因中既有避险的一面，也有冒险的一面。而扑克游戏正好迎合了美国人这两种看似矛盾的情感需求。或许正因为如此，有人认为“任何人想要了解美国人的心灵与思维，最好学学扑克”③。德州扑克中有一种战术叫“诈牌”④（bluffing）（另译为“偷鸡”），就是虚张声势让对手相信你手里的牌比实际情况更强，从而主动认输。这无疑是一种冒险的行为，但这种冒险的回报非常高，以至于很多德州扑克的爱好者就是为了体验诈牌成功的乐趣才去玩这种游戏的。例如，美国总统

① Mosi Secret，“Poker Is More a Game of Skill Than of Chance，a Judge Rules，” *New York Times*，August 21，2012.

② 参见 James McManus，*Cowboys Full*：*The Story of Poker*（New York：Farrar，Straus & Giroux，2009）；David Sklanksy，*The Theory of Poker*（Two Plus Two Publishing，1989）；David Sklansky，*Tournament Poker for Advanced Players*（Two Plus Two Publications，2001）；Dan Harrington and Bill Robertie，*Harrington on Hold'em*：*Expert Strategy For No-Limit Tournaments*；*Volume I*：*Strategic Play*（Two Plus Two Publications，2004）；Dan Harrington and Bill Robertie，*Harrington on Hold'em*：*Expert Strategy For No-Limit Tournaments*；*Volume II*：*The Endgame*（Two Plus Two Publications，2005）；Dan Harrington and Bill Robertie，*Harrington on Hold'em*：*Expert Strategy For No-Limit Tournaments*；*Volume III*：*The Workbook*（Two Plus Two Publications，2006）。

③ James McManus，“What Poker Can Teach Us，” *The Chronicle Review*，October 5，2009.

④ 于光远：《漫谈竞赛论 · 漫谈聪明学》，第 11 页。德州扑克与于光远讨论的梭哈扑克大同小异，特别是在规则方面有很多相似之处。

富兰克林·罗斯福就非常喜欢跟下属玩扑克，并被认为是一个伟大的诈牌者和游戏的指挥官，经常让某人加注、下注或弃牌。似乎什么都比不上一次成功的诈牌让他兴奋不已，而一旦诈牌不成，他就会像孩子一样难过。①除了他，美国总统中喜欢玩扑克游戏的还有西奥多·罗斯福、杜鲁门、艾森豪威尔、尼克松、奥巴马等。②美国其他各类名人中属于扑克迷的更是不计其数。马克·吐温就是个扑克迷，他不仅自己喜欢玩扑克，还抱怨说："在美国，很少有什么东西像扑克这样难以容忍地被人忽视了。"③

德州扑克的历史并不算悠久，但它的流行速度和程度却是世界上很多牌类游戏都无法比拟的。今天的德州扑克最早出现于一百年前的达拉斯。这个易学难精的游戏在过去几十年内已经流传甚广，并受到包括美国在内的世界各国棋牌游戏爱好者的青睐。从 20 世纪 70 年代开始，美国每年举办一次以无上限投注德州扑克为主要赛事的"世界扑克系列大赛"（World Series of Poker，简称 WSOP）。其中以冠军大赛的奖金额最高，参赛人数最多，比赛最为隆重，北美各地的体育电视频道都会进行实况转播。从 2002 年开始，世界扑克巡回赛（World Poker Tour，简称 WPT）成为又一项顶尖国际级扑克赛事。随着电视、媒体对各种国际比赛的直播，特别是互联网的传播与宣传，德州扑克开始大范围流行起来。德州扑克已经成为所有扑克游戏中最流行的一种玩法。在美国，如果有人在玩扑克游戏，那么他多半是在玩德州扑克。在世界其他地区，特别是欧洲，德州扑克也吸引了数量庞大的忠实玩家，使其成为名副其实的风靡欧美的经典扑克游戏。不仅如此，在包括中国在内的其他国家，这种被人称为"学一时，精一世"的德州扑克，也越来越受到棋牌爱好者的追捧。

中国麻将与美国德州扑克是非常可比的运气游戏。麻将风靡中国，德州扑克风靡美国。二者同属于运气游戏，有人把麻将同舶来品扑克相提并论，把麻将称作中国人的扑克。④但麻将与德州扑克又都不同于其他运气游戏，战略谋划

---

① 参见 Walter Trohan，*Political Animals*：*Memoirs of a Sentimental Cynic*（Garden City，N.Y.：Doubleday & Co.，1975），p.68.

② James McManus，"What Poker Can Teach Us."

③ 转引自 James McManus，"No More Bluffing," *New York Times*，August 24，2012。

④ 桂起权、潘天群：《关于麻将博弈逻辑之对话》，载《河池学院学报》2007 年第 3 期。

在游戏中的重要性很高，从而使之更能反映中美两国人民的战略思维。在中国有很多人玩扑克，包括德州扑克的玩法，就像在美国也有很多美国人，包括非华裔美国人，喜欢玩麻将一样。尽管麻将和德州扑克都需要高超的战略谋划和技战术组合，但二者的制胜之道又存在明显不同。麻将游戏虽然强调阻挠他家和牌，但更重要的是让自家最先和牌。而且必须是真的组成了某种和牌牌型才能取胜。但在德州扑克中，重要的不一定是自己手牌真的比对手大，而是让对手认为如此。就像雷霆所指出的："扑克游戏的特点是冒险和诈牌。扑克玩家对于手上的牌并没有控制权。冒险和诈牌因此是最大效用地使用手牌的最佳战略。"①对比麻将和德州扑克，可以更好地说明，在存在运气成分的游戏中，中美两种战略思维的差异何在。

（三）太极拳和美式橄榄球

太极拳和美式橄榄球分别是中国人和美国人喜爱的体育游戏，也具有典型性、代表性和可比性。作为体育游戏，太极拳在中国比其他同类运动更依靠体力和技巧取胜，更能反映中国人的战略思维。太极拳与围棋有异曲同工之处，是中国传统文化的"全息影像"。在众多武术种类中，太极拳最能反映中国人的思维方式，是受中国古典哲学影响最深的一个拳种，因此也被称作"哲拳"。太极拳是对阴阳学说的经典演绎。尽管太极拳自创拳至今仅有300余年的历史，但作为太极拳理论渊源的太极文化和阴阳学说却可追溯至几千年前中国最早的哲学经典之一——《易经》。太极拳的拳理根在太极。"太极拳"这一名称，就因以中国古代太极阴阳学说理论解释拳理而得名。"天地之大莫过于宇宙，事理之大莫过于太极"。太极是中国传统哲学中一个十分重要的范畴，以太极来命名一个拳种，就使得太极拳的理论和技术都更富于哲理性，更具有中国风格。不仅如此，太极拳还融合了中国拳学、医学、兵学、力学、美学、养生学的思想，集技击、健身、修养等功能于一体。因此，它是中华民族的文化瑰宝，是中国传统文化的结晶。要理解和掌握太极拳术，就必须首先了解和领悟中国文化。人们常说太极拳"三分靠练，七分靠悟"。要练的是拳术的套路和技击本领，要

① David Lai, "Learning from the Stones."

悟的则是其背后的哲理思想和文化基础，所以太极拳也被喻为“思想拳”。太极拳形成的时间较晚，流派众多，群众基础广泛，是中国武术拳种中非常具有生命力的一支。数百年来，太极拳在中国代代相传，不断发展壮大，已发展成为刚柔相济、动静结合的太极拳文化和健身术，逐步遍及中华大地并传播到世界五大洲的100多个国家和地区。

作为体育游戏，美式橄榄球在美国比其他同类运动更依靠体力和技巧取胜，更能反映美国人的战略思维。美国不论男女老少都认为美式橄榄球是最受欢迎的运动。从运动员人数、观众人数及社会影响力来衡量，美式橄榄球都当之无愧地是美国人的第一运动。正如《经济学家》所指出的：“几乎从任何一个角度来衡量，从民调到电视收视率，美式橄榄球都依然是美国四大体育运动中最受欢迎的。”①篮球、棒球、冰球的影响力和受欢迎程度都远不及美式橄榄球。美国民众对美式橄榄球运动的喜爱程度如此之高，以至于他们非常在意自己的孩子能否跟这项运动结缘。2005年，美国得克萨斯州的一位父亲严重打伤了一所学校的美式橄榄球教练，就是因为这个教练把他的孩子从美式橄榄球队中开除了。此前，得克萨斯州的另一位母亲计划要谋杀一位跟她女儿竞争参加美式橄榄球比赛拉拉队的对手。一年一度的超级碗比赛吸引超过半数的美国民众观看，人数比观看美国总统大选电视辩论直播的还要多，已经逐渐成为美国人非正式的全国性节日，被中国人戏称为“美国春晚”。

美国政治家对美式橄榄球的热衷程度与大多数美国人别无二致。美国总统艾森豪威尔、福特和里根都曾是美式橄榄球球员。②艾森豪威尔在西点军校学习期间被誉为美式橄榄球明星。巴顿在就读于西点军校期间一直都是该校的美式橄榄球队队长。③麦克阿瑟在西点军校就读期间担任过球队领队，在任校长期间高度重视和支持美式橄榄球比赛。他说：“没有什么比这项竞技体育更加迅速地培养出果断决策能力、迅速行动的能力、心理与体力的协调能力，以及攻击性和勇气。也没有什么可以如此迅速牢固树立起难以定义的集体精神、集体利益

① “American Sports: In a League of Its Own”, *The Economist*, April 27, 2006.

② Gerhard Falk, *Football and American Identity*, New York: The Haworth Press Inc., 2005, pp.237—238.

③ 张清：《美国西点军校橄榄球运动传统的文化透视》，载《体育文化导刊》2007年第10期。

与自豪感，而这些就是我们所必须的。”①美国总统西奥多·罗斯福则说：美式橄榄球“球赛紧张而激动人心，但是又有严格的规则，保证了比赛的公平性，能让最好的球队胜出，这对于进步中的美国，似乎是一项完美的运动”②。

美式橄榄球在美国并不仅仅是一种体育运动，它还是美国人共同信念和理想的混合载体。福克在《美式橄榄球与美国身份》一书中认为，美式橄榄球运动跟美国人的身份构建直接相关。他说：“美式橄榄球涵盖了所有让美国社会独一无二的价值观。”③格拉索在给《美式橄榄球与美国身份》一书所写的推荐中说：“任何一项体育运动都没有像美式橄榄球那样能反映美国的价值观体系，来美国的游客只要看一两场美式橄榄球比赛，就能完全理解他们所需要知道的美国人的生活方式和美国社会的信念、态度和忧虑。”④甘农和皮莱认为，“美式橄榄球尤其是职业美式橄榄球运动中的速度、不停移动、高度分工、持续攻击、激烈竞争等都是美国文化的典型代表”⑤。他们强调：“不理解美式橄榄球，就很难理解美国文化。”⑥

美式橄榄球非常注重战略，常被比喻为“草地象棋”。战略在美式橄榄球运动中的重要性跟战略在战争活动中的重要性是不相上下的。19世纪末，美式橄榄球从一开始就被认为是美式战争的范例。美军把美式橄榄球术语融入到作战语言之中。在越南战争和海湾战争中，战场指挥官经常用美式橄榄球的术语来命名他们所采取的军事行动。著名的“温伯格理论”就是美式橄榄球式军事战略的代表作。它以里根政府时期国防部长温伯格的名字命名。后来又被鲍威尔发展成“温伯格—鲍威尔理论”。该理论的主旨事关美国在动用武力解决冲突之前必须满足的条件，如涉及重大利益，拥有充足力量、明确界定政治和军事目

① 转引自［美］斯蒂芬·安布罗斯：《责任、荣誉、国家：西点军校史》，洪庆民译，广州：暨南大学出版社2006年版，第261页。

② 同上书，第293页。

③ Gerhard Falk，*Football and American Identity*，p.1.

④ Ibid.，封底推荐。

⑤ 参见 Grehard Falk，*Football and American Identity*，p.252.

⑥ Martin Gannon and Rajnandini Pillai，*Understanding Global Cultures*：*Metaphorical Journeys Through 29 Nations*，*Clusters of Nations*，*Continents*，*and Diversity*，Fourth Edition，Thousand Oaks（CA：SAGE Publications，2010），p.249.

标等。[①]因此，乔·凯斯曼认为：“尽管军方在高唱军事转型之歌，但不管军队走向何方，它总像是一支巨型的美式橄榄球队。在执行国家赋予的战略任务时，它所采取的战略战术颇似美式橄榄球比赛”。[②]

太极拳和美式橄榄球是两种非常不同的体育运动，它们的可比性不及中国围棋和国际象棋的可比性。在中国，没有跟美式橄榄球对等的能反映中国人战略思维的球类运动。太极拳作为中国武术中比较晚形成的一个流派，它借鉴了许多其他武术流派的理论和技术精华。尽管太极拳也讲究力量、速度和打击强度，但它更注重柔、慢、圆、曲，贵柔而不贵刚，因此与西方的技击思想形成鲜明对比。有人认为，美国人喜爱的拳击与中国人喜爱的太极拳更为对等，因此也更为可比。雷霆指出：“拳击是一种硬碰硬的争斗，拳击手以拳对拳，力量较强的拳击手便赢得胜利。中国与拳击对等的是‘太极拳’。太极拳手绝对不会以强力的反击响应对手，相反地，他们总会试着避开对手的出拳，接着再以表面上看来柔弱，实际上却强有力的推手回击。”[③]尽管拳击运动在硬碰硬的方面与美国使用武力的方式有相似之处，然而，在其他很多方面，如团队合作精神，拳击运动却不能体现美国人的战略思维。就像太极拳最能反映中国人的战略思维那样，美式橄榄球比拳击更能反映美国人的战略思维。对比太极拳与美式橄榄球比对比太极拳和拳击更能说明中美两种战略思维的差异。

三、中美战略思维的核心要素和分析路径

不论中国人还是美国人都有很多游戏在玩，通过分析上述典型游戏，管窥中美战略思维及其差异，将有助于我们更好地理解中美战略互动。如前文所述，笔者将战略思维看作国家在制定和实施战略决策过程中的主流认知与偏好。战略思维可以大致分解为决策者对于战略目的、战略威胁、战略手段、战略原则、战略关键和战略禁忌的主体性思考与基本取向。[④]因此，以下对真实游戏的分析

---

①② 参见［英］乔·凯斯曼：《橄榄球、足球与非传统战争》，杨光编译，载《世界安全丛书》2004年第3期。

③ David Lai, “Learning from the Stones.”

④ Zhongqi Pan, “*Guanxi*, *Weiqi* and Chinese Strategic Thinking,” *Chinese Political Sciences Review*, Vol.1, 2016, pp.303—321.

将主要聚焦于这六个方面，并在此基础上将其整合成有关中美战略思维的基本判断。

在真实的游戏中，对弈者对战略目的的界定尽管都以取胜为主，但在不同的游戏中游戏者对胜利的理解会不同，且因人而异，有人想要大胜，有人想要小胜。有胜利就有失败，有些游戏中也会有平局。对取胜的信心和把握则会在游戏进程中因对阵局势的改变而发生改变。分析游戏中的战略目的，就是要了解游戏者是如何界定胜利的，包括阶段性胜利和最终胜利，如何理解胜利与失败的关系，在胜利在望或无望的情况下会如何调整自己的战略目标。

战略威胁事关游戏者如何看待对方，尽管在现实生活中他们可能是朋友，但化身为游戏中的对手之后，他们就变成了对方需要面对的威胁。任何一方游戏者都只有在有效应对对方威胁的情况下才能取胜，实现自己的最佳战略目标。但在不同的游戏中，游戏者有时候会把对方看作需要消灭的敌人，有时候则把对方看作需要共处但与之存在竞争关系的对手。分析游戏中的战略威胁，就是要了解游戏者是如何界定威胁的，在什么情况下双方变成不共戴天、你死我活的敌对关系，在什么情况下变成彼此既有合作也有竞争的对手关系。

战略手段是指游戏者为获胜如何使用自己手中的资源。战略游戏和体育游戏都不假定对弈双方存在实力上的差距，运气游戏尽管可能存在实力差距，如扑克中的起手牌不同，但这种不同是双方都不确定的。因此重要的不是它们手中分别有多少资源可用，而是如何更有效地使用各自手中的资源。分析游戏中的战略手段，就是要了解游戏者为赢得游戏倾向于选择进攻性战略还是防御性战略，如何看待进攻与防御的关系，如何权衡得失，如何处理优势与劣势等。

战略原则是指某种在整个游戏中都必须坚持的东西，它在一定意义上是战略手段的升华。尽管游戏过程中的战略局势可能瞬息万变，游戏者使用的手段也多种多样，但战略原则却必须始终如一。例如，尽管在棋类游戏中，有人会倾向于坚持以进攻为主，有人会以防守为主，有人则认为应攻防兼备或平衡，但这些取胜之道只有跟该游戏的取胜法则接近或一致时，才会让游戏者品尝到胜利的滋味。分析游戏中的战略原则，就是要了解在某种游戏中取胜可能性最大的法则是什么，游戏者是如何理解取胜法则的，又是如何把取胜法则转化为取胜之道的。

战略关键是指让游戏者最终取胜的东西，也是对弈双边必争的东西。如果说战略手段和战略原则还属于规划或规律层面的因素，那么战略关键就是对弈中战略手段和战略原则的具体体现，是实实在在的。游戏中，只有把战略手段和战略原则具体转化为对战略关键的掌控，才能为自己赢得最终的胜利。分析游戏中的战略关键，就是要了解在某种游戏中胜负的最终决定因素是什么，为什么它会让对弈双方展开激烈的争夺，游戏者是如何理解战略关键的。

战略禁忌是指游戏者可能犯、容易犯，但不该犯的错误，尤其是指游戏者对取胜法则的违背。只要犯了这样的错误，游戏者就会丧失对战略关键的掌控，甚至因此输掉整个游戏。游戏中，游戏者不仅要防止自己违背战略禁忌，而且还需引诱对方触犯战略禁忌，并加以利用使自己获胜。分析游戏中的战略禁忌，就是要了解在某种游戏中对弈双方都不能犯的错误是什么，如果一方犯了战略禁忌，另一方应如何利用，己方又应如何补救。

在真实的游戏中，游戏者对战略目的的界定、战略威胁的认知、战略手段的选择、战略原则的确立、战略关键的把握和战略禁忌的规避，是有机统一的整体，任何单一方面的成功都不足以确保最终的取胜。它们合在一起，就能为我们呈现出一个国家战略思维的基本轮廓。

四、中美战略思维的相容性与战略互动的对弈模式

从对弈逻辑理论的视角分析中美战略互动，就是要考察中美两种战略思维会使它们之间的对弈形成什么样的互动格局和结构，互动进程是如何演变的，有哪些对弈模式。中美两国具有非常不同的战略思维，它们之间的战略互动不同于两个对弈者用同一种战略思维玩同一种游戏或不同游戏的情形，而是更像不同战略思维在同一种游戏或不同游戏中的应用。中美战略互动总体呈现为时而合作、时而冲突、起伏不定的对弈格局。重要的是，合作和冲突格局是如何形成和演变的，两国战略思维是如何影响中美关系的，包括如何影响它们处理国际事务的方式，以及中美战略互动存在哪些对弈模式。为回答这些问题，我们既需要比较中美两种战略思维的异同，又要在此基础上探讨中美战略思维在每个要素上的相容程度，以及这种相容性影响中美互动的机制，并在此基础上

梳理中美互动的对弈模式。

中美战略思维是迥异的，但这并不意味着在战略思维的每个维度上，中美都是截然不同的，更不意味着中美一定会在互动中针锋相对。不管中美战略思维如何迥异，只要存在一定的相容性，就可以为实现两国合作提供可能。战略思维的相容性因此是中美互动形成何种结构和模式的重要变量。所谓战略思维的相容性，不等于共同性，而是指两国战略思维指导下的战略行为在多大程度上不会对对方构成实质性威胁。这是一个程度概念，在极端相容与极端不相容之间存在多种可能性，构成的威胁越小，两国战略思维的相容性就越高，反之亦然。战略思维的相容程度决定互动的结构与模式。例如，就战略目的而言，如果美国的战略目的是维持霸权，中国的战略目的是争夺霸权，那么它们之间的战略思维就是不相容的，冲突的对弈结构就在所难免。如果美国的战略目的是维持霸权，中国的战略目的不是争夺霸权，而是仅限于和平崛起，那么它们之间的战略思维就是相容的，或相容性较高，合作的对弈结构就是可以形成的。战略思维相容性决定国家间互动结构和模式的情形不仅适用于战略思维迥异的两个国家之间，也适用于战略思维相似的两个国家之间。如果战略思维相似的两个国家在战略目的上都想成为全球霸主，在战略威胁上都把对方看作敌人，那么它们的战略思维就是不相容的，它们之间的互动就容易形成类似囚徒困境那样的对弈模式。

对战略目的的界定、战略威胁的认知、战略手段的选择、战略原则的确立、战略关键的把握和战略禁忌的规避，是构成一国战略思维的核心要素，也是考察国家之间战略思维相容性的重要维度。在不同维度上，战略思维的相容性未必一致，两国战略目的的相容并不能保障它们对战略威胁的认知也是相容的。依此类推，两国战略手段的不相容，也不一定意味着它们对战略目的的界定也是不相容的。战略思维固然是一个有机统一体，但它对国家战略行为和国家间战略互动的影响并不遵循某种单一定式。国家间战略互动的结构因此常常会呈现出某种复合多元的变动特征。

就中美之间的战略互动而言，战略思维在不同维度上的相容程度一并决定它们的对弈模式是多元复杂的。例如，在建交之前，中美的战略思维在多个维度上都是不相容的，中国要防范美国对新生共和国的破坏，视美国为敌对势力，高举反美反帝的大旗，美国则要孤立甚至扼杀中国，视中国为共产主义威胁，联合其他西方国家对中国进行战略封锁，因此中美战略互动呈现为针锋相对的对弈模式。中美甚至在朝鲜战争和越南战争中兵戎相见。建交前后，中美战略思维在多个维度上都是相容的，中国要联美抗苏，视美国为可以利用的力量，并致力于构建中美苏战略大三角，美国则想要联华抗苏，视中国为帮助美国摆脱越战困境和抗衡苏联威胁的力量，主动与中国修好，因此中美战略互动呈现为同舟共济的对弈模式，也可以称之为既不针锋也不相对。

如果说针锋相对和既不针锋也不相对代表了中美战略互动的两种极端模式，那么在建交后的很长时间里，中美战略互动的结构则常常摇摆于这两种对弈模式之间，使中美关系呈现出既有战略合作也有战略冲突，时而相对不针锋时而针锋不相对的对弈状态。例如，在冷战后"和平演变"与反"和平演变"的斗争中，中美两国的互动诉求是完全对立的，但中美都没有使用最尖锐的手段迫使对方作出自己希望的改变，两国的战略行动维持了有限的敌对性，形成的是一种相对不针锋时的对弈格局。冷战后，在台湾问题的处理上，中美两国的互动诉求并不是完全对立的，美国要防止中国用武力统一台湾，中国要防止美国支持"台独"，但中美都不想让"台独"干扰各自的大战略，甚至将自己拖入不情愿的战争中，因此都没有直接针对对方而是针对作为第三方的台湾当局使用尖锐手段，两国的战略行动得以维持有限的敌对性，形成的是针锋不相对的对弈格局。

显然，中美战略互动之所以呈现出多元复杂的对弈模式，并在不同对弈模式之间变幻不定，最关键的原因在于中美战略思维的相容性是变动不安的。尽管不论中国还是美国的战略思维在很大程度上都是相对稳定的，但战略思维在每个维度上又都是多元的，不同维度也会因不同问题而呈现出不同的重要性，中美战略思维在每个维度上的相容性都是不确定的。正是不确定的战略思维相容性造就了不确定的中美战略互动对弈模式。因此，从对弈逻辑理论的视角来看，分析中美战略互动的合理框架应该是从反映中美战略思维的典型游戏出发，从战略目的、战略威胁、战略手段、战略原则、战略关键和战略禁忌六个方面，分析中美战略思维的基本特点，并在比较的基础上从战略思维相容性的视角，概括中美战略互动的对弈模式。

五、结语：以游戏作为研究的起点

研究中美战略思维的差异性和相容性，并进而分析两国战略互动的对弈逻辑，应从真实的游戏入手。博弈论及其分析模型并不是研究中美战略思维和战略互动的当然起点。这在很大程度上是因为，博弈论的理性假定是一种不顾对方策略选择、只关心己方成本—收益状况的单边理性，且忽略了博弈者的主体性。理性假定的缺陷使博弈论无法胜任对国家战略行为和国家间战略互动的分析。要对国家间战略互动进行有价值的理论建构，就必须用合理性假定取代理性假定，用真实的游戏取代抽象的博弈模型。尽管博弈模型是对博弈者行为方式的一种模拟，但游戏却是对游戏者行为方式的一种更为贴切的模拟。不同游戏者的战略思维和两个游戏者之间互动的对弈逻辑可以通过研究他们所喜好的不同游戏而得以展现。因此，要还原国家间博弈的复杂过程，有必要摒弃抽象的博弈模型，回归到真实的游戏中来。只有以真实的游戏为研究起点，我们才有可能揭示国家合理性行为的秘密，并借此展现互动理性和主体性差异如何影响国家间的战略互动。

在真实的游戏中，对弈者对战略目的的界定、战略威胁的认知、战略手段的选择、战略原则的确立、战略关键的把握和战略禁忌的规避，最能体现国家的战略思维。根据典型性、代表性、可比性等标准，中国围棋与国际象棋、中国麻将与美国德州扑克、中国太极拳与美式橄榄球，可以作为分析中美战略思维的起点。通过分析这些典型游戏，可以更好地考察中美战略思维及其差异性和相容性，并在此基础上概括中美战略互动的对弈模式，把握中美战略互动会形成哪些对弈格局和结构，以及互动进程是如何演变的。因此，以合理性假定和真实游戏为基础的对弈逻辑理论或对弈论，优于博弈论，有助于更好地分析中美之间的战略互动。

美国经济

特朗普政府与中美经贸关系发展新变局

宋国友*

【内容提要】 中美经贸关系一直受到美国国内政治的严重影响。特朗普当选美国总统将会给中美经贸关系带来新的不确定性。总体而言，特朗普对华经贸理念带有鲜明的公平贸易、保护贸易和互惠贸易特征。尽管特朗普对华贸易保护主义将会受到美国国内、中美双边以及全球等三个层面因素的制约，但特朗普对华采取的各种贸易保护主义政策，将会损害中美经贸关系的平稳发展。为应对特朗普变局，中国应从原则、重点和机制三个方面积极作为，引导和塑造中美经贸关系，推动中美经贸关系顺利发展。

【关键词】 特朗普政府 中美经贸关系 贸易摩擦

* 宋国友，博士，复旦大学美国研究中心副主任、教授。本文是教育部人文社会科学重点研究基地重大项目“美国各州与中美经贸关系研究”（项目批准号：14JJD810011）的阶段性成果。

中美经贸关系的发展深受美国国内政治的影响，而四年一次的总统大选毫无疑问是美国最大的国内政治事件。在2016年的美国总统大选中，共和党候选人特朗普战胜民主党候选人希拉里，最终入主白宫。特朗普在竞选过程中以及当选之后对中美经贸关系发表了较为负面的评论，成为中美经贸关系未来发展的不确定性因素。特朗普当选适逢去全球化现象兴起，中美2016年双边贸易额出现了自2009年以来的首度下降。中美经贸关系能否顺利渡过特朗普当选的冲击，成功克服去全球化的逆流，不仅关乎中美两国经济良性互动，而且关乎世界经济的健康发展。

一、中美经贸关系最新发展

受全球经济形势和贸易环境影响，2016年中美货物贸易额出现下降。据中方统计，2016年，中美贸易额为5 196亿美元，同比下降6.7%。其中中国对美出口为3 852亿美元，下降7.8%，从美国进口为1 344亿美元，下降3.9%。2016年中国对美贸易顺差为2 507亿美元，比2015年减少了107亿美元。①据美方统计，2016年，中美货物贸易额为5 975亿美元，同比下降3.6%。其中美国对华出口为1 158亿美元，从中国进口为4 628亿美元。美方统计其对华贸易逆差为3 470亿美元，比2015年减少了204亿美元。②美方数据表明，中美贸易占美方对外贸易比重为15.9%，同比下降0.1%，对华出口占美国对外出口比重为8.0%，同比增长0.3%，从中国进口占全部进口比重为21.1%，同比下降0.4%。中国对美贸易顺差也有所下降。两国在对方贸易关系中的重要地位没有改变，美国仍是中国第二大贸易伙伴，第一大出口市场，第四大进口来源地。中国是美国第一大贸易伙伴，第三大出口市场，第一大进口来源地。

中美贸易双边额下降有多重原因，但其中最为重要的原因有二。一是去全球化的影响。去全球化构成2016年世界经济的重要特征之一。中美作为两个贸易大国，会比其他国家更多地受到国际贸易领域去全球化的影响。二是美国的

① 中国海关统计数据，http：//www.customs.gov.cn/publish/portal0/tab49666/info836856.htm。

② 《2016年中美双边贸易概况》，mt.sohu.com/20170217/n480957474.shtml。

贸易保护主义。中美双边贸易下降程度要远大于2016年全球贸易1.7%的增速。这种反差表明，中美双边贸易下降不仅是受到去全球化的波及，还受到美国国内贸易保护主义情绪上升的影响。2016年全年，美国对中国发起20起贸易救济调查，涉案金额37亿美元，案件数量和金额分别比2015年增长81.8%和131%。① 此外，美国政府没有遵守中国入世协定第15条的规定，未能如期承认中国市场经济地位，为未来继续通过歧视性措施来限制中国对美出口留下空间。

与两国贸易额下滑以及贸易保护主义情绪显著上升不同，中美双边投资在2016年增长明显。2016年，中国实际使用美资金额23.9亿美元，同比上升14.2%。截至2016年底，美资在华投资项目累计达6.7万个，实际投入798.6亿美元。与此同时，中国在美国投资继续保持快速增长的势头。2016年，中企在美非金融类直接投资195.0亿美元，同比增长132.4%。截至2016年底，中企在美累计非金融类直接投资499.9亿美元。②中国对美直接投资快速增加既表明中国企业实力增强，对美投资需求旺盛，但在一定程度上也可以理解为这是中国企业家为了规避美国对华贸易保护主义而采取的现实举措。中资企业希望通过化对美出口为对美投资，减少美国国内贸易保护主义的干扰。

在金融领域，中国2016年12月底持有美国国债为10 584亿美元，同比减少1 877亿美元，减持幅度为15.1%。其在外国持有美国国债的位次也因此落后于日本，降为第二。主要原因不是中国持有美国国债的意愿降低，而是中国所持有的外汇储备整体减少。2016年年末中国外汇储备同比减少3 199亿美元至30 105亿美元。而2016年中国持有美国国债占外汇储备的35.2%，基本上与2015年的37.3%持平。③

为维护中美两国经贸关系顺利发展，妥善处理敏感问题，化解政策冲突，中美之间存在着大量的经贸关系协调机制。在双边层面主要有中美战略与经济对话的经济轨对话、中美商贸联委会以及中美省州和城市间经贸合作机制。2016年6月，第八轮中美战略与经济对话在北京举行。中美两国加强在经济政

① 新华社北京2017年2月9日电。

② 中国商务部新闻办公室：《中美经贸关系沿着互利共赢的方向继续前行》，www.mofcom.gov.cn/article/ae/ai/201701/20170102506285.shtml。

③ 美国财政部统计数据，参见http：//ticdata.treasury.gov/Publish/mfh.txt。

策、促进开放的贸易与投资、促进金融稳定与改革和加强全球合作与经济治理等四大领域达成了63项成果。11月，中美第27届商贸联委会在美国华盛顿举行。借助这一机制，中美双方围绕出口管制、贸易救济、境外取证和境外执行、产能过剩和集成电路等重点关注议题深入交换意见、深入沟通，达成了54项成果。除了这两大机制外，中美之间还有运行不久的中美省州和城市间经贸合作机制。截至2016年底，中国已有25个省市与美国7个州市建立“贸易投资合作联合工作组”。在各个工作组的推动下，中美地方采取措施推动贸易增长，促成大型投资项目落地，成为从地方层面加强中美经贸关系网络的重要抓手。

中国是2016年二十国集团杭州峰会的主办国。中国和美国一道，就加强政策协调、创新增长方式、建设更高效的全球经济金融治理、促进更强劲的全球贸易和投资、推动包容和联动式发展和共同影响世界经济的其他重大全球性挑战等方面加强合作，为推动全球经济增长和可持续发展创造了良好条件。尤其值得一提的是，在二十国集团杭州峰会举办前夕，中美作为两个最大经济体和最大排放国，率先批准《巴黎协定》，并共同向联合国递交参加《巴黎协定》法律文书，展示了共同应对全球性问题的雄心和决心，在应对气候变化挑战方面发挥了领导作用。

回顾2016年，中美双边投资协定谈判（BIT）构成2016年中美经贸关系的重大事件，一直受到中美两国最高领导人的关切和推动，一度快速推进，甚至接近收官，但由于美国国内政治的变化以及中美在若干关键条款上不能取得一致，中美最终未能达成协定，既留下了遗憾，也潜藏着突破的希望。

二、特朗普政府对华经贸政策之变

对于中美经贸关系的健康发展而言，去全球化虽然影响重大，但也仅仅构成外部因素，真正的威胁是特朗普就任后的对华贸易政策走向。特朗普就任总统后的美国如果继续滑向贸易保护主义，会给中美经贸关系带来巨大变数，将直接冲击中美经贸关系稳定发展的基石。总体上，特朗普政府对华经贸将态度趋严、手段趋多和要求趋硬。与奥巴马政府相比，特朗普政府的经贸政策有以下变化。

(一)美国对华贸易理念变化

政策制定由深层次的理念推动。纵观奥巴马8年任期，其对华贸易政策总体上是基于规则和自由的理念，重视多边贸易规则和双边经贸规则，但梳理特朗普竞选及当选之后的对华经贸关系表态，不难发现特朗普本土主义色彩浓厚，对华经贸理念与奥巴马大为不同。

一是突出公平贸易(fair trade)。特朗普及其团队认定中美贸易不是公平贸易，主要判断是中国通过对美贸易获得了更多利益，而美国却遭受了损失。这是结果上的不公平。而且，他们认为中国是通过“操纵”人民币汇率以及不完全履行世界贸易组织规则等方式，“不公平”地对美积累了大量的贸易顺差，过程也不公平。因此，美国把公平贸易作为开展对华经贸关系的前置性条件。二是借助保护贸易(protective trade)。为了确保“公平”贸易，特朗普将会如其在就职演说中强调的那样，推行对华保护贸易。①在特朗普的认知当中，“保护”一词没有贬义，是国家为了维护本国利益的正当选择。对华保护贸易的重点是扩大对华出口、相对减少从华进口。这意味着特朗普会把扩大对华市场作为其对华经贸政策的重点。三是强调互惠贸易(reciprocal trade)。在对华经贸关系开展过程中，特朗普政府会有更强烈的互惠观，会看重对华经贸是否能够对美国带来大致同等的经济利益。②利益的算计将会贯彻于特朗普政府对华经贸关系政策制定的过程之中。值得注意的是，互惠观的消极含义就是贸易报复。如果中国对美采取了负面或者限制性的经贸措施，美国也可能会对华采取限制性的经贸政策。

理解特朗普政府对华经贸关系的主导理念对于评估特朗普对华经贸政策有重要作用，这些理念构成了特朗普对华经贸政策的逻辑起点。

(二)对华经贸重点变化

一是目标变化。特朗普的竞选口号是“让美国再次伟大”，其对华经贸政策也大体上围绕这一目标而展开。具体目标将聚焦于：对华出口增加，贸易逆差

① Donald Trump, “The Inaugural Address,” https://www.whitehouse.gov/inaugural-address.

② Orville Schell and Susan L.Shirk, *U.S. Policy toward China*, February 2017.

减少；制造业能够加速回流到美国，为美国制造业工人创造更多就业岗位；继续巩固美国对华经济竞争优势，继续维持美国高端制造业对华优势等。二是多边平台重要性下降，双边协调重要性上升。与奥巴马政府相比，特朗普政府在全球经济治理，尤其是全球气候治理领域的兴趣大幅消退。即便其无法退出《巴黎协定》，但也不会再着力推动，甚至会减少已经承诺提供的资金。这使得中美两国在奥巴马政府时期通过气候变化治理以及其他国际经济治理来夯实、提升中美新型经贸关系的模式将面临调整。三是对华贸易诉求变化。在汇率方面，特朗普政府将会要求人民币对美元升值；在贸易方面，将会要求采取措施减少美国对华贸易逆差；在金融方面，将会要求中国继续持有美国巨额国债，以便稳定美国金融市场以及提供国内基础设施建设所需资金；在市场准入方面，要求中国更为公平地对待美资企业。

（三）对华贸易手段变化

首先是单边手段。一是加大在人民币汇率问题上对华施压。特朗普政府会利用一年两次《汇率报告》的机会对华施压，即使美国财政部在上半年度《汇率报告》中不立即给中国贴上汇率操纵国标签，也会在其中用更为严厉的措辞来描述中国的人民币汇率政策，以便获得谈判筹码。二是通过税收手段谋求调整贸易关系。共和党目前正在谋划边境调节税（Border Adjustable Tax，BAT），旨在对美国进口产品征收公司所得税，同时对出口带来的收入免征任何税收。如果边境调节税真的获得通过的话，会对中国对美出口产生重大影响。三是美国采取贸易救济措施。奥巴马政府最终未能承认中国的市场经济地位。特朗普政府会充分利用对中国的“非市场经济地位”，对华输美产品采取反补贴和反倾销措施。与奥巴马政府相比，对华输美产品“双反”频率和税率均会大幅增加。

其次是多边手段。一是在世界贸易组织规则框架内对华施压，选取更多案例对中国提出诉讼。二是拉拢其他国家建立针对中国的具体产品或者行业论坛和机制，让中国面临更大国际压力。三是不配合中国提出的全球经济治理倡议，例如对于全球气候变化和二十国集团协调机制采取冷淡态度。

最后是双边手段。目前情况看，特朗普政府在开始阶段会在单边和多边渠道对华实行经贸威慑，达到引发中方担忧的目的，然后在此基础上通过已有双边交流对话机制就美方关注的问题提出关切，再展开双边协商和谈判，要求中国解决。单边和多边手段最后都会回到双边层面，让中国作出让步或者调整。

三、特朗普对华经贸政策的限度

以保护主义为基调，特朗普对华经贸政策脉络基本显现。总体而言，特朗普政府推行保护主义色彩浓厚的对华经贸政策是大概率事件。①这反映了美国国内正在兴起的本土主义和民粹主义思潮，也有助于特朗普兑现其竞选承诺。②然而，特朗普政府的政策意图和实际的政策制定之间，以及和最终的政策效果之间存在着巨大的差异。特朗普难以完全从其自身诉求以及美国本身情况出发制定真正保护主义的对华经济政策。在各种因素的限制之下，特朗普政府最终可能会妥协形成有限保护主义的对华经济政策。

（一）美国国内制约

一是共和党的制约。共和党的传统立场是偏向于自由贸易，自由贸易有助于维护共和党所代表的跨国资本的利益。特朗普极端的贸易保护政策会形成“回旋镖”效应，反而可能损害美国大型跨国公司的利益。因此，共和党总体上会限制特朗普的极端贸易保护主义。共和党的制约来自两部分。其一是共和党控制的国会。国会不会任由特朗普滑向极端的贸易保护主义。由于贸易等国际经济政策受国会决定影响较大，因而国会的作用能够得到体现。其二是共和党州。在 2016 年的州长选举中，共和党赢得了 33 个州的州长席位。如果特朗普采取过于严厉的贸易保护主义，美国大部分州会从州的角度开展对华自由贸易，从而对特朗普政府的贸易保护主义形成限制。

二是美国跨国公司的制约。美国对华贸易保护主义真正损害的是美国跨国公司。特朗普政府关心的是美国本土经济利益。正如美国商界主流所批评的，

① “Trade Deals That Work For All Americans,” https://www.whitehouse.gov/trade-deals-working-all-americans.

② John Paulson, “Trump and the Economy: How to Jump-Start Growth,” *Foreign Affairs*, March/April 2017.

这是狭隘的利益观。①事实上，美国经济利益早已超越国家界限。美国跨国公司才是全球化的最大受益者。它们布局全球，拓展公司实力，全球化以及贸易自由主义的最大利益被这些跨国公司所得。美国对其他国家挥舞保护主义大棒，其他国家损失的主要是贸易额，美国跨国公司损失的将是贸易利益。在贸易战的极端情况下，美国跨国公司还很容易成为对象国贸易反击战的筹码。

三是美国战略利益的制约。美国的全球经济领导力比其他国家遭受到更严重的削弱。美国成为全球第一，成为全球经济规则的主导者，靠的是开放型的美国市场及其推行的自由经济理念。暂且不论结论是否正确，特朗普政府通盘计算的只是自身贸易利益得失，而没有衡量美国作为世界经济体系主导国所带来的宏观收益，也没有评估与之高度相关的战略收益，更没有考虑贸易保护主义对其他国家以及世界经济的冲击。日益内向、封闭和自私的美国不能引领其他国家走向未来，甚至美国盟友都会弃保护主义的美国而去。

(二) 中美经贸结构制约

中美之间三大结构性因素的存在，确保了中美经贸关系不至于出现系统性和颠覆性的大危局。一是利益融合的结构性。中美两国利益高度融合，特朗普政府短期内难以用政策手段对此加以调整和切割。二是发展阶段互补的结构性。中国制造业在本国经济中的作用持续下降，服务业在经济结构中的地位持续上升。中美两国因为制造业贸易问题而产生的摩擦和冲突会因此相对减少，同时两国在服务业领域可以开展更多合作。三是实力对比趋于对称的结构性。②中国在中美经贸关系中的地位大为提升，能够采取有力措施对特朗普的对华贸易政策进行回击，这避免了美国对华经贸政策限制或者制裁的单边冲动。

(三) 全球力量制约

一是全球化的制约。当前的全球化相比于冷战结束以来的高歌凯进确实处

---

① The US-China Business Council, *Understanding the US-China Trade Relations*, January 2017.

② Marcus Noland, Gary Clyde Hufbauer, Sherman Robinson, and Tyler Moran, *Assessing Trade Agendas in the US Presidential Campaign*, Peterson Institute for International Economics, September 2016, pp.35—36.

于高位停滞期，但是全球化的动能和力量依然存在。特朗普的政策本质上是从全球化往回退缩，这不符合全球化的实际形势。而且，美国作为全球化的重要推手，其利益和全球化的利益密切结合。如果美国从全球化执意回抽，其现有的经济利益难以得到有效保障，也会引发全球化力量的反弹，并不利于美国的国家利益。

二是国际市场的制约。特朗普的做法，本质上是借助美国的力量以政治化以及霸权化的方式来解决全球市场对其不利的问题。用美国的政策来重新调整要素分配、重整经济利益。而现有的经济格局是市场化要素配置长期形成的结果。市场会对美国的保护主义措施形成有力制约，迫使美国政府在市场力量面前有所退缩。

三是其他国家的制约。特朗普的保护主义倾向本质是希望美国获得更多的经济利益，这将改变经过竞争和合作之后所形成的利益格局。而且，特朗普的政策带有过多的自利色彩和单边主义，试图用强硬的措施迫使其他国家就范，给国际经济的良性发展带来挑战。其他国家，甚至包括美国的盟国将在双边层面和多边层面对特朗普的政策加以应对。①面临激烈的国际反弹，特朗普因此不得不弱化其贸易保护主义立场，进行新的政策调整。

四、应对特朗普变局

美国仍是中国最为重要的贸易国。中国在大国崛起过程中依然需要和美国保持稳定的经贸关系。特朗普转向贸易保护主义将会给中国的经济安全带来严重挑战。中国应对特朗普变局，应从原则、重点和机制三方面推进。

（一）应对特朗普对华经贸政策的基本原则

特朗普原则性不强、变化性较多、意识形态观念淡薄，同时其谈判经验丰富、策略较为灵活，是一位难缠的谈判对手。应对特朗普的对华经贸政策诉求，

① Michael Stothard, "Europe Ready to Fight Against Trump Protectionism," *Financial Times*, December 12, 2016.

要遵循“守住底线、展示灵活、真诚沟通、交换利益、主动引导”等五大基本原则。

“守住底线”。特朗普在以往的商业谈判中，擅长狮子大开口、漫天要价，经常提出一些看似相当过分的请求。中国要清楚地了解中国的核心利益所在，不要被特朗普的威胁所吓倒。对于没有底线的要价，中国必须坚守底线，否则可能陷入特朗普的谈判套路。

“展示灵活”。在守住底线的情况下，应对美国新政府时要展示灵活态度。避免自我过多设置红线，要能够跟上美国新政府的政策变化，同时要让美国觉得可以和中国进行谈判。

“真诚沟通”。要把中国的真实情况和真实想法和美方及时沟通，对美方的不满和诉求也直接表达，尽可能把美国新政府相关主管官员看成可以信任的伙伴，不回避矛盾，不拖泥带水，对于能够答应的事情要爽快答应。

“交换利益”。要从做特朗普熟悉和认可的“做生意”思维去处理中美经贸关系，加强利益置换的理念，通过交换置换，既满足双方的诉求，又形成新的利益交融。在利益置换中，也要确保成本负担和利益分配大致公平。

“主动引导”。中国要在中美经贸关系中发挥更大的议题设置能力和议程主导能力，主动谋划和倡议有利于中美两国共同利益的大政策、好政策，引导美国新政府进一步认识到中美经贸关系的极端重要性，改变过多从美国视角来看待中美经贸关系的情况。

(二) 把握对美经贸关系的新重点

一是关键突破点。从特朗普的经济政策路线图看，能源行业能够成为中美两国合作的关键点。特朗普希望以扩大石油、煤炭和天然气等传统能源生产和出口来实现增加美国就业增加、对外出口改善等多重目标。[①]传统能源行业大发展成为特朗普政府的重要政策抓手。在共和党国会的帮助下，特朗普也应该能够较快解除限制传统能源生产的禁令。中国是能够大幅吸纳美国传统能源产能增加的国家。在特朗普总统任期，中美可以把中国扩大从美国的能源进口打造

① https://www.whitehouse.gov/america-first-energy.

为中美经贸合作的新突破口，以点带面，改善双边贸易关系。

二是利益汇合点。中美可以在双向均衡投资领域更加发力，打造基于直接投资的利益汇合点。从中国的角度，希望引进更多外资，确保外来投资的稳步增长，继续营造有利的营商环境。美资是外资的重要构成，在我国吸收外来投资中发挥重要作用。从美国新政府的角度，希望通过吸引更多投资来促进美国经济发展。中资企业是对美外来投资的新增重要来源。中美两国可以在这一领域达成共识，采取共同措施，推进双向投资的稳定发展。

三是党派接触点。特朗普和共和党在选举阶段互不欣赏，共和党认为特朗普偏离共和党传统立场过多，特朗普也对共和党党内建制派有诸多指责，但是特朗普当选之后两者之间的关系不断拉近。特朗普不仅需要共和党在人事和政治上的支持，而且需要共和党在国会立法层面的配合。中国要保持和共和党主流以及高层的密切联系，通过共和党的传统政治势力来稳定特朗普政府的对华政策。中国要继续扩大与美国地方各州的交流，尤其是要做共和党人主政的各州工作，与共和党州长协会保持良好互动关系，形成自下而上的关系优势，确保共和党对华政策的稳定共识。

(三) 谋划中美经贸关系长期稳定的三大机制

中国可以从中美共同利益出发，谋划长远，在已有工作的基础上，争取在特朗普任内达成中美关系稳定发展的三大机制性框架，由此实现在特朗普任期内中美关系从“乱”到“治”的转变。

一是双边货币互换协定。2010 年，美国和加拿大、英国、日本、瑞士、欧洲央行进行双边货币互换协定，结成了全球金融安全网，美联储居于核心地位。在需要的情况下，上述六大央行可以将本币作为抵押，从美联储获得所需的美元流动性，从而对本国外汇市场进行稳定操作。中方也和 30 余个国家达成了双边货币互换协议。①然而，作为全球最为重要的两大经济体，中美之间没有双边货币互换协定。这不利于中美两国利益，也不利于国际货币体系稳定。

---

① 胡华锋：《中国货币互换协议的动因分析》，载《国际金融研究》2012 年第 5 期，第 12—19 页。

从中国角度，当前面临的汇率贬值、资本外流和外储流失，使得中国有足够的动力去推动与美国达成双边货币互换协定。从美国方面来看，美联储和财政部对于稳定国际金融体系以及稳定美元汇率有需求，在人民币已经成为国际货币基金组织特别提款权（SDR）货币篮子新货币的情况下，继续把人民币排除在金融安全网之外也不符合美方利益。

中方要把特朗普政府希望人民币升值的诉求和自身希望达成双边货币互换的意思进行挂钩。主要突破口在于特朗普施压人民币可能会导致人民币汇率短期内剧烈波动，为了防止波动以及避免国际金融体系遭受相应冲击，中方应向美方表达通过双边货币互换来稳定汇率的意愿。中美达成该协议的主要困难在于美方对于中国货币政策制定透明度和数据可获取性的担忧。中美可就技术性的问题进行协商。

二是双边投资协定。尽管中美双边投资协定谈判面临着较大的技术性障碍，特朗普上台之后还增添了政治性挑战，但中美投资协定仍然面临着重大机遇。从美方角度，中美双边投资协定有助于中资形成对美投资的稳定预期，避免市场因素以外的干扰，扩大对美投资流量。这对于美方扩大基础设施投资以及获得更多资本有着重要意义。同时，中美双边投资协定也有利于美资扩大对华投资，保障美资企业利益和利润。从中国角度，中美双边投资协定有利于保障对美投资的稳定性，避免遭到美国国内政治破坏，更好保障中国对美投资利益。同时，在中美双边投资协定的推动之下，可以更多地吸引包括美资在内的其他投资，对于提升中国在国际投资格局中的地位有较大帮助。①

正如中美两国都认知到的，中美双边投资协定谈判有助于深化中美两国经贸合作，提高中美两国投资体制的透明度和一致性，加强跨境投资流动管理，同时创造经济增长和就业机会，为双边经贸关系注入新的增长动力。

总体上，特朗普上台后仍会积极推动中美双边投资协定谈判，因为美国经济需要世界上外来资金的支撑。特朗普关于扩大就业和基础设施投资的需求，匹配了中国对美投资的扩展势头。问题在于特朗普政府在中美双边投资协定上的要价可能还会提高，从而加大谈判难度。

---

① 宋国友：《融合、竞争与中美经贸关系的再锚定》，载《复旦学报》2016年第3期。

（三）中美双边自由贸易协定

在特朗普经贸保护主义色彩浓厚的大背景下，有关贸易自由化的问题在中美三大机制性协定中恐怕最为困难。但这并不意味着没有机会达成中美双边贸易协定。特朗普在上任初期，会搁置任何有关贸易多边自由化的倡议，力图从双边角度推动和部分《跨太平洋伙伴关系协定》成员以及加拿大、墨西哥订立更有利于美国的新协议。但美国不可能一直放弃多边自由贸易协定，这不符合美国的根本利益。中国要以压促谈，力推《区域全面经济伙伴关系》并尽早谈成中日韩三边自贸协定，对美形成谈判压力，然后再和特朗普政府沟通双边自贸协定谈判事宜。谈判中要结合中国经济发展新形势、经济结构新特点、经济升级新要求，迈向高标准规则，提高承受力，和美国进行双边贸易协定谈判。特别需要注意的是，中国要有谈判的早期收获意识，推动在中美双方已经取得共识的信息技术产品、环境领域产品和利益巨大的农产品等领域率先形成早期收获，进而从易到难，不断积累互信和利益，最终形成中美双边贸易协定。

五、结　论

特朗普政府的国际经济政策突出反映了其平民化、内向化、保守化和本土化的理念。中国是特朗普政府国际经济政策的重点所在。其若干重大经济政策直接针对中国，其经济政策的外溢效果也会波及中国。中国政府要从继续维护中华民族伟大崛起战略机遇期的高度，深入了解特朗普政府对华经贸政策的国内政治成因，分析其对华政策诉求，寻找其对华政策着重点，力争规避中美矛盾冲突点，瞄准中美经贸政策的突破点，从而更有针对性地开展工作。在中美经贸关系中，中国要尤其注意用从利益和规则的角度塑造特朗普政府对华经贸政策偏好，引导和塑造中美新型经贸关系。

中国对美投资与中美关系

朱志群*

【内容提要】 “引进来，走出去”是中国对外开放的两个支柱。在改革开放之初，中国主要依赖引进外资带动出口型经济的建立和发展。深圳珠海等第一批经济特区应运而生，而中国也成为全球外资主要目的地。外资为中国经济所作的贡献不可磨灭。与此同时，中国在20世纪六七十年代就在发展中国家特别是非洲国家有投资项目。20世纪90年代后中国在世界各地投资不断增加。进入21世纪后，中国企业走向世界的步伐加快，并从第三世界走向西方发达国家。2015年中国对美国投资额首次超过美国在华投资额。

目前中资进入发达国家还处于初级阶段。国内外对此的研究也不多。本文以有限的中英文资料和数据以及对一些专业人士的专访为基础，作一初步分析和解读。中国对西方国家投资与创建亚投行和实施“一带一路”等外交大手笔一脉相承，是中国经济外交走向成熟的具体体现，是中国经济融入世界的重要组成部分。本文认为，中国对美投资是中美关系中前所未有的新现象，给双边关系带来新的机遇和挑战。围绕这一新现象出现的一些摩擦折射出两国关系中互信不足的老问题。中美双方都应及时调整心态，适应国际政经新格局，让中国对美投资成为两国关系中一股新的正能量。

【关键词】 改革开放 对外投资 对美投资 中美关系 国际政治经济

* 朱志群，美国巴克内尔大学政治学与国际关系教授。

一、中国对外投资简介

在经济发展过程中，外资的作用不可小觑。经济学家从宏观和微观角度研究对外投资的各种动因和结果。特别是对外向型经济来说，海外投资不仅带来了急需的资金及管理和技术，增加就业，提高生产力，也增强了国际竞争力，并为开辟海外市场打开通道。经济学家们还通过生产循环论、汇率、资金市场、技术转让，以及李嘉图的“比较优势”等理论来研究对外投资。[①]诚然，没有一个对外投资理论可以诠释所有投资现象。

按照常规，贸易是双向的，但对外投资往往是单向的，从较发达国家流向发展中国家，因为发展中国家一般没有资金也没有能力投资到发达国家。中国对西方发达国家的投资打破了这一惯例，可以说是世界经济发展的突破，也为对外投资实证和理论研究提供了新的依据。

中国早在20世纪六七十年代就开始投资一些发展中国家。非洲国家跟中国经历相似，从殖民地和半殖民地独立后中非相互合作，相互帮助。非洲国家在中华人民共和国恢复联合国的合法席位的过程中作出了突出的贡献。20世纪70年代初，中国比一些非洲国家还穷，但中国投资建设了一千八百多千米长的坦赞铁路。20世纪70年代末20世纪80年代初，中国开始从封闭走向开放。从90年代初开始，中国逐步扩大对外投资，2001年加入世界贸易组织后，中国对外投资和贸易迅速增长起来，初期集中在发展中国家。以中非贸易为例，1995年双边贸易只有40亿美元，2005年达到400亿美元，2008年突破1 000亿美元，2012年又翻一番。中国从此成为非洲最大贸易伙伴和外来投资国。

改革开放初期中国对外投资规模很小。“引进来”是当时的对外经贸的重点，大致从1978年持续到1990年。从20世纪90年代开始，中国经济开始有规模地

---

① 有关对外投资理论研究，可参见 Dinkar Nayak and Rahul N.Choudhury, “A Selective Review of Foreign Direct Investment Theories,” Working Paper 143, Asia Pacific Research and Training Network on Trade, March 2014. http://artnet.unescap.org/pub/awp143.pdf; Vintila Denisia, “Foreign Direct Investment Theories: An overview of the main FDI theories,” *European Journal of Interdisciplinary Studies*, Vol.2, Issue 2 (December 2010): 104—110。

"走出去"，在"走出去"的第一阶段（1990—2005），中国对外投资主要目的地是发展中国家，从非洲到拉丁美洲，从东南亚到中东，从中亚到太平洋岛国。在这一阶段，中国对外经济外交有几个主要目的，包括：获取石油天然气等能源，进口国内经济发展所需的原材料，为中国产品扩展海外市场，推广中国软实力等。①

2005 年中海油（CNOOC）收购美国加州一家石油公司尤尼科（Unocal）的计划因美国国会反对没有成功。这是美国以"国家安全"为由实施贸易保护主义的一个典型案例。但是这也成为中国对美投资的一个转折点。2005 年后中国对美国的直接投资进入高速增长期。2006 年，中国超过日本成为第一大外汇储备国；2010 年经济规模跃居全球第二，为中国对外投资提供了坚实的基础。

中国经济转型也意味着中国企业需要更新换代。对西方投资，特别是通过并购和收购（mergers & acquisitions），中国企业能较快实现技术和管理的升级。因而在对外投资的第二阶段（从 2005 年开始），美国、加拿大、澳大利亚、欧洲主要经济体都成为中国投资的主要目的地。其中美国到目前为止是接受中国投资最多的发达国家。2015 年是中资走向世界的里程碑。那一年中资公司在美投资额达到 157 亿美元，首次超越美国公司在华投资额，创下历史记录。②同年，中国对外直接投资总额也首次超过外国直接在华投资，标志着中国进入到了对外净投资时代。

中国与全球化智库（CCG）发布的蓝皮书通过数据统计分析得出，在投资的地域分布上，2015 年中国企业海外投资主要集中在亚洲、欧洲及北美洲地区，比重分别为 30%、29% 和 25%，这与全球投资的热门区域相一致。其中对发达国家投资增长明显加快，从无到有，已占中国对外总投资一半以上。自 2005 年以来，中国对外直接投资流量连续 10 年持续增长，2015 年达到了 1 456.7 亿美元，是 2005 年的 13 倍多，首次位列全球第二，超越日本。从单个国别来看，

① 关于中资走向发展中国家的中外研究颇多，例如 David Shambaugh，*China Goes Global：The Partial Power*（Oxford University Press，2014）；David Dollar，*China's Engagement with Africa：From Natural Resources to Human Resources*（The Brookings Institution，2016）；Charles Wolf，Xiao Wang and Eric Warner，*China's Foreign Aid and Government-Sponsored Investment Activities：Scale，Content，Destinations，and Implications*（RAND Corporation，2013）；Zhiqun Zhu，*China's New Diplomacy：Rationale，Strategies and Significance*（Ashgate，2013）。

② 《中国企业"走出去"——"选择美国"投资峰会会议简报》，上海，2016 年 3 月 22—24 日，http：//www.cnzouchuqu.com/。

中国企业对美国投资热情不断增长。2016年截止到上半年，中国对外投资的近20%都投入到了美国。①“十二五”期间，中国对外直接投资规模是“十一五”的2.3倍。2015年末，中国对外直接投资存量首次超过万亿美元大关。②

关于中国在美直接投资存量没有统一数据。美方数据为150亿到210亿美元。中国官方数据为410亿美元，是美方数据的两倍多。自2011年起，荣鼎集团（Rhodium Group）建立了一个中国在美投资的交易性数据库。数据库包括1990年以来的投资项目，提供了中国在美过去25年的有可比性的投资数据。从1990年到2015年的整个时期，荣鼎统计了1 200多笔交易，累计金额为640亿美元。③而根据美国企业研究所和传统基金会2017年初共同发布的中国海外投资最新报告。2016年中国在全球范围内的投资增长将近50%，达到大约1 750亿美元，刷新历史纪录。报告指出，美国继续位居榜首，成为最受中国企业青睐的海外投资目的地，投资规模超过500亿美元。④

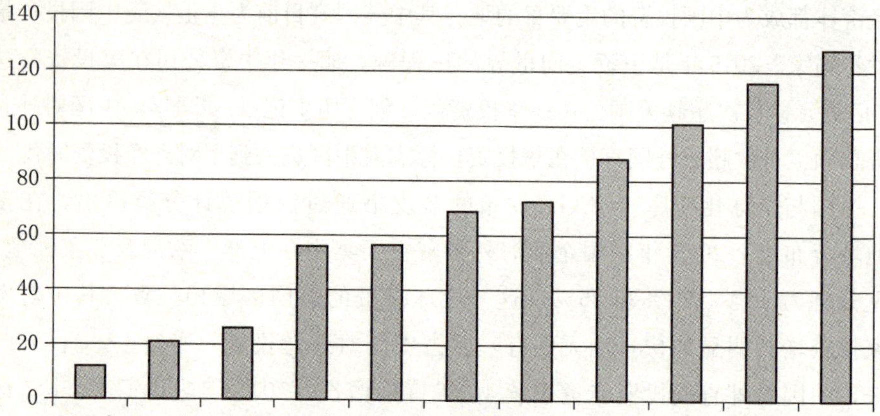

资料来源：联合国贸易和发展会议“世界投资报告”及中华人民共和国商务部，不同年份。

图1　2005年以来中国对外投资（以10亿美元计）

① 《中国企业全球化报告（2016）》蓝皮书，中国与全球化智库（CCG），北京，2016年。

② 《商务部合作司负责人谈2015年我国对外投资合作情况》，中华人民共和国商务部新闻办公室，2016年1月15日。

③ 《双行道：中美双边直接投资25年全景图》，荣鼎集团，2016年11月14日。

④ 《美专家：2017中国对美投资步伐不再虎啸生风》，美国之音中文网，2017年1月14日。

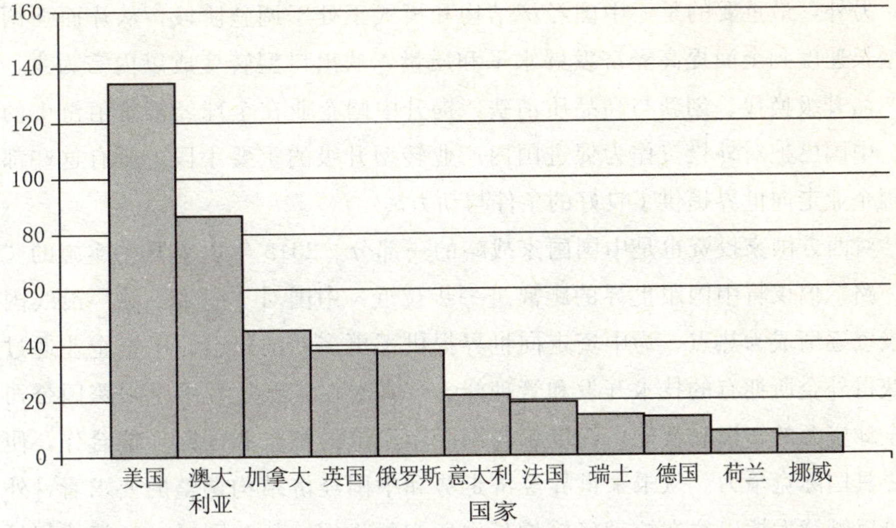

资料来源：美国企业研究所（American Enterprise Institute）“中国全球投资跟踪”，网站：https：//www.aei.org/china-global-investment-tracker。

图 2　中资西方主要目的地（2005—2016 年，以 10 亿美元计）

二、质的飞跃：从发展中国家走向发达国家

中资在 21 世纪初走向西方是历史的必然。首先，中国经济规模在 2010 年已超越日本成为世界第二，有能力进一步融入世界经济并为世界经济复兴作出更大的贡献。充实的外汇储备为中国企业走出去提供了坚强后盾。其次，2008 年源自美国的经济危机影响到几乎所有发达经济体，这些经济体自身恢复能力欠佳，需要外在的动力。而环顾四周，似乎只有中国有这种能力来帮助这些经济体。很多欧洲国家如希腊、西班牙和意大利等纷纷寻求中国的投资与合作。英国等老牌发达国家也希望通过中资来改善基础建设。据英国品诚梅森律师事务所（Pinsent Masons）的一项报告，预计中国在未来 10 年将向英国基础设施领域投入 1 000 多亿英镑的资金。①

---

① “China Invests West：Can Chinese Investment be a game-changer for UK infrastructure？” *Pinsent Masons LLP*，October 29，2014，http：//www.pminfrainvestmentreport.com/.

另外，最重要的是，中国经济结构和模式正处于调整阶段，从片面强调经济增长速度到全面提高经济发展水平和质量，从出口型转变成以内需为主，强调产品升级换代、创新与高品质消费，提升中国企业在全球经济价值链中的地位。中国已把对外投资作为促进国内产业转型升级的重要手段。所有这些都给中国企业走向世界提供了良好的条件与动力。

对西方国家投资也是中国国家战略的一部分。2013年以来开始实施的“一带一路”倡议将中国跟世界的距离进一步拉近，中国对“一带一路”沿线国家的投资逐渐成为热点，为中资走向世界提供了更多新的机会。中资企业通过并购获得外企所拥有的技术开发和管理能力，其次在实践过程中学习跨国公司整合全球资源的知识和技能，深度参与国际产业链的整合和国际产能合作，使自己更具国际竞争力。从未来世界经济走势和中国经济结构调整的要求看，外贸将难以继续发挥以往在拉动经济增长中所起的作用。与此同时，巨额的贸易顺差既造成了中国外汇储备额的迅猛增长，也引发了不少贸易摩擦，更带来了人民币升值的巨大压力。在此背景下，中国企业实施“走出去”战略，海外投资成为中国经济新亮点，并形成新的增长潜力。

很多人认为当前中国对外投资状况与20世纪80年代日本的情况相似。实际上，中日两国所处的经济发展阶段不同，对外投资本质也不同。20世纪80年代，日本已是发达国家，对外投资水平和产业结构都处于较高水平，尤其在汽车、微电子等部分领域与欧美国家已不相上下，形成了丰田、索尼等具有全球知名度的大型企业，“日本制造”也成为高质量的代名词，日企开展国际化经营的条件也比较成熟；而当前中国仍是发展中国家，虽然劳动力成本有一定比较优势，但产业国际竞争力等均不及当年的日本，并且中国是赶超型经济，资本输出也处于初级发展阶段，企业海外发展缺乏经验，与当年的日本差距较大。①

荣鼎集团与美中关系全国委员会联合发布的《2016年“新邻居”报告》详细记录了中资关联企业（Chinese-affiliated companies）在美国的运营情况以及这

① 张晓兰、赵硕刚：《中国当前与日本80年代对外投资的比较及启示》，国家信息中心，2016年2月14日，http://www.sic.gov.cn/News/456/5965.htm。

些投资对当地产生的影响。报告指出，2015 年，中国在美国的收购、新业务和扩张超过 150 亿美元，比 2014 年上升近 30%，创历史新高。2015 年底，在美的中资关联公司数量超过 1 900 家，遍布超过 80%的国会选区。随着绿地外商直接投资增加以及很多现有企业提高当地就业，被中国附属公司雇用的美国人的数量上升了 12%，达到 9 万人。此外，交易数量也创新高，达 171 项，比 2014 年增加了 13%。①

非公经济类的企业已经成为中国对外投资的一支重要力量。根据中国商务部、国家统计局、国家外汇管理局联合发布的《2015 年度中国对外直接投资统计公报》，2015 年非公经济占中国对外投资的 65.3%，年末的存量非公经济占到 35.6%。私营企业对海外并购尤为积极。2015 年非公企业境外并购金额占当年境外并购金额的 75.6%，在数量和金额上均首次超过了公有经济的企业。②

在欧洲，当“三巨头”经济体法国、德国和英国继续保持着接收中国投资的高水平时，中国投资在南欧和北欧在逐年增加。在北美地区，中国公司已经将足迹从主要的沿海城市扩展至中西部大中城市以及农村小镇。截至 2015 年底，美国 50 个州中有 48 个州以及加拿大 13 个省中有 10 个省都在接待来自中国的投资。美国外国投资前三位的州为纽约、加利福尼亚和得克萨斯。③

中资给美国带来了新的机会。以福耀玻璃工业集团为例，其在密歇根州、伊利诺伊州和俄亥俄州等均有生产和销售服务，向包括通用、克莱斯勒、现代和起亚等汽车公司提供福耀的玻璃产品和快捷的客户服务。在俄亥俄州莫瑞恩市（Moraine，Ohio），2014 年 3 月注册成立的工厂于 2016 年 3 月建成投产，地址设在通用公司 2008 年关闭的工厂。投产后，年产汽车玻璃 300 万套，为当地增加 3 000 个工作机会。董事长曹德旺亲临工厂视察，为美国员工打气。④

---

① http：//rhg.com/reports/new-neighbors-2016，2016 年 4 月 12 日。

②《商务部：非公企业已经成为中国对外投资的重要力量》，新华网，2016 年 9 月 27 日。

③《对比在北美及欧洲进行的中国投资》，Baker & McKenzie，2016 年 6 月，http：//www.bakermckenzie.com/-/media/files/insight/publications/2016/06/birds-eye-view/mm _ global _ execsummarybev _ jun16 _ chi.pdf? la = en。

④ 根据福耀公司网站（https：//www.fuyaogroup.com/about.php? network）及“Chinese Billionaire Revives Closed Ohio GM Plant，Creates 3,000 Jobs，” *CBS News*，November 22，2016。

三、中资投资美国的特点和挑战

中国在美投资目前主要集中于能源、房地产、酒店、制造业、信息通信科技等方面。中国在美投资活动正越来越多地由私营企业推动。根据荣鼎集团的报告，过去三年投资平均77%由私营企业主导。①投资者除了大跨国公司，最近也更多地包括了私募投资、风险投资以及其他财务投资者。只要充分利用好各种机会，中资可以更多地融入美国经济。

中国对西方投资目前以并购为主，绿地项目所占份额一直都较低，但近年来其增速超过了并购的增速。2015年，中国在美国绿地项目的投资总额为18亿美元，不到所有中国在美投资的10%，但比2014年的水平增加了34%，是2013年的两倍。②

由于中国投资者寻求快速增长，并购仍然是中国投资者进入美国市场较为青睐的模式。2015年，中国企业连续第二年在美国完成了100项并购交易，共计135亿美元。规模最大的交易包括复星收购美国保险巨头Ironshore（24亿美元）、安邦收购纽约华尔道夫酒店（Waldorf Astoria Hotel）（19.5亿美元）、烟台新潮收购德州油田（13亿美元）等等。

中国海外投资中，地产投资仍居重要位置。在美国，中国投资中有不少是EB-5投资移民项目。比如截至2015年第三季度，美国移民局共批准EB-5申请6 498份，其中绝大多数由中国人获得——有人推测，中国资本外流的一个主要目的可能是资金转移。③

中资在美国房地产投资到目前已超过3 000亿美元。2010年至2015年，中国人在美国购买了价值930亿美元的民用住宅，2 080亿美元房地产证券和大约170亿美元商用房产，包括办公楼和宾馆。2015年中国首次超过加拿大成为外国在美购买房产最多的国家。中国人2015年在美国购买的住宅平均价值831 800美元，

① 《双行道：中美双边直接投资25年全景图》，荣鼎集团，2016年11月14日。
② http：//rhg.com/reports/new-neighbors-2016，2016年4月12日。
③ 何清涟："中国'投资马车'奔向异国的背后"，美国之音中文网，2016年6月11日。

远远超过其他外国人在美购买房产平均值 499 600 美元。①

作为世界上最大的投资目的地，美国总体来说欢迎外国投资。目前中资进入美国的最大挑战来自美国有关部门和一些人士基于“国家安全”的顾虑。在美国国会，一些议员仍以有色眼镜看待外部世界。有些议员甚至仍在使用“红色中国”或“共产中国”这种意识形态强烈的词语。他们对来自中国的投资有一种本能的抵制。

美国外国投资委员会（Committee on Foreign Investment in the United States，简称 CFIUS）是一个对外国投资进行审核的机构。这个跨机构的组织由财政部、司法部和国防部的代表组成，所有的审查都是保密的。CFIUS 根据 1975 年福特总统第 11858 号行政命令设立，当初权力有限。1988 年国会通过埃克森—弗罗里奥修正案（Exon—Florio），授权总统可以“国家安全”为由阻止外资并购美国国内企业，并将审查并购项目的责任赋予 CFIUS。当时，日本企业在美国的收购行为引起了人们的担心。从那时起，CFIUS 的权力越来越大。2006 年，迪拜环球港务集团（DP World）收购在美国拥有多座港口的英国企业铁行轮船公司（Peninsular and Oriental Steam Navigation Company），引发了一片哗然。此后国会再次采取行动，授予 CFIUS 更大的权限。迪拜环球港务集团很快被迫出售了铁行轮船在美国的港口。2007 年通过的《外国投资与国家安全法案》要求其定期向国会提交工作报告。②连美国盟友前来投资都要经过严格审查，更不用说是来自竞争对手中国的投资了。

国家安全审查申请由潜在的外国买家提出。例如 2014 年，CFIUS 共收到 147 份申请，创历史新高。提出申请最多的国家是中国，有 24 份，其次是英国的 21 份，然后是加拿大的 15 份。接到申请后，CFIUS 可以决定什么也不做，或展开进一步调查，以确定这项交易是否存在国家安全隐患。2014 年，该委员会创下历史新高，对 51 项申请展开了调查，占所有申请的三分之一。调查结束

---

① “Chinese Investors Have Spent ＄300 Billion on US Property，Study Finds，” *CNBC*，2016 年 5 月 16 日。

② 王梅：《中国投资海外：质疑，事实和分析》，北京，中信出版社 2014 年，第 41—42 页；史蒂文·达维多夫·所罗门（Steven Davidoff Solomon）（加州大学伯克利分校法学教授）：《中国公司赴美投资收购为何屡次碰壁?》，纽约时报中文版，2016 年 2 月 24 日。

后，如果CFIUS发现交易存在国家安全问题，就会给美国总统提出建议，后者可以决定阻止这项交易。但CFIUS很少会走到那一步。更常见的情况是，CFIUS给收购方发出信号，表示它会建议否定这项交易。此种情况下，收购方一般会主动撤回收购意向，以避免被美国总统采取阻止交易的行动，留下人尽皆知的污点。

CFIUS不会审查所有申请。一般来说，其针对中资购买高科技公司审查较严格。例如在CFIUS的建议下，美国总统奥巴马2016年12月初发布禁令，禁止中国福建宏芯投资基金合伙企业收购一家拥有美国资产的德国科技公司爱思强（Aixtron），原因不出所料是会给美国“国家安全带来风险”。有趣的是，这家德国公司随即表示，奥巴马的禁令只能限制该企业在美国的部分，不能阻挠中国公司购买爱思强的股份。①这是自1990年以来，第三次由美国总统由于安全顾虑而出面阻止外国企业收购计划，而三次都跟中国有关。前两次分别是奥巴马2012年阻止了中国公司Ralls在美俄勒冈州一海军基地附近建风电场和老布什1990年阻止了中资购买生产飞机零件的一家美国公司MAMCO。

当然，CFIUS实际上会通过绝大部分的交易申请，包括中国公司提出的那些。没有证据显示该机构对中国的投资并购特别“关照”。②比如，尽管有人提出抗议，它还是批准了中国公司对史密斯菲尔德食品公司（Smithfield Foods）和对电池生产商A123的收购。又如，总部位于瑞士巴塞尔的先正达（Syngenta）目前是全球最大的农药生产商，在全球包括美国有经营。2016年2月先正达宣布被中国化工集团以430亿美元收购。CFIUS审查并通过了这一收购案。

其他国家（包括中国）也有这类针对国家安全的审核，而且有时候还会显得有些不可思议。比如，加拿大就以国家安全为由，对汉堡王（Burger King）收购该国咖啡连锁店蒂姆·霍顿斯（Tim Hortons）一事进行了审核。法国曾多次表示，它不会允许外国公司收购达能（Danone），因为这家酸奶生产商是国宝。③

---

① 《美国虽不许，爱思强仍不弃》，德国之声中文网，2016年12月3日。

② 曾为CFIUS工作过的美国律师在与笔者交流中作出此判断。

③ 史蒂文·达维多夫·所罗门：《中国公司赴美投资收购为何屡次碰壁?》，2016年2月24日。

美国还有商业竞争方面的忧虑，担心中国投资会削弱美国公司的竞争力。不少美国人认为得到中国政府和国有银行支持的中国在美投资对相同领域的美国公司会造成冲击。美国国会下属的美中经济与安全审查委员会的两位官员曾在2016年撰文呼吁美国政府禁止中国国有企业兼并美国企业。他们说，中国对收购美国敏感技术企业特别有兴趣，单是在半导体行业就进行了20多次收购尝试。他们认为，中国如果通过收购掌握美国企业的技术，一方面可以削弱美国的竞争力，另一方面也能够提高中国军队的实力。①

除了国家安全和商业竞争外，美国一些人士还担心中国官方文化是否会侵入美国。美国国会一些议员对万达和阿里巴巴等进入美国表示担忧。例如，2016年11月30日，即将担任参议院少数党领袖的参议员查克·舒曼（Chuck Schumer）写信给美国财政部长和贸易代表，对大连万达集团等中国公司收购美国公司表示担忧，要求进一步对这些公司进行审查，他认为这些投资反映了中国政府的战略目标，应当引起美国的重视。特别是在万达收购了几家好莱坞娱乐公司后，一些美国人担心中国正通过美国媒体传播中国文化，削弱美国的软实力。舒曼不是唯一对中资进入美国表达担心的议员。2016年9月，美国16名两党众议员写信给美国政府问责办公室（Government Accountability Office），询问CFIUS是否有足够的权限来应付不断增加的来自中国和俄罗斯等国的外来投资。②议员们还对美国公司不能在中国公平竞争表示不满。

另外，一些中国私营企业如华为技术公司长期以来被怀疑涉及商业间谍或跟中国政府有密切关系，也给中资带来不良名声和困扰。尽管华为已成为全球第一大电信设备制造商，业务遍及全球，但在美国开展业务一直受限。2011年2月11日，CFIUS以国家安全为由建议华为收回收购3Leaf公司的计划。同时美国国会召开听证会表明反对立场。反对的理由很多，包括华为创始人及总裁任正非是中共党员；华为创业早期合约全部为军队控制的中资驻港企业，政府背景明显；华为军方背景明显等等。华为被迫撤回收购计划。同年2月25日，华为副董事长兼华为美国公司董事长胡厚崑发表了长篇公开信介绍华为历史与

① 《美专家：2017中国对美投资步伐不再虎啸生风》，美国之音中文网，2017年1月14日。

② "China's Dalian Wanda Group Faces Renewed U.S. Regulatory Scrutiny," *The Wall Street Journal*, December 1, 2016.

演变，逐一批驳以上指控，希望美国政府通过公平与正义的调查，证明华为是一家真正的商业公司。①中兴等公司在美国也遭受过类似待遇，被误认为是中国国企，对美投资有政治目的。

无独有偶，2012 年 3 月 26 日，澳大利亚政府也禁止华为在澳大利亚经营的子公司参加“国家宽带网络”（NBN）的竞标，理由是国家安全。华为在澳大利亚的公司自 2004 年起在澳大利亚运作，它的高管层基本由澳大利亚人组成，董事会里的董事有前霍华德政府的外交部长唐纳和维多利亚州前工党政府的总理等。唐纳等人批评了澳大利亚政府的这一决定。

随着更多中资企业进入美国，这些企业的安全管理、劳资纠纷、法律纠纷等投资风险问题也会应运而生，中国企业也要作好心理准备。总体来说，中国在美投资为中美经贸合作提供了新的平台。正如中国国务院副总理汪洋指出的，中国愿意为美国经济复兴作出贡献。中国企业能够在美国成立总商会，本身也是美国欢迎中国投资的成果和体现。中国现在是美国最大的贸易伙伴。2008—2015 年，尽管全球贸易处在寒冬期，但中美贸易逆势而上，年均增速超过 7%。美国 22%的棉花、26%的波音飞机、56%的大豆销往中国，美国对华货物和服务出口创造了近百万个就业岗位。中国对美国也有大量出口，而且是顺差。不过要说明的是，中国从美国进口的不少是中国生产不了的高端产品，向美国出口的则大多是美国没有比较优势也不生产的产品。总体上看，中美经贸关系具有很强的互补性，市场选择已让两国形成了你中有我、我中有你、谁也离不开谁的利益格局。②

四、中国在美投资的发展空间

尽管中资近几年在美国迅速增长，但中资只占美国所有外资的 10%左右。中资在美国有很大的发展空间。特朗普能赢得 2016 年大选的胜利很大程度上是因为得到了低收入、经济不景气的乡村和小城镇居民的支持，因为他许诺要重

① 公开信请见 http：//pr.huawei.com/en/news/hw-092875-huaweiopenletter.htm#.WErW1H3K27Q。

② 汪洋：《携手共进，迎接中美经贸合作的美好春天》，第 27 届中美商贸联委会主题发言，2016 年 11 月 22 日，美国首都华盛顿。

振美国雄风，给美国带来更多工作机会。这给了中资很多新的投资机会。中资可以扩大在基础设施和地方财政方面的投资，挽救衰老城市如底特律（Detroit）、康涅狄格州桥港市（Bridgeport，Connecticut）、弗吉尼亚州丹维尔市（Danville，Virginia）等。在美国，如此衰落的城市和中小城镇很多，美国自己口号多，行动少。当地居民很欢迎外资来帮助。

美国基础设施老旧是众所周知的事实，但要更新这些设施不是轻而易举的事。除了政府资金不足外，还牵涉到环保、社区建设等其他领域。中资要进入美国基层也不是轻而易举的事情，要深入了解本土文化，建立好在当地的人脉关系。美国投资条件最好的是一些农业州。根据《福布斯》杂志多年的评选，美国投资条件排在前十名的大部分是中西部和南方的农业州。这些州的土地、能源、原料相对便宜，政府以各种优惠政策吸引外资，最近这些年的投资增长非常迅速。世界上许多著名的大企业，比如汽车制造业中的奔驰、宝马、丰田、本田，飞机制造业中的空中客车、劳斯莱斯发动机，都在这里开设以美国市场为主的生产基地。中国人以新建或购买方式投资的企业，包括海尔、联想、中石油等等，也都选择在南部的州。现任美国众议院议员、美国南卡罗莱纳州前州长马克·山福德（2003—2011年）任州长时亲自率领南卡罗莱纳的代表团多次到中国，带回来一些大型投资，为本地创造了不少就业机会。

正如美国财政部前部长保尔森在一篇有关中国在美投资的报告中指出的那样，外资对美国直接投资是对美国市场和工人的信任，长远来看，也是对美国经济具有弹性的信任。中国投资者还可以帮助美国企业打入中国庞大的市场。①

中资企业也要与时俱进，跟上西方先进企业文化。西方社会强调企业社会责任（Corporate Social Responsibility）。中资进入美国后除了创造工作机会，还要在环境保护、公共卫生、学校教育等社区建设领域有所贡献。

对外投资不是一锤子买卖，其后续工作同等重要。保尔森建议，投资以后留住人力资源尤其重要。因为外资在美国要面对不同的企业文化、法律制度和监管机制，所以将现有管理团队融入新的母公司并充分发挥他们的才能对并购

---

① Henry M.Paulson，Jr，“Demystifying Chinese Investment in the United States，” Paulson Papers on Investment，Paulson Institute，September 2016，p.2.

的成功事半功倍。[①]中国企业家要学习当地文化和法律，能进行跨文化的沟通。

中国对外投资还会受到国内外一些不确定因素的影响，例如人民币汇率、国家外汇政策、对外投资审批等。中国政府可能为减缓资金外流而实施额外的资本管制。2016年11月底中国人民银行和国家外汇管理局针对资金外流可能会对人民币币值增加压力而推出了新的限制，可能会给中国企业走向世界产生一些负面影响，有的投资项目会延缓，有的甚至可能取消。中国政府针对一些企业以对外投资名义转移资金或在企业核心业务以外的领域投资也会有更严格的审查。另外，美国新总统特朗普上任后中美关系走向如何也会影响到中资进入美国。美方长期以来要求中国市场对等开放，双方还须继续努力缩小投资谈判中的差距，早日签署双边投资协议，规范双方投资行为。

五、"低调"与"高调"

中国投资在海外受到质疑，成为中资进入西方的主要障碍之一。西方对中国投资海外的质疑大致分三类：对中国投资动机的质疑，对投资方式的质疑，对投资实践的质疑。[②]例如，中企对美投资是否出于政治与战略的考虑？是单纯的商业行为还是政府的政策工具？大型中国国企有中国政府优惠政策的支持，具备美国企业没有的竞争优势，这种投资会不会扰乱公平竞争？中国企业会不会破坏当地自然环境和社区和谐？

美国是个分权的国家。尤其是在经济上，美国宪法不允许联邦政府直接干预地方经济事务。只有州际间的经贸事务联邦才能插手。于是，那些到首都华盛顿各个部门的办公大楼来找门路的中国企业和投资家，往往只能空手而归。州政府和地方政府的经济发展部门比联邦的影响更大，当地政府直接主导当地经济事务，直接对当地经济发展负责。所以有意投资美国的中国企业要直接跟地方政府打交道。

---

① Henry M.Paulson, Jr, "Demystifying Chinese Investment in the United States," Paulson Papers on Investment, Paulson Institute, September 2016, pp.20—21.

② 王梅：《中国投资海外》，第2页。

中资到美国投资，至少有三种情形会触动当地的政治底线。一是去美国炒作房地产，当地百姓的直接体验是他们的房价高了。二是把并购后的生产线拆了，运回中国。三是把中资企业在美国的投资用“占领战略制高点”一类的准军事用语去宣传。①有些投资只要进入了媒体、选区议员的视线，事情就难免被抽象化、政治化，从一个地方性的事件变成一个全国性的话题。美国政治有上下两极化之分，人们的视角不同，观点也完全不同。在首都华盛顿，政治气氛浓郁，各种政治势利不断角逐。在这一大气候下，谁都想保持“政治正确”。而各州和地方政府最关心的是当地经济。同样是中国投资项目，华盛顿会比较谨慎地考虑安全问题，而地方政府看到外资给当地带来实惠一般非常欢迎。

2013 年 5 月，中国的双汇公司以 71 亿美元收购美国弗吉尼亚州“火腿之都”史密斯菲尔德镇的史密斯菲尔德肉类公司，成为当时中国公司在美国最大的一起并购案。从当时的报道来看，本地与全国的媒体提出了各种各样的疑问：中国人会不会改变这里食品的味道？会不会改变当地的文化？会不会换掉整个管理层，将这里变成中国生产食品的基地，以至于将严重的食品安全问题出口到美国？公司的管理方式有没有什么改变？人们对前途有什么展望？究竟有多少中国人来了？开始时当地人有几分不安，但他们很快就意识到了中国投资会带来的好处，并借此打通国际营销的门路。双汇完全没有干预公司的运作，连管理人员也没有更换。双汇派来的三位管理人员基本不露面。双汇以无为而治的低调的方式，逐渐赢得了史密斯菲尔德人的信任。②

一般来说，只要能给当地居民创造就业机会，外资在美国是受欢迎的。中资进入美国前或谈判过程中应低调，免得成为众矢之的。中资企业在美投资要尽量小心谨慎，保持低调，特别是在一些较敏感领域，避免撞上美国国家安全机器的南墙。一旦进入美国市场并已成功运转后，中方应适当高调宣扬其对美国经济的贡献，特别是通过数字例如创造了多少工作机会来让普通美国老百姓了解中国企业对当地的贡献。中资企业要成为当地社会的一部分，保护社区环境和文化，为社区建设作贡献，包括给当地学校、医院、老人院捐款等，增强

① 查道炯：《中美关系的“三个不能”》，FT 中文网，2016 年 12 月 6 日。

② 龚小夏：《中国在美投资观察：无影无踪的怒火》，美国之音中文网，2014 年 8 月 12 日。

企业社会责任。在当地招聘时也要照顾到各种族各阶层的利益。在美中关系全国委员会2015年10月举行的全美"中国市政会议"(China Town Hall)上,来自南方亚拉巴马州小镇托马斯维尔(Thomasville)的镇长谢尔登·戴(Sheldon Day)现身说法,介绍中国企业如何帮助当地发展经济,增加就业机会,而当地居民又如何帮助中方工作人员和家属融入当地社会,成为一段佳话。

在美国已立足的中国企业可以通过美国媒体介绍中资如何帮助美国人就业。例如万达董事长王健林2016年12月通过媒体发声,介绍万达已在美国投资超过100亿美元,雇用了两万多美国人,让美国人和美国新政府清醒地认识到阻碍中国投资对美方不利。①马云在2017年1月会见特朗普时宣布阿里巴巴在今后五年将帮助美国创造100万个工作机会,给美国中小企业特别是制造业和电子商务带来新的希望。②这些高调宣传能帮助减少美国人对中国投资的疑虑。

六、结　语

通过对外投资,中国已经更深入地融入全球化浪潮。中国企业在对外投资中还存在很多问题。首先,因为时间短、速度快,中国企业普遍存在国际化经营经验缺乏、管理能力不足和人才匮乏等问题。其次,中国企业在国际化经营过程中,鲜少履行企业社会责任。如何处理和东道国政府、竞争对手、合作伙伴之间的关系成为企业要面对和解决的新课题。再次,中国企业在对外投资中"鹬蚌相争",相互之间竞争严重。最后,中国政府虽然提出了"走出去"战略,但从总体来看,国家政策和管理体制的关注点多在前期审批环节,而对服务环节关注不足。③中国企业要真正融入世界经济,做一个合格的世界公民,还需担当更多企业社会责任,在实践中不断学习与完善。中国还没有《海外投资法》来规范和管理境外投资的基本法律,未来需要建立统一的管理机构处理对外投

① Tara John, "China's Richest Man Says Donald Trump Could Cost the U.S. Thousands of Jobs," *Fortune*, 2016年12月12日, http://fortune.com/2016/12/12/donald-trump-china-jobs/。

② "Alibaba's Ma Meets Trump, Promises to Bring One Million Jobs to U.S.," *Reuters*, 2017年1月10日: http://www.reuters.com/article/us-usa-trump-alibaba-idUSKBN14T1ZA。

③ 隆国强:《中国对外投资的"是"与"非"》,长江商学院《长江》杂志2013年8月号, http://cn.ckgsb.com/Article/Detail.aspx? ColumnId = 2050&ArticleId = 12543。

资事务。

中资走向美国是中国进一步崛起的标志，也是实现国家富强、民族复兴的“中国梦”的体现。在中国，对于中国企业海外投资行为的研究仍处于起步阶段，没有得到主流经济学界的充分重视。[①]随着中资大量进入发达国家，有关课题的研究将成为热门。

从投资发展中国家到发达国家，这是中国经济转型质的飞跃，也是世界经济贸易发展史上的突破。中国作为一个发展中国家，通过贸易和投资为西方发达国家经济恢复和发展作出突出贡献，这给世界经济、国际贸易和对外投资研究提供了翔实的案例，为新的对外投资理论建设提供了实证基础。

中资大量进入美国给中美关系带来新变化、新格局，也带来了新的机遇和挑战。过去两三百年西方跨国公司主导着国际贸易和跨国间资金流动，游戏规则也是西方国家制定的。目前美国累计在华直接投资是中国在美投资存量的四倍多，但 2015 年后，中国年度对美投资超越美国对华投资，后发制人态势明显。中国在美投资最初为寻求技术、品牌和人才等战略资产而来。近年来的投资新增了追求财务回报，以及靠近美国消费者以巩固海外市场等多层次的动因。

国际社会特别是美国对中国经济的崛起和中资大规模进入美国社会显然还有一个适应过程。当然这些新变化引起的反应也体现了中美关系中互信不足的老问题。美国对自己的盟友也提防着，对中国这个最大的潜在威胁当然会疑虑重重，很多问题会提到国家安全的高度来看待也不足为奇。中美双方如果能坐下来，客观对待双边投资中出现的一些问题和挑战，共同找出解决之道，将取得双赢的结局。双边投资协议的签订变得更加迫切。投资协议能将投资规范化，减少不必要的摩擦和误解，使进入对方投资更加畅通，为中美经济互惠提供保障，也为中美关系发展作出贡献。

---

① 王梅：《中国投资海外》，第 XI 页。

青年论坛

“Able Archer 83”事件与里根主义的逆转：冷战时期美苏关系第三次缓和探源

王　浩*

【内容提要】　长期以来，国际关系学界普遍认为冷战时期美苏关系的第三次缓和出现在1985年戈尔巴乔夫出任苏联最高领导人并推行“改革与新思维”之后。然而，根据冷战结束后的诸多解密文件、当事人回忆录及部分学者的研究，上述观点与史实并不相符。美苏关系的第三次缓和实际肇始于1983年底到1984年初，它源于美国突然改变此前奉行的“里根主义”及其采取的对抗姿态，主动对苏推行“接触”政策，而当时的苏联并未开始改革。里根政府的上述战略逆转，主要是因为20世纪80年代初美苏关系重新陷入高度紧张，尤其是代号为“Able Archer 83”的北约核军事演习所带来的超级大国核战争危机，迫使美国重新思考自身的冷战战略。因此，本文力图通过近年来解密的相关历史文件，透视“Able Archer 83”事件的前因后果，进而探析里根主义得以逆转和冷战时期美苏关系实现第三次缓和的真正原因。

【关键词】　“Able Archer 83”　罗纳德·里根　美苏关系　冷战

* 王浩，博士，复旦大学美国研究中心讲师。

1983年11月2日至11日，北大西洋公约组织（NATO）在欧洲举行了一次代号为"Able Archer 83"的联合军事演习。①由于此次军演以模拟北约对苏联发起核打击为主要内容，加之当时的美苏关系极为紧张，因此苏联在高度恐慌的情况下险些"先发制人"，引爆超级大国核战争。在一些历史学家和事件亲历者看来，"Able Archer 83"事件可以说是自1962年古巴导弹危机之后人类最为接近核大战边缘的时刻。②富有戏剧性的是，此次核战争危机也成为冷战时期美苏关系的一大转折点：里根政府在"Able Archer 83"事件后立即调整了自其上任以来对苏联实行的强硬对抗战略，主动开启了美苏关系第三次缓和的序幕，

---

① "Able Archer 83"可译为"1983年北约优秀射手军事演习"；苏联情报机构则将此事件称为"秋季锻造"（Autumn Forge），因为在苏联看来，11月的军演只是那年秋季以来一系列危机的最高潮。"Able Archer 83"这一术语得以流行，最初源于1988年10月16日英国《星期日电讯报》（*The Sunday Telegraph*）的一篇文章："Brink of World War Ⅲ：When the World Almost Went to War"。

② 有关"Able Archer 83"事件的文件在近年来才有很小的一部分得以解密，因而美国学术界对该问题的研究依然处于发展阶段。Declassified Documents Reference System（DDRS）及Digital National Security Archive（DNSA）两大数据库收录了已解密的相关文件。截至目前，对于该问题的主要研究成果可分为当事人回忆录和学者的学术成果两大部分，参见Peter Vincent Pry，*War Scare*：*Russia and America on the Nuclear Brink*（Westport：Praeger，1999）；Beth A. Fischer，*The Reagan Reversal*：*Foreign Policy and the End of the Cold War*（London：University of Missouri Press，2000）；Don Oberdorfer，*The Turn*：*From the Cold War to A New Era*（New York：Poseidon Press，1991）；Benjamin B. Fischer，*A Cold War Conundrum*：*The 1983 War Scare*（Washington D.C.：Central Intelligence Agency，1997）；Gorden Brook-Shepherd，*The Storm Birds*：*Soviet Post War Defectors*（New York：Weidenfeldand Nicolson，1989）；Christopher Andrew，*For the Presidents' Eyes Only*：*Secret Intelligence and the American Presidency from Washington to Bush*（New York：Harper Collins Publishers，1995）；Christopher Andrew and Oleg Gordievsky，*Comrade Kryuchkov's Instructions*：*Top Secret Files on KGB Foreign Operations*，*1975—1985*（Stanford：Stanford University Press，1993）；Geoffrey Howe，*A Conflict of Loyalty*（New York：St Martin's Press，1994）；Vojtech Mastny，"How Able Was 'Able Archer'？Nuclear Trigger and Intelligence in Perspective，" *Journal of Cold War Studies*，Vol.11，No.1，2009，pp.108—123；Stephen J.Cimbala，ed.，*Russia and Armed Persuasion*（Lanham，MD：Rowman and Littlefield，2001），pp.57—82；John Prados，"The War Scare of 1983，" in Robert Cowley ed.，*The Cold War*：*A Military History*（New York：Random House，2005），pp.438—454；Jonathan M.Dicicco，"Fear，Loathing，and Cracks in Reagan's Mirror Images：Able Archer 83 and An American First Step toward Rapprochement in the Cold War，" *Foreign Policy Analysis*，No.7，2011，pp.253—274。

进而为冷战的和平终结奠定了基础。①因此，国际关系和历史学界长期以来的一大共识，即美苏第三次缓和及冷战的结束始于1985年戈尔巴乔夫出任苏联最高领导人并推行“改革与新思维”，与史实并不相符。在本文中，笔者将力图通过近年来解密的相关历史文件，透视“Able Archer 83”事件的前因后果，进而探析里根主义得以“逆转”和冷战时期美苏关系实现第三次缓和的真正原因。

一、“Able Archer 83”事件的背景

“Able Archer 83”事件之所以能将美苏两个超级大国带入核大战边缘，不仅源于其本身高度敏感和紧张，更重要的是20世纪70年代末80年代初美苏关系出现了一系列新变化：随着1979年苏联在欧洲部署SS-20导弹并公然入侵阿富汗，长达十余年的美苏“缓和”（detente）宣告结束；1981年共和党人罗纳德·里根（Ronald Reagan）就任美国总统后，美国开始对苏联采取强硬对抗的新“遏制”战略。因此，笔者在本部分将主要分析从里根上台到“Able Archer 83”事件爆发这段时间的美苏关系，以此作为探究该事件的背景。

（一）重整旗鼓：里根的对苏战略反攻（1981—1983年）

20世纪六七十年代的美国，外有越南战争僵局，内有社会分裂和经济“滞胀”，因而被迫推行对苏“缓和”政策和均势外交。②与此同时，苏联却借“缓和”之机对美国形成了重大战略和地缘挑战：一方面，1962年古巴导弹危机后，

① 里根对苏政策“逆转”的戏剧性过程主要体现在其回忆录中，笔者将在下文中予以详尽阐述。参见Ronald Reagan: *Ronald Reagan: An American Life*（New York: Pocket Books, 1990）。一般认为，冷战时期的美苏关系大体经历了三次紧张与三次缓和：1946—1956年，以东西欧分裂和朝鲜战争为标志，为第一次紧张时期；1956—1959年，以苏共二十大和美苏首脑“戴维营会谈”为标志，为第一次缓和时期；1959—1962年以柏林、古巴危机为标志，为第二次紧张时期；1963—1979年以欧洲的“解冻”和美苏核裁军谈判为标志，为第二次缓和时期；1979—1984年以苏联入侵阿富汗、里根对苏推行强硬政策为标志，为第三次紧张时期；1984—1991年以戈尔巴乔夫改革为标志，为第三次缓和时期。参见John Lewis Gaddis, *The Cold War: A New History*（New York: Penguin Press, 2005）。

② Henry Kissinger, *Diplomacy*（New York: Simon and Schuster, 1994）, pp.655—740; Henry Kissinger, *White House Years*（New Haven: Phoenix Press, 1979）, pp.761—762, 955.

苏联开始在战略武器方面全力追赶美国，结果到20世纪70年代时，苏联的核力量已与美国平起平坐，特别是其在洲际弹道导弹方面突飞猛进的发展使美国的核安全形势更加严峻。另一方面，苏联借美国深陷中南半岛之际，开始向第三世界进行广泛渗透和扩张，从而削弱了美国的国际战略地位。①例如，在美苏“缓和”期间，尽管苏联在柏林、越南等问题上与西方进行了合作，但却向更广大的边缘地带，如南亚（1971年）、安哥拉（70年代中期）、埃塞俄比亚（70年代后期）、南也门（1978年）及阿富汗（1979年）等地进行大规模扩张。②可以说，苏联的上述战略扩张集中体现了在“相互确保摧毁”（Mutual Assured Destruction，MAD）核态势下的“稳定—不稳定悖论”（The Stability-Instability Paradox）。③

作为“美利坚原教旨主义者”（American Fundamentalist），里根“不折不扣地相信美国例外论”、敌视共产主义意识形态，因而面对苏联咄咄逼人的“进攻”态势，里根上台伊始便迅速扭转了美国此前的被动局面，对苏联发起了猛烈的战略反攻，提出了著名的“里根主义”（the Reagan Doctrine）。④笔者认为，“里根主义”的本质就是在意识形态和对外战略两方面同时对苏联施加强大压力，以使美国在冷战对抗中迅速扭转颓势并全面占据上风。⑤

在意识形态上，里根认为莫斯科旨在推动“世界革命和建立一个共产主义

---

① Henry Kissinger，*Diplomacy*，chapter 29.

② Henry Kissinger，*Diplomacy*，p.763.

③ “稳定—不稳定悖论”意味着两个由核武器武装起来的敌对国家中的任何一个都会发动与对方的战争，因为双方都相信不会升级为全面核战争；或者它们都不会发动战争，因为担心可能会升级为全面核战争，但它们往往会通过常规力量甚至核威胁展开战略竞争，从而造成国际和地区形势的紧张和动荡。冷战期间，这一悖论导致了第二种后果。格伦·斯奈德（Glenn Snyder）是第一个阐述这一悖论的学者。参见 Glenn H.Snyder，“The Balance of Power and the Balance of Terror，” in Paul Seabury，ed.，*The Balance of Power*（San Francisco：Chandler，1965），pp.198—199。也可参见 Robert Jervis，*The Illogic of American Nuclear Strategy*（Ithaca：Cornell University Press，1984），pp.31—33，148—157。关于“稳定—不稳定悖论”在冷战时期的战略影响，参见 Robert J.Art and Robert Jervis，*International Politics：Enduring Concepts and Contemporary Issues*（New York：Pearson，2010），chapter 10。

④ Gordon A. Craig and Alexander George，*Force and Statecraft：Diplomatic Problems of Our Time*，3rd edition（New York：Paperback，1995），p.129.

⑤ 对“里根主义”的解析，参见 Mark P. Lagon，*The Reagan Doctrine：Sources of American Conduct in the Cold War's Last Chapter*（Westport：Praeger，1984）；Garthoff，*The Great Transition*；James M.Scott，*Deciding to Intervene：The Reagan Doctrine and American Foreign Policy*（Durham：Duke University Press，1996）。

帝国”，这是他对苏联的根本认知。①因此，他于1981年5月在圣母大学发表就职演说时便指出，苏联正在书写“共产主义这一人类历史上少数奇怪篇章中的最后几页”②。1982年6月8日，里根受邀在英国议会演讲，更是直接攻击马克思列宁主义，公开邀请苏联同美国进行思想和价值观竞争，还提出美国要在全世界推广西方民主价值观，并制定一项“把马列主义扔进历史垃圾堆中去”的“向自由和民主迈进”的长远规划。③里根对苏意识形态攻势的高潮出现在1983年3月8日，当他向“美国福音派协会”年会致辞时，公开宣称苏联为“邪恶帝国”（Evil Empire），是世界上“发生一切动乱的根源”④。可以说，这是此前历届总统从未敢公然发起过的直接意识形态挑战。

在对外战略上，“里根主义”的核心有二：一是大幅增加军费并制定新军事战略，二是在与苏联的军备控制谈判中采取拖延政策、将谈判与否同苏联的对外行为挂钩。⑤就第一点而言，由于里根认为苏联军力的发展已对美国国家安全构成实际威胁，因而美国必须大力重整军备，“以实力求和平”。⑥例如，面对70年代苏联在军事领域赶超美国的局面，里根一上台就提出旨在扩充军备的防务计划。随后，美国的军事开支从1981年的1 575亿美元急剧增长到1983年的2 099亿美元，年均增长率在15%以上，显著高于卡特政府时期和里根政府后期的增速。⑦

---

① 参见 *Public Papers of the Presidents of the United States*：*Ronald Reagan*，*1981*，Washington，D.C.：U.S. Government Printing Office，1982，p.57；Reagan，“The President's News Conference，” January 29，1981，http：//www.presidency.ucsb.edu/ws/? pid=44101，登录时间：2014年9月12日。

② Reagan，“Commencement Address at Notre Dame，” May 1981，http：//www.examiner.com/article/text-ronald-reagan-s-notre-dame-commencement-address-from-1981，登录时间：2014年9月12日。

③ Ronald Reagan，“Address to Members of the British Parliament，” June 8，1982，http：//www.reagan.utexas.edu/archives/speeches/1982/60882a.htm，登录时间：2014年9月14日。

④ Ronald Reagan，“Remarks at the Annual Convention of the National Association of Evangelicals，” March 8，1983，http：//www.americanrhetoric.com/speeches/ronaldreaganevilempire.htm，登录时间：2014年9月15日。

⑤ Beth A.Fischer，*Foreign Policy and the End of the Cold War*，p.25.

⑥ Ibid.，p.19；Ronald Reagan，“The President's News Conference”.对该时期美国安全战略的全面分析，参见 Caspar Weinberger，“U.S. Defense Strategy，” *Foreign Affairs*，Vol.64，No.4，1986，pp.675—697.

⑦ *Statistical Abstract of the U.S. 1990*，U.S. Department of Commerce，p.330.对里根上任之初大力增加防务开支的详尽分析可参见 Caspar Weinberger，*Fighting For Peace*：*Seven Critical Years at the Pentagon*（London：Penguin Group，1990），pp.28—55。

又如，里根政府提出了"横向升级战略"，即美国不仅要在西欧、中东和东亚等重点地区抵挡苏联攻势，还要在苏联的势力范围内发动进攻，使其措手不及，这具体体现为继续推进北约在欧洲部署射程为1 500英里（约2 414千米）的中程导弹（即"潘兴Ⅱ"导弹）的计划。①此外，里根政府还提出了"低烈度战争"战略，即除"核威慑"外，美国要确保取得常规战争的胜利。②再如，里根最重要也最著名的军事战略思想"战略防御倡议"（SDI，又名"星球大战计划"），致力于建立一种防御体系，使苏联核导弹在起飞、进入太空和重新进入大气层袭击目标的不同阶段，美国能够运用太空及地面武器进行层层拦截，从而能攻能守。③1983年2月23日，里根在宣布这一计划时使用了如下描述："我号召曾经给予我们核武器的我国科学界，现在起投注才智到人类和平的大业上：给予我们使这些核武器变得无能与过时的方法。"④ 就第二点即军控谈判而言，里根政府采取了如下策略：首先，对美苏第二阶段限制战略武器谈判（SALT Ⅱ）持否定态度，因为在整个谈判期间苏联的核能力不仅未受限制，反而得以倍增；⑤其次，先后提出"零点方案"（Zero Option）及裁减战略武器谈判（START）方案，但由于上述提议均明显有利于美国、不利于苏联，因而招致苏方反对，使谈判最终破产。⑥不难看出，里根在武器限制议题上不仅没有诚意，而且采取了故意拖延的政策，其目的就是"重整旗鼓"，通过建立自身优势迫使苏联行为发

① 美国在欧洲部署"中程导弹"的首要目的是对苏联部署SS-20导弹进行反击，最终目的依然是消除核武器。参见 Caspar Weinberger，*Fighting For Peace*，p.237。

② Ibid.，pp.204—232.

③ Beth A.Fischer，*Foreign Policy and the End of the Cold War*，pp.26—27. 里根之所以热衷于"战略防御倡议"，主要是出于对超级大国间"相互确保摧毁"存在根深蒂固的不信任，认为它无法从根本上确保实现和平。参见 Beth A.Fischer，*Foreign Policy and the End of the Cold War*，p.104；Reagan，*An American Life*，pp.13，547。

④ 基辛格认为，"中程导弹"计划和"战略防御倡议"两大战略决定对于结束冷战作出了最重要的贡献。参见 Henry Kissinger，*Diplomacy*，pp.775，778。

⑤ Beth A. Fischer，*Foreign Policy and the End of the Cold War*，p. 27；Ronald Reagan，"The President's News Conference，" January 29，1981，http：//www.presidency.ucsb.edu/ws/? pid = 44101，登录时间：2014年9月12日。

⑥ 例如，"零点方案"旨在减少欧洲的中程导弹，而由于当时北约的"潘兴Ⅱ"导弹还未开始部署，因此美方明显旨在针对苏联的SS-20导弹；又如，"START"方案要求美苏双方将陆基和海基的核弹头减至同等数量，而苏联的陆基核弹头多达5 500颗，美国仅为2 152颗，结果明显有利于美方。参见 Beth A.Fischer，*Foreign Policy and the End of the Cold War*，p.28。

生转变，以此作为同后者对话的前提。这也是里根在1981--1983年对苏战略及政策的“总基调”。①

（二）高度恐慌：苏联的过度反应与“瑞恩行动”（1981—1983年）

“里根主义”在苏联引起了巨大震动：首先，它使苏联感到“疯狂领导人”已经在美国出现、美苏核战争的风险正在增加；随后，高度紧张的苏联国家安全委员会即克格勃（KGB）迅速强化了情报搜集工作。苏联这些稍显“过度”的反应反过来又促使里根进一步采取对抗姿态，美苏关系因而进入到了“螺旋模式”（spiral model）的危险境地。②笔者认为，在苏联的过度反应中，“瑞恩行动”的制定极大地加剧了超级大国核战争的风险。

“瑞恩行动”（Operation RYAN）是苏联于1981年5月制定的专门搜集北约对苏发动核打击方面情报的行动计划，其根本目的是在自身遭受核武器攻击前，取得对西方发动大规模毁灭性报复的有效“时间窗口”。③时任克格勃领导人、在“Able Archer 83”事件期间担任苏共总书记的安德罗波夫在“瑞恩行动”制定的秘密会议上指出：“美国新一届政府正在积极准备对苏联发动核打击……苏共中央政治局决定，苏联相关部门接下来工作的重中之重为搜集美国及北约的上述情报。”④为此，苏联将自身的两大情报部门——负责搜集对外情报的克格勃和负责搜集军事情报的格鲁乌（GRU）联合起来，组建一个统一工作小组进行全球范围内的核情报搜集工作，此即“瑞恩行动”。⑤

---

① 直至“Able Archer”事件发生前两天，美国助理国务卿肯尼思·丹姆仍称，苏联改变自身国际行为是美方设定的对话条件。参见 Kenneth Dam，“Challenges of U.S.-Soviet Relations,” *Department of State Bulletin*，*December 1983*，pp.26—30。

② Robert Jervis，*Perception and Misperception in International Politics*，p.59。

③ “瑞恩行动”，或Operation RYAN，源于俄文“Raketno Yadernoye Napadenie”，意为“核导弹突袭”。由于北约在欧洲部署的中程导弹可在十分钟内打到莫斯科，故这一“时间窗口”非常短暂。因此，巨大的时间压力迫使“瑞恩行动”的运作高度紧张。参见 Arnav Manchada，“When Truth Is Stranger Than Fiction,” *Cold War History*，Vol.9，No.1，2009，p.118。下文将会表明，苏联为何如此倚重这一“时间窗口”。

④ 参见 Peter Vincent Pry，*War Scare*，p.9。

⑤ Peter Vincent Pry，*War Scare*，p.9；Gorden Brook-Shepherd，*The Storm Birds*，p.267；Arnav Manchada，“When Truth Is Stranger Than Fiction”，p.117。

事后来看，“瑞恩行动”的制定从两方面加剧了美苏核大战风险。首先，由于苏联政局在1982—1985年间极其不稳，先后更替了四任最高领导人，因而在“Able Archer 83”事件期间，军方实际上掌握了很大的决策权。[①]在这种情况下，苏联将两个情报部门组成联合工作小组的做法，使它们为相互竞争以获取更多政策资源而纷纷夸大了事态的严重性，这就使本来相对激进的军方更易采取非理性行动。[②]更重要的是，“瑞恩行动”的内在风险植根于苏联的核武器发展战略中。冷战期间，美苏两国在这方面有着本质不同：苏联主要根据“先发制人”理念发展核武器，将大部分资源投放到洲际弹道导弹（ICBMs）上。这种导弹能迅速进行打击而且精度高，但其弱点也很明显：由于固定在地面、易受攻击，因而在遭受第一次核打击后其效用会丧失殆尽，不具备第二次打击能力；美国则主要根据“攻防并重”的理念，在发展洲际弹道导弹的同时，将相当数量的资源投放到潜射弹道导弹上（SLBMs），这类导弹的优点是不易被摧毁，但发射速度较慢，适用于第二次核打击。[③]苏联核武器发展战略及其导弹部署特点决定了它压倒性地倚重第一次核打击，这就使“战略误判”的可能性很大，尤其是在情报搜集所拥有的“时间窗口”极为有限的情况下。因此，“瑞恩行动”的出台无疑进一步加剧了误判的风险。[④]

---

① 这凸显了苏联20世纪80年代“老人政治”的困境：勃列日涅夫于1982年11月去世后，安德罗波夫继任，但很快于1984年2月去世；后来继任的契尔年科就职时已年过七旬，仅一年后便与世长辞；直到1985年3月，54岁的戈尔巴乔夫出任苏共最高领导人，苏联政局才得以稳定。

② 有不少分析注意到了在此期间苏联国内政治的特殊状况及官僚政治对此次事件不容忽视的影响。参见Jonathan M.Dicicco，“Fear，Loathing，and Cracks in Reagan's Mirror Images，”pp.253—274；Arnav Manchada，“When Truth Is Stranger Than Fiction，”pp.115—116。有的研究也将“瑞恩行动”的风险归为其意识形态和认知，即苏联认定北约会对它发起核打击，只是时间问题。参见Gordon Brook-Shepherd，*The Storm Birds*，pp.268，271。相关理论参见Robert Jervis，*Perception and Misperception in International Politics*，p.129。

③ 参见Peter Vincent Pry，*War Scare*，pp.10—11。

④ 有学者从历史层面对“瑞恩行动”作了解读，认为苏联从第二次世界大战中被德国突袭的经验教训出发，认为情报工作必须建立在极短时间内能够快速反应并采取行动的基础上，甚至不排除在未得到确凿情报的情况下“先发制人”。这种观念被称为“巴巴罗萨综合征”。参见Paul Bracken，*The Command and Control of Nuclear Forces*（New Heaven：Yale University Press，1983），p.42。

（三）危机升级："Able Archer 83"之前的一系列事件

在"Able Archer 83"事件发生前的几个月里，关系本已高度紧张的美苏之间又接连出现了一系列使危机进一步升级的事件，[①]这就为"Able Archer 83"最终成为关乎战略全局的重大危机提供了决定性诱因。

1. 大韩航空 007 号空难

1983 年 9 月 1 日，一架从美国阿拉斯加飞往韩国首尔的大韩航空 007 号客机（KAL 007）因误入苏联空军基地上空，被一架苏-15 喷气式战机击落，机上 269 名乘客（包括 61 名美国人）全部遇难。事件发生后，里根立即对苏联进行了严厉谴责，称其行为"野蛮"、犯下了"反人类罪"。[②]对此，苏联予以回击，称这是为维护国家安全的被迫之举。[③]显然，这一事件的发生进一步恶化了美苏关系。根据后来解密的国家安全委员会第 102 号决议（NSDD-102），白宫决定强化以"现实主义"和"实力"为原则的对苏政策。[④]

事实证明，该架民航飞机的确严重偏离航线并深入到苏联领空数百英里之内，甚至已接近苏军极为敏感的区域。[⑤]后来，包括里根在内的美国决策层也承认了这一点。[⑥]然而，这一事件的微妙之处在于，即使飞机深入到苏联领空，苏

---

① 有研究表明，除韩航空难外的这些事件或行动是里根政府有计划地对苏进行"心理战"（Psychological Military Operations，PSYOP）的重要组成部分，也是"里根主义"的体现。参见 Nathan Bennett Jones，" 'One Misstep Could Trigger A Great War'，" *Dissertations & Theses-Gradworks*，2009，pp.34—35。

② 参见 Ronald Reagan，"Remarks to Reporters on the Soviet Attack on a Korean Civilian Airliner，" September 2，1983，http：//www.reagan.utexas.edu/archives/speeches/1983/90283c.htm，登录时间：2014 年 9 月 14 日。Ronald Reagan，"Address to the Nation on the Soviet Attack on a Korean Civilian Airliner，" September 5，1983.http：//www.reagan.utexas.edu/archives/speeches/1983/90583a.htm，登录时间：2014 年 9 月 14 日。对于此事件的详尽描述，参见 Seymour M.Hersh，*The Target is Destroyed*（New York：Random House，1986）；Alexander Dallin，*Black Box*（Berkeley：University of California Press，1985）；R.W. Johnson，Shootdown：*The Verdict on KAL 007*（London：Chatto and Windus，1986）。

③ 苏联担心飞机为美国的军用侦察机。相关分析参见 Don Oberdorfer，*The Turn*，pp.51—62；Beth A.Fischer，*Foreign Policy and the End of the Cold War*，pp.112—115；Peter Vincent Pry，*War Scare*，pp.27—32。

④ 资料来源："NSDD-102（Korean Airlines Incident），September 6，1983，" DNSA.

⑤ Beth A.Fischer，*Foreign Policy and the End of the Cold War*，p.113.

⑥ 参见 Don Oberdorfer，*The Turn*，p.51。

方只要加以仔细辨别就可判定其并非军用侦察机。[①]苏联匆忙击落飞机的行为再一次反映出当时军方高度紧张的心理。这一点也给里根和国务卿乔治·舒尔茨（George Shultz）带来了强烈震撼。里根在其回忆录中写道："如果苏联飞行员能够如此轻易地将民航飞机认定为军用飞机，那么如果苏军指挥官的拇指在核按钮附近时又会发生什么？"[②]舒尔茨也评论道："如果苏军飞行员可以犯下这种错误，那么导弹指挥部的高官犯下类似错误会怎样呢？"[③]总之，此事件已经开始让里根政府感受到了"误判"的灾难性后果，这也为里根在"Able Archer 83"事件后迅速调整对苏政策作好了铺垫。

2."潘兴Ⅱ"导弹部署

与其他任何单一事件相比，美国及其主导的北约决定在西欧部署"潘兴Ⅱ"核导弹最为直接地使苏联得出如下结论：西方欲对其进行第一次核打击。[④]更何况在此之前，苏联曾提议美苏双方签署"不首先使用核武器"协议，但被里根坚决拒绝。[⑤]在克里姆林宫看来，"潘兴Ⅱ"导弹的部署是美国为报复古巴导弹危机所采取的行动。[⑥]

到了1983年，使苏联感到尤为紧张的是，北约计划在11月将第一批"潘兴Ⅱ"导弹运至西欧，这就意味着苏联很快将会丧失在欧洲所拥有的洲际弹道导弹优势。[⑦]此外，在苏联看来，北约的此种"挑衅"行为几乎等同于在促成"第三次世界大战"的爆发。例如，时任苏联国防部长的乌斯季诺夫曾指出，美国在联邦德国部署"潘兴Ⅱ"导弹的主要目的就是发动"先发制人"的核打击、

---

① 事后，击落该飞机的飞行员奥希波维奇称，当时他的第一反应即飞机为美国军用侦察机，并称即便机上有民航标志，也可能是用来掩盖军事目的的"把戏"。参见 Beth A.Fischer，Foreign Policy and the End of the Cold War，pp.113—114。

② Ronald Reagan，*An American Life*，p.584.

③ George Shultz，*Turmoil and Triumph*：*My Years as Secretary of State*（New York：Charles Scribner's Sons，1993），pp.362—363.

④ Peter Vincent Pry，*War Scare*，p.16.

⑤ Beth A.Fischer，*Foreign Policy and the End of the Cold War*，p.125.

⑥ 然而如前所述，美国的意图其实是反制苏联于1979年在东欧部署的SS-20导弹，因为该计划是紧随苏方行动而制定的（1979年12月北约秘书长伦斯便已宣布）。参见 Peter Vincent Pry，*War Scare*，pp.1，5。

⑦ Ibid.，p.16.

摧毁苏联的洲际弹道导弹。[①]因此毋庸置疑，当“Able Archer 83”事件恰好发生在11月时（即与北约计划部署“潘兴Ⅱ”导弹的时间几乎重合），苏联的恐惧便不可避免地发展到了极端。因此，莫斯科对西方采取“先发制人”式核打击的可能性也随之达到了最高点。

3.“6号统一作战行动计划”（SIOP-6）

里根上台后，美国的核战略发生了非常明显的重要变化。由于怀疑“相互确保摧毁”（MAD）的核战略信条，里根开始寻求在发生核战争的情况下能够使美国取胜的办法。除了后来旨在提高防御能力的“星球大战”计划外，里根在上任伊始就提出了新的进攻性战略，这鲜明地体现在1981年10月出台的“第13号国家安全决策令”（NSDD-13）中。[②]根据这一指令，美国追求的目标是能够赢得一场为期180天的核战争。[③]为此，美国国防部于1983年10月1日制定了更为具体的“6号统一作战行动计划”（SIOP-6），首次将苏联的政治领导人作为核导弹的精确打击对象。[④]具体而言，该计划旨在摧毁多达50 000个苏联关键目标，其中包括25 000个军事目标、15 000个工业目标和5 000个政治目标。[⑤]

讽刺的是，美国制定这项计划、尤其是将核导弹对准苏联领导人的根本目的本来是使苏联行为得以克制，然而却在事实上进一步刺激了苏联紧绷的神经，特别是在其国内政局不稳的情况下。[⑥]结果是，苏联领导层内的强硬派显著地压

---

① Peter Vincent Pry, *War Scare*, pp.16—17.

② NSDD-13的原始文本目前还没有解密，但笔者在DDRS及DNSA两大数据库中经过检索，发现时任国家安全事务助理麦克法兰的一篇讲话备忘录及时任参联会主席的一份备忘录中均对此有所提及。总的来看，NSDD-13的主要战略目标是指导美国的核作战计划。参见“Memorandum for Robert MacFarlane, October 1985,” DDRS；“Strategic Force Master Plan Required by NSDD-13, January 18, 1982,” DNSA。

③ 参见Desmond Ball,“Revising the SIOP：Taking War-Fighting to Dangerous Extremes”, *International Security*, Vol.14, No.4（Spring 1990）, pp.65—92。

④ 毫无疑问，这在当时高度紧张的情况下使苏联极为恐惧，特别是其领导层内部接连出现最高领袖病重、去世和随之而来的政治斗争的情况下。例如，到1983年10月时，安德罗波夫的病情已经加重，不能如常处理工作。他于次年2月去世。参见Arnav Manchada,“When Truth Is Stranger Than Fiction,” pp.122—124。

⑤ Don Oberdorfer, *The Turn*, p.65.

⑥ Arnav Manchada,“When Truth Is Stranger Than Fiction,” pp.114—116. 在苏联看来，核战争中几无生存可能，因此承受第一次核打击是一件无法想象的事情。参见Andrei A.Kokoshin, *Soviet Strategic Thought, 1917—91*（Cambridge：MIT Press, 1998）, p.132。

倒了温和派，随之而来的是军事情报警戒级别的不断提高。[1]这种"进攻偏见"（offensive bias）伴随激进的"瑞恩行动"使苏联军方越来越倾向于认为西方随时会发动第一次核打击，由此进一步增强了其"先发制人"的冲动。[2]

4. 美国的多个军事行动

在"Able Archer 83"事件发生前的一年多时间里，美国先后进行了多达三次军事行动：一是在1982年黎巴嫩战争期间派遣海军陆战队进行干预，二是在1983年2月以海军F-14战斗机驱逐了2架利比亚米格-23型战斗机以"显示肌肉"，三是于1983年10月底入侵格林纳达。[3]这些行动同样加剧了苏联的恐慌。首先，它使苏联认为美国的军事战略具有不可预测性，因而东西方在短时间内爆发战争的可能性很大；[4]其次，就在"Able Archer 83"事件前一周，美国"杀鸡儆猴"，以军事行动推翻了格林纳达的共产主义政权，而后者恰恰是在苏联和古巴的扶植下上台执政的。

在这种情况下，苏联最高苏维埃第一副主席库兹涅佐夫于美国入侵格林纳达后不久即表示，华盛顿正蓄意谋求世界霸权，国际政治局势已发展到了十分危险的程度，人类正在走向灾难甚至毁灭的边缘。[5]与此同时，苏联国内对里根的个人攻击也达到了最高潮，包括公开宣称里根为"疯子"，甚至将其与希特勒相提并论。[6]因此，到"Able Archer 83"事件前夕，美苏两国间的敌对心态，特别是苏联对美国的极端恐惧，已经达到了任何进一步风吹草动都可能触发战争的程度。

---

① 例如，温和派代表、国防部长乌斯季诺夫在与强硬派代表、总参谋长奥加尔科夫的交锋中显著式微。参见 Jack Snyder，"Civil-Military Relations and the Cult of the Offensive：1914 and 1984，" *International Security*，Vol.9，No.1，1984，pp.108—146。

② "进攻偏见"是由哥伦比亚大学教授杰克·斯奈德（Jack Snyder）提出的概念。参见 Jack Snyder，"Civil-Military Relations and the Cult of the Offensive：1914 and 1984"。

③④ 参见 Beth B.Fischer，*Foreign Policy and the End of the Cold War*，p.125。

⑤ Don Oberdorfer，*The Turn*，pp.64—65；Peter Vincent Pry，*War Scare*，pp.37—38.然而事实上，根据后来解密的美国国家安全委员第110号决议，里根决定在格林纳达部署军事行动的主要考虑并非出于意识形态和战略争夺，而是该国国内政变和失序的出现对当地美国公民的人身安全构成了威胁。虽然美国对苏联和古巴干预格林纳达内政的前景确有担心，但远未上升到使国际局势"白热化"的地步。参见"NSDD-110（Grenada：Contingency Planning)，October 21，1983，" DNSA。

⑥ Don Oberdorfer，*The Turn*，p.65.

二、“Able Archer 83”事件与美苏核战争风险

通过本文第一部分的分析可以看出，美苏在20世纪80年代初几乎走向核战争的深层原因有三：其一，里根上台后推行的“里根主义”给苏联带来了强烈的不安全感，特别是其攻守兼备的核战略致使苏联高度紧张；其二，苏联的过度反应使之在自身行为中进一步增强了与美国的对抗色彩，最终令双方进入到了冲突的“螺旋模式”之中；其三，在这一敏感时期发生的多个突发事件使双方、尤其是苏联本已紧张的神经已趋近“非理性”边缘。在上述背景下，1983年11月2日开始的北约“Able Archer 83”核军事演习成了最终的导火索，将超级大国核战争风险推向了最高点，也因此成为美国迅速调整对苏政策的直接原因。

（一）“Able Archer 83”事件的特殊性

“Able Archer”是北约进行的年度核战争军事演习的代号，其主要目的为提升该组织在实际作战时对核力量进行有效使用的能力，而其主要内容为：第一，模拟北约在发起核打击的整个过程中将会出现的警戒状态，以及对相应的军事命令、军事控制和军事交流系统（C^3I）的运作；①第二，模拟在欧洲进行从常规战争升级为核战争时所需的关键决策过程（decision-making）。②事实上，该年度演习对苏联来讲是一个“公开的秘密”，因为后者已对其跟踪多年。③那么为何1983年的这次演习会让苏联感到恐慌并险些酿成毁灭性的核战争呢？究其原因，除了上文提到的相关背景外，还由于此次演习本身的如下特殊性。

首先，“Able Archer 83”的演习规模和规格均史无前例。就规模来讲，它不仅远远超过了北约此前举行的历次核战争军事演习，甚至超过了所有常规军

① “C^3I”为Command，Control，Communications。它为SIOP-6的关键组成部分，亦即进行核战争指挥的重要系统。然而，有关SIOP-6的原始文本目前尚未解密，相关分析主要见于学者。参见Desmond Ball，“Revising the SIOP，”pp.65—92。

② Nathan Bennett Jones，“‘One Misstep Could Trigger A Great War’，”pp.42—43.

③ 参见Geoffrey Howe，*A Conflict of Loyalty*，p.350。

事演习的规模。例如，"Able Archer 83"演习的范围囊括了从斯堪的纳维亚半岛到地中海、从挪威到土耳其的欧洲，并且参与其中的军事和后勤人员达30多万人。①就规格来讲，"Able Archer 83"计划邀请北约及其盟国最高级别的官员参与其中进行模拟指挥，其中就包括美国总统里根及副总统布什、英国首相撒切尔夫人、西德总理科尔及美国防长温伯格等。②虽然因为考虑到美苏关系已经高度紧张，里根及布什为避免过分刺激苏联而最终决定退出参与演习，但其他重量级人物的出现和史无前例的规模依然令"Able Archer 83"显得尤为"逼真"。

其次，"Able Archer 83"在军事技术上较以往远为先进，例如，北约首次采用了一种可移动并能传输大量数据的微型电脑，使部队能够迅速对各种情况作出反应。③不过，使苏联感到最为疑惧的是此次演习将"潘兴Ⅱ"导弹的模拟发射作为主要内容之一。④尽管后来的事实证明，第一批"潘兴Ⅱ"导弹于演习结束后的11月23日才到达欧洲，但苏联此前有充分的理由担心北约可能假借模拟发射之际对其进行突袭；此外，在美国的"6号统一作战行动计划"（SIOP-6）已经将苏共最高领导人作为核导弹精确打击目标的情况下，苏联的上述担心很容易导致其"先发制人"、引爆核大战。⑤

最后，北约在"Able Archer 83"举行前后采用了极难破译的全新电文格式，并且在这段时间里美英间的通信频率大幅上升，这些都在很大程度上加剧了苏联的担忧。⑥虽然美英之间的通信交流主要是因为英国对美国入侵作为英联邦成员的格林纳达表达抗议与不满，但不知情的苏联情报机构仅从通信频率骤

① Beth A.Fischer, *Foreign Policy and the End of the Cold War*, p.123.

② 参见 Ibid., Jay Winik, *On the Brink* (New York: Simon and Schuster, 1996), p.290。

③ Nathan Bennett Jones, " 'One Misstep Could Trigger A Great War'," p.43.

④ Peter Vincent Pry, *War Scare*, p.34.此外，根据1983年9月21日制定的第104号美国国家安全决策令（NSDD-104），美方决定即使在与苏联进行限制战略武器谈判时，"潘兴Ⅱ"导弹在西欧的部署也将继续，因为它关乎整个北约处理危机的能力和范围。参见"U.S. Approach to INF Negotiations-Ⅱ, September 21, 1983," DNSA。

⑤ 在此期间，苏联情报工作的一大悖论和危险是，随着北约核导弹等技术的不断进步，"瑞恩行动"越是深入挖掘北约的情报，就越有理由担心后者可能会对其进行第一次核打击，而这反过来也越有可能迫使自己"先发制人"。参见 Peter Vincent Pry, *War Scare*, p.34, Nathan Bennett Jones, " 'One Misstep Could Trigger A Great War'," Part 3; Arnav Manchada, "When Truth Is Stranger Than Fiction," pp.116—120。

⑥ Peter Vincent Pry, *War Scare*, p.37.

增这一现象出发，即断定北约这两个最主要盟国在计划对其发动突袭。①总之，在“Able Archer 83”核军演期间，苏联对美国的错误认知达到了十分罕见的程度，这就加大了其行为的“非理性”可能。

（二）一触即发：“Able Archer 83”事件过程概述（1983 年 11 月 2 日—11 日）

当北约于 1983 年 11 月 2 日如期进行“Able Archer 83”演习时，苏联的“瑞恩行动”也进入到了实施的最关键阶段。时至今日，尽管由于苏联方面档案的原因，历史学家依然不能确定苏联的哪些党政军领导人具体负责“瑞恩行动”和应对“Able Archer 83”事件，但许多资料表明该事件很有可能引起了苏共高层的关注和忧虑。例如，苏共政治局委员罗曼诺夫在 11 月 6 日举行的庆祝十月革命胜利 68 周年大会的讲话中称：“或许第二次世界大战以来的世界还没有哪个时期像当前这样紧张……现在的国际形势已趋于白热化，彻底的白热化。”②

作为对“Able Archer 83”核军演的回应，苏联克格勃在 11 月 5 日以及 8 日至 9 日之间向其驻扎在北约国家的情报机关连续发送秘密电报，称莫斯科认为西方对苏发动核打击的可能时间表为 7 天到 10 天，而这几乎与“Able Archer 83”的持续时长完全重合。③此外，克格勃和格鲁乌安插在西方的分支机构都得到了来自莫斯科关于进一步强化情报搜集的指令。④该指令警告说，美国的军事基地一旦提升警戒就意味着北约马上会对苏联进行核打击。⑤这一结论主要源于苏联长久以来的一大军事信条，该信条认为核突袭与核演习的边界非常模糊，敌人在一次看似军事演习的过程中随时可以发动真正的进攻。⑥令人不安的是，

---

① Peter Vincent Pry，*War Scare*，p.37.

② “Romanov Keynotes Nov.7 Celebration”，转引自 Beth A.Fischer，*Foreign Policy and the End of the Cold War*，p.129。

③ 苏联认为，突袭是当时条件下对手发动核攻击的理想选择，并且一般而言，从作出决定到发出进攻命令大体上需要 7—10 天时间。参见 Christopher Andrew，*For the Presidents' Eyes Only*，p.476。

④ Arnav Manchada，“When Truth Is Stranger Than Fiction”，p.117.

⑤ Christopher Andrew and Oleg Gordievsky，*Comrade Kryuchkov's Instructions*，p.87.

⑥ 遗憾的是，苏联的这种担忧在事后才令美方意识到问题的严重性。美防长温伯格后来承认，在当时的情况下的确很难区分军事演习与发动战争。参见 Ibid.，p.69。

苏联情报部门已经监测到了北约的以下两点新动向：首先，北约的核力量已经进入到最高警戒即一级戒备状态(DEFCON-1)；①其次，美国的军事基地出现了持续约一个小时的"无线电静默"。在苏联看来，这些都意味着北约随时会对其发动核战争。②结果是，苏联此时的紧张程度已经达到最高点，"先发制人"的核报复行动似乎一触即发。③

美国中央情报局（CIA）的报告证实了苏联方面的上述情况。美方注意到，苏联在"Able Archer 83"军演开始后迅速提升了部署在东欧的军队及核设施警戒水平。④例如，华约在东德和波兰的军事基地有12架可携带核武器的飞行器处于高度戒备状态；此外，苏联及其他华约成员国在波罗的海和捷克斯洛伐克附近的军事活动也急剧增多。又如，苏联空军第四师在此期间加强了自身戒备，并在4日至10日间暂停了所有战斗飞行训练。⑤美国中央情报局前分析师文森特·普里（Vincent Pry）认为，这些活动只是苏联准备进行反击行动的冰山一

① 这通常表明北约已作好战斗准备，很可能在数天甚至数小时内发起打击。Peter Vincent Pry，War Scare，p.39.

② 所谓"无线电静默"，是指在重大军事行动开始前进攻方关闭无线电联络以避免大规模部队集结和联络造成使敌人发现自身意图的行动。作为事件亲历者，当时被英国军情六处策反的苏联特工戈德尔维斯基在其自传中记录了这些细节。参见 Oleg Gordievsky, *Next Stop Execution*：*The Autobiography of Oleg Gordievsky*（London：Macmillian，1995），p.272。当然从事后来看，苏联的担忧纯属多余：首先，美国军事基地提升警戒是由于美国在黎巴嫩的海军营房于10月23日发生爆炸；其次，一小时的"无线电静默"是"Able Archer"演习的惯例。参见 Arnav Manchada，"When Truth Is Stranger Than Fiction，" p.123。对于美国当时在黎巴嫩危机中采取的决策，已解密的美国国家安全档案有详尽的说明。参见 George Shultz，"Sentiment in Congress with Respect to the Bombing in Beirut and our Policy in Lebanon，October 26，1983，" DDRS。

③ Brook-Shepherd，*The Storm Birds*，p.270；Martin Walker，*The Cold War and the Making of the Modern World*（London：Fourth Estate，1993），p.227.在这里特别需要注意的是，本文此前提到的苏联两大情报机构克格勃和格鲁乌由于存在竞争关系，因而在"Able Archer 83"事件中通过"瑞恩行动"而夸大了事态的严重性。格鲁乌在这方面尤为明显，甚至捏造虚假情报以引起高层注意。例如，格鲁乌虚构的有关"潘兴Ⅱ"导弹的警戒被其解读为北约提前秘密运送该导弹到欧洲。所有这些都加剧了苏联的恐惧心理和当时的危机程度。参见 Robert Gates，*From the Shadows*：*The Ultimate Insider's Story of Five Presidents and How They Won the Cold War*（New York：Simon and Schuster，1996），p.271；Peter Vincent Pry，*War Scare*，p.34。

④ Arnav Manchada，"When Truth Is Stranger Than Fiction"，p.121.

⑤ 对于上述活动的分析参见 Robert Gates，*From the Shadows*，p.272。不过，这些行动到底来自当地军事指挥官的命令还是莫斯科的指示到目前为止还是个未解之谜。参见 Peter Vincent Pry，*War Scare*，p.42。

角，根据苏军的历史惯例，苏联的洲际弹道导弹应该已经作好了发射准备。①

（三）历史之谜：核战争缘何得以避免？

在上述“一触即发”的情况下，“Able Archer 83”演习却最终平静地结束了。“歇斯底里”的苏联为何没有按下核按钮，超级大国间的核战争灾难缘何得以幸免？直到今天，由于大量相关档案仍未解密，历史学家依然无法揭晓这个历史之谜的谜底，更无法想象假若“Able Archer 83”演习再持续一段时间会发生什么。因此接下来，笔者将主要根据现有的研究成果和已经解密的文件，对“Able Archer 83”事件最终没有引发核战争提供三种解释。②

第一种解释是，西方在“Able Archer 83”事件中采取了使危机逐步降级的措施，因而得以避免冲突。③例如，时任美国国家安全事务助理的罗伯特·麦克法兰（Robert McFarlane）在事件开始前曾提议，为避免过分刺激苏联，里根与布什最好取消参与指挥演习的计划。如上文所示，二人最终没有参与其中。又如，被西方“策反”的苏联特工戈德尔维斯基（Gordievsky）在“Able Archer 83”演习期间，曾向英国情报机关军情六处报告了“瑞恩行动”的重要指令，从而使西方及时采取了使苏联的紧张神经得以平息的措施。④然而，该解释有着明显的内在问题。戈德尔维斯基在其后来的回忆录中称，尽管他向军情六处提供了苏联方面的信息，但他的情报始终未得到重视，因为西方对其依然充满怀疑。⑤

第二种解释认为，尽管“Able Archer 83”演习的确使苏联面临史无前例的遭受北约核打击的风险，但该事件本身并未达到迫使苏联最高层决定“先发制

---

① 这些导弹很难被美国侦察到。参见 Peter Vincent Pry，*War Scare*，p.44。

② 下述解释主要依据两类材料，一是学者的研究成果，包括 Martin Walker，Beth A.Fischer，Jay Winiker 等对该问题的学术分析；二是事件当事人的回忆录及其中提及的相关解密文件，包括戈德尔维斯基、多雷尔和盖茨等人的“第一手资料”。

③ 参见 Martin Walker，*The Cold War*，p.227；Christopher Andrew and Oleg Gordievsky，*Comrade Kryuchkov's Instructions*，p.88。

④ 参见 Stephen Dorill，*MI6*：*Fifty Years of Special Operations*（London：Fourth Estate，2000），pp.743，749。

⑤ Oleg Gordievsky，*Next Stop Execution*，p.376.

人"的程度。这种观点的主要依据是，在苏联党政军高层的回忆录中，该事件几乎未被提及。①此外，1984年，一份中央情报局的评估报告（SNIE）称，虽然苏联看似紧张，但并未与西方进行"危机外交"式的沟通，因而苏联的战争恐慌仅仅是为了进行意识形态宣传。②这一解释同样难以令人信服，因为通过上文的分析可以看出，在11月5日以及8日至9日之间，"瑞恩行动"的确将紧急状态升至最高级别，并且克格勃一改过去依靠东德情报机关史塔西（Stasi）报告北约动向的做法，直接对情报进行搜集和分析。③这些都表明苏联的恐惧是毫无疑问的。

第三种也是到目前为止最为合理的解释是，"瑞恩行动"的执行者——克格勃和格鲁乌并未将与"Able Archer 83"相关的紧急情况及时向苏联国防部和政治局报告。④因此，接下来的问题便是：这两个情报机构为什么会保持沉默？对于这一问题，目前主要有两种答案：第一，从常识角度看，"瑞恩行动"最终很可能并未认为"Able Archer 83"值得予以紧急关注。尽管此前出于各种原因，"瑞恩行动"倾向于夸大事态的严重性，但真正到了核战争边缘时，苏联情报部门又恢复了理性的分析。例如，它们认为苏联在此前一年刚进行过旨在威慑西方的核军事演习，而"Able Archer 83"与此并无本质差异，⑤加之随着演习趋于平息，事态终究没有恶化。第二个答案是，"瑞恩行动"在"Able Archer 83"事件期间明显"失职"。如前所述，由于此时苏联的政治领导层极其不稳定，军方掌握了更大的权力。在这种情况下，苏联对"Able Archer 83"的反应很可能仅仅停留在权力的中高层，并未到达敏感的政治局层面；由于演习时间较短，

① Arnav Manchada, "When Truth Is Stranger Than Fiction," p.125.

② Director of Central Intelligence, CIA, "Implications of Recent Soviet Military-Political Activities," *Special National Intelligence Estimate*, 11-10-84/JX, 18 May 1984. 转引自 Ibid。

③ 参见 Vojtech Mastny, "The New History of the Cold War Alliances," *Journal of the Cold War Studies*, Vol.14, No.2, 2002, pp.55—84。

④ 这也就解释了为何在苏联情报部门不断提升警戒状态的情况下，苏联党政军高层却没有出面干预。参见 Arnav Manchada, "When Truth Is Stranger Than Fiction," p.126。

⑤ 参见 Benjamin Fischer, "Intelligence and Disaster-Avoidance: The Soviet War Scare and US-Soviet Relations," in Stephen J. Cimbala ed., *Mysteries of the Cold War* (Brookfield: Ashgate, 1999), pp.89—104。

加之军方最终没有作出更为冒险的决定，从而使危险得以幸运“错过”。①

三、“Able Archer 83”事件与美国对苏缓和的开始

“Able Archer 83”事件除因包含许多尚未揭开的历史谜团而显得尤为特殊外，美国在此期间对苏联极有可能发动“先发制人”的核攻击几乎全然不知这一点，亦可谓世所罕见。②正因如此，它成了冷战时期美苏关系的一大转折点：当里根了解到苏联方面的恐惧及其可能带来的灾难性影响后，迅速“逆转”了自其上任以来强硬的对苏政策，主动开启了双方关系第三次缓和的进程。

（一）里根主义的急剧“逆转”（1983年11月—1984年1月）

直至“Able Archer 83”演习接近尾声，里根政府才得到关于苏联方面反应的可靠情报。当这些情报显示苏联克格勃在此期间一直担忧来自美国的核打击时，舒尔茨认为，“这简直难以置信”③，而麦克法兰也惊讶地称，他无法接受这一事实，因为至少苏联外长葛罗米柯非常了解美国，“他知道美国不会这样做”④。

显然，上述情报给里根带来了远比其同事大得多的震撼。据麦克法兰回忆，里根对苏联由“Able Archer 83”演习所引发的恐慌表现出了十分明显的震惊和长时间的焦虑。⑤里根一再称，绝没有想到自己的进攻性言行会引发苏联对同美国发生实际军事冲突的联想。⑥随后，里根开始对这一问题展开深入思考，并最

① 有研究表明，考虑到当时美苏关系的敏感程度，特别是“Able Archer 83”之前的一系列突发事件，假若神经高度紧张的苏共最高领导人介入“瑞恩行动”，美苏之间爆发核大战的可能性会更大。参见 DCI of CIA，“Implications of Recent Soviet Military-Political Activities”；Arnav Manchada，“When Truth Is Stranger Than Fiction，” pp.126—127。

② 证据表明，西方尽管意识到苏联可能会因“Able Archer 83”事件而陷入紧张甚至恐慌状态，但始终不曾料想到这一事件会有触发核大战的风险。直到演习趋于结束之际，中央情报局才向里根总统及其他政府官员提供了足够可靠的相关信息。参见 Arnav Manchada，“When Truth Is Stranger Than Fiction，” p.127；Beth A.Fischer，*Foreign Policy and the End of the Cold War*，pp.131—135。

③ George Shultz，*Turmoil and Triumph*，p.464.

④⑤ 菲希尔对麦克法兰的专访，参见 Beth A. Fischer，*Foreign Policy and the End of the Cold War*，pp.133—134。

⑥ Ronald Reagan，*An American Life*，p.257.

终促使他在短时间内“逆转”了上任以来的对苏政策。

首先，里根开始意识到，在一国认为核战争正在迫近的情况下，任何“理性”计算的可能性都是微乎其微的。尽管该国制定了诸多关于核战争的应急方案，但当其感知到危险来临的时候，这些方案能否被真正应用到实际当中是很值得怀疑的。事实往往是，面对上述情况，国家会诉诸最后的武器。里根认识到，在“Able Archer 83”事件中，美国正是将苏联置于了这样一种境地。①其次，里根还意识到苏联国内政治对其外交的重大影响。尽管他同意麦克法兰关于葛罗米柯了解美国的观点，但却质疑安德罗波夫是否与葛罗米柯持同样的立场。此外，即便他们二人观点一致，苏共政治局是否能够有效控制已陷入恐慌的军方、避免其出现战略误算，依然值得怀疑，毕竟军事指挥官才是苏联核按钮的实际操控者。②最后也最为根本的是，里根个人对核战争的认知随着“Able Archer 83”事件的发生，决定性地影响了美国的对苏政策。本文第一部分曾提到，里根对“相互确保摧毁”的核战略存在根深蒂固的怀疑，这主要是由于他对核战争所带来的毁灭性灾难具有难以释怀的恐惧。一方面，成长在宗教之家的里根自幼便是一名虔诚的基督徒，他不仅在青年时代曾长期求学于教会学校，而且其主要的社交圈为经常去教堂做礼拜的人群。③因此，《圣经》中所描述的“末日决战”（Armageddon）一直让里根记忆犹新。另一方面，在里根看来，20世纪七八十年代紧张的国际形势符合他对“末日决战”的想象，其中美苏关系恶化、阿以冲突、利比亚“赤化”以及极端天气和自然灾害频发等现象进一步加深了上述想象。④不难看出，里根的这种根本认知，加上日益“白热化”的美苏关系、特别是“Able Archer 83”事件带来的强烈震撼，使他深刻意识到了调整对苏政策的紧迫性。⑤

---

① 参见 Ronald Reagan，*An American Life*，p.257。

② Beth A.Fischer，*Foreign Policy and the End of the Cold War*，p.133，Oberdorfer，*The Turn*，p.66.

③ Gary Wills，*Reagan's America*：*Innocents at Home*（Garden City：Doubleday，1987），pp.17—18.

④ Lou Cannon，*President Reagan*：*The Role of a Lifetime*（New York：Simon and Schuster，1991），pp.289—290.

⑤ Beth A.Fischer，*Foreign Policy and the End of the Cold War*，p.109.在这个过程中还有一段小插曲，即里根在“Able Archer 83”演习前的一个月观看了一部以描述核战争场景为主要内容的电影《浩劫之后》（“The Day After”），这部电影使里根非常直观地感受到了核战争的恐怖与残酷。

里根对此次事件的反思集中体现在他的回忆录中。他在其中写道："就任总统三年来的经历让我进一步了解了苏联人。我现在明白，苏联高层中有相当多的人害怕美国和美国人……我起初很难接受这个结论，我总以为美国的信条已经表明她的人民充满道义，并且她的力量只会用来维护正义……此前，我认为莫斯科与我们一样，认为美苏之间发生核战争是不可想象的事，然而经过越来越多地与苏联领导人的接触，我意识到他们不仅将美国视为对手，更视美国为潜在的侵略者，甚至担心我们会对他们发动核战争。"①

基于此，笔者认为里根表面上看起来十分"戏剧化"的冷战战略和对苏政策调整，实质上有着深刻的内在逻辑。回顾这段时期的历史可以发现，里根主义的"逆转"发生在从 1983 年 10月底至 1984 年 1 月中旬的两个多月时间内，其具体的标志分别为：1983 年 10 月 31 日，美国助理国防部长肯尼斯·丹姆（Kenneth Dam）在美苏建交五十周年的纪念会上仍强调美苏关系为"零和竞争"，这一论断依然没有改变"里根主义"的核心思想；然而到了 1984 年 1 月 16 日，里根在就美苏关系发表的专门讲话中，却已淡化了双方的意识形态分歧，转而强调"维护和平是美苏两个超级大国的共同利益……双方应妥善解决危险的战略误判问题"②。实际上，早在"Able Archer 83"事件结束当天，里根即公

表 1　里根政府对苏政策的"逆转"：1981—1985 年

时　间	1981—1983 年	1984—1985 年
美方理解的美苏关系性质	零和竞争 高度紧张	共同利益与战略竞争并存 避免核毁灭为根本底线
美方认为对自身的主要威胁	苏联的全球扩张及其军事实力	超级大国战争及可能导致核毁灭的战略误判
美国对苏政策的主要目标	使苏联克制自身的对外行为	美苏之间在共同利益上的合作及相互理解
美国的对苏战略及相应的政策部署	遏制 加强美国军事实力 拖延军备控制裁判	对话 减少冲突 强调控制军备的必要性

① Ronald Reagan, *An American Life*, pp.588—589.

② 参见 Ibid., pp.3—4。

开呼吁消除全球范围内的核武器，此举意味着里根主义的"逆转"已经开始，而1月16日的讲话是这一过程最终完成的标志。①里根主义"逆转"前后美国对苏政策的对比见表1。

（二）美苏关系第三次缓和的开启（1983年11月—1985年3月）

《华盛顿邮报》记者唐·奥伯多弗（Don Oberdorfer）于1990年采访里根时，问及美苏关系何以能在短时间内迅速改善。这位前总统的回答是：第一，华盛顿认识到了调整对苏政策的必要性；第二，戈尔巴乔夫上任后，苏联出于经济困境和改革的紧迫感，减少了对外行为中的对抗色彩，意识到了与美国合作的重要意义。②这就进一步表明，里根主义在1983年底到1984年初的"逆转"是美苏关系实现第三次缓和的首要原因，而1985年戈尔巴乔夫上台后推行的改革只是进一步深化了双方缓和与合作的程度。可以说，正是上述两方面因素共同促成了冷战的终结。因此在本部分，笔者将简要分析从1983年11月11日"Able Archer 83"事件结束到1985年3月戈尔巴乔夫出任苏共中央总书记期间两国关系的发展轨迹，探求美苏关系第三次缓和开启的过程。

在"Able Archer 83"事件结束后的一周内，里根便在国家安全规划组（NSPG）中设立了一个专门机构，负责处理对苏关系，目的在于加强对话。③在11月的最后一周里，助理国务卿理查德·伯特（Richard Burt）主导制定了一项更具合作性的对苏政策方案，并得到了舒尔茨的肯定。④该方案后来被纳入舒尔茨于12月16日向里根所作的美国对苏政策建议的报告中。后来，里根向舒尔茨表达了就美苏关系发表一次专门讲话的想法，用以强调双方进行对话以及彻底消除核武器的必要性。到12月19日时，里根与舒尔茨、麦克法兰及苏联问题专家杰克·马特洛克（Jack Matlock）共同完成了"1·16"讲话的初稿。⑤根

① 参见Ronald Reagan，*An American Life*，p.142。

② Don Oberdorfer，*The Turn*，p.438.

③ Beth A.Fischer，*Foreign Policy and the End of the Cold War*，p.137.

④ Ibid.，p.138.

⑤ 参见Don Oberdorfer，*The Turn*，p.71；George Shultz，*Turmoil and Triumph*，p.376；Robert Mcfarlane and Smardz Zofia，*Special Trust*（New York：Cadell and Davies，1994），p.295；菲希尔对麦克法兰的专访，Beth A.Fischer，*Foreign Policy and the End of the Cold War*，p.137。

据麦克法兰的回忆，里根的此次讲话非常清楚地表达了美方减少苏联的战略疑虑、避免战争风险的希望。①里根一再强调美国“不会对苏联构成安全威胁”的目的，就在于向莫斯科发出明确的缓和信号。在接下来的一年多时间里，里根政府将这一政策“逆转”充分运用到了外交实践当中。②

从1984年初开始，里根一反此前三年的态度，对召开美苏首脑峰会开始表现出越来越高的热情。他在1月初会见南斯拉夫总统米卡·什皮利亚克（Mika Spiljak）时，这位前驻苏大使告诉他，苏联对美国怀有深刻的战略疑惧。随后，里根在日记中写道：“什皮利亚克证实了我此前的部分想法……他认为苏联不仅具有扩张主义倾向，而且存在强烈的不安全感。”③两个月后，里根在与西德总理科尔会谈时再次提到了美苏关系。科尔认为，里根应立即与苏联领导人契尔年科举行首脑会晤，以减少战略互疑。④到1984年3月时，里根决定抛开官僚体系的束缚，直接与契尔年科进行沟通，以迅速开启军控谈判。从此，里根在对苏政策上只与如下几人进行协调：布什、温伯格、舒尔茨及麦克法兰。⑤

1984年夏，里根政府正式放弃了此前设定的与苏联进行对话的前提条件，主动表达了与苏方进行接触的愿望。当年9月23日，里根在第三十九届联合国大会上发表演讲时，对苏联发起了“缓和攻势”。他说道：“当我站在这个讲坛上的时候，我可以清楚地看到位于我前方的苏联代表的座位，并且离他们不远处就是美国代表的座位……在这样一个重要场合，一个很明显的事实是，美苏之间的距离并不遥远。在这个房间之外，尽管我们两国仍有许多分歧，但双方都有足够的理由进一步拉近彼此间的距离。”⑥在会议期间，里根还特意邀请苏联外长葛罗米柯访问白宫，并于四天后如期与之进行了会谈。⑦令人印象深刻的

---

① 菲希尔对麦克法兰的专访，参见 Beth A.Fischer，*Foreign Policy and the End of the Cold War*，p.136。

② 就在里根发表上述讲话的第二天，舒尔茨也重申了美苏间应“减少战争、误算和误解风险”。参见 Ibid。

③ Ronald Reagan，*An American Life*，p.589.

④ Ibid.，p.595；George Shultz，*Turmoil and Triumph*，pp.5—6.

⑤ Ronald Reagan，*An American Life*，p.594.

⑥ Ronald Reagan，“Remarks at a Reception for the Heads of Delegations to the 39th Session of the UN General Assembly in New York，” September 23，1984. http：//www.reagan.utexas.edu/archives/speeches/1984/92384a.htm，登录时间：2014年9月16日。

⑦ Beth A.Fischer，*Foreign Policy and the End of the Cold War*，p.139.

是，里根专门安排了与葛罗米柯的私下谈话，并极为坦诚地表示美国无意与苏联发生战争，也无意寻求军事优势。①除此之外，里根还亲自参与了与苏联的军备控制谈判进程。从1984年秋开始，里根为使1985年日内瓦军控谈判得以顺利进行，先后参加了五次预备会议，讨论美方的谈判策略。按照奥伯多弗的看法，一位总统投入如此多的时间和精力参加类似的讨论会实属罕见；更何况就在几个月前，里根还对此加以坚决排斥。②

到了1985年3月，随着契尔年科的辞世和戈尔巴乔夫的上台，里根认为美苏实现进一步缓和的时机已经成熟。③他在戈尔巴乔夫就任不久后就对其发出举行首脑峰会的邀请。根据里根的回忆录，他在作出这一选择时经过了如下思考过程："我知道我们两国间存在巨大差异。然而如果我们不寻求共同利益而一味对抗，代价是难以承受的……我感到戈尔巴乔夫同我一样，已经意识到铁幕两边的我们所具有的误解和致命性不信任带来的潜在风险。"④不出里根所料，戈尔巴乔夫果然成了第一位能够与之"共事"的苏联领导人。随着苏联改革的开始，美苏第三次缓和的进程到此时已变得无法阻挡。

四、结　　论

通过本文对自里根上台到戈尔巴乔夫改革前这段历史的回顾和分析，笔者认为，是里根政府在不到三个月内突然"逆转"了此前三年以"里根主义"为标志的对苏强硬政策，转而主动开启与苏联的合作进程，才决定性地促成了冷战时期美苏关系的第三次缓和，而学界一直以来更为关注的戈尔巴乔夫改革，只是起到了进一步推进这种缓和的作用。在里根主义急剧"逆转"的过程中，

---

① 参见"Holding Their Ground," *New York Times*, October 8, 1984; Lou Cannon and David Hoffman, "Soviet's Visit," *Washington Post*, September 30, 1984; Don Oberdorfer, "Reagan Promises Soviets 'Fair Deal'," *Washington Post*, September 30, 1984。

② George Shultz, "Chernenko's Letter of December 20, December 21, 1984," DDRS. 此外，舒尔茨还提交给里根的一份备忘录中，也明确地提出了美苏改善关系的具体建议，参见George Shultz: "Post-Election Letter to Chernenko, December 21, 1984," DDRS。

③ 参见1985年3月21日戈尔巴乔夫给里根的亲笔信，DDRS。

④ Ronald Reagan, *An American Life*, pp.13—14.

20 世纪 70 年代末 80 年代初美苏关系中出现的一系列紧张和突发事件，尤其是北约于 1983 年 11 月进行的“Able Archer 83”核军事演习及其带给苏联的巨大恐慌，扮演了不可忽视的“催化剂”作用。归根到底，里根时期美国冷战战略的调整植根于对超级大国核战争的恐惧，而这种战略调整不仅在很大程度上消除了这种恐惧、开启了双方缓和的进程，而且在长远意义上为冷战的结束埋下了伏笔。虽然由于大量原始资料仍未解密，我们对这一事件的研究仍处于初期，但已有的资料无疑证明，正是“Able Archer 83”事件及其可能的灾难性后果所带来的巨大震撼，迫使里根政府迅速调整了强硬的对外战略和政策，最终与苏联签订了冷战时期第一个真正意义上的限制核武器条约。从这个意义上说，研究“Able Archer 83”事件对于理解里根时期美国核战略乃至美苏关系的发展演变具有重要意义，对于我们重新认识冷战史、匡正一些根深蒂固的观念偏差也具有很大的价值。

青年论坛

中美在北极议题上的良性互动分析

沈 鹏 花 馨*

【内容提要】 近年北极冰融引发了国际社会对北极利益更多的地缘争夺和关注。这推动美国和中国都加大了对北极的政策倾斜和资源投入。奥巴马政府执政后期，美国在北极事务中发挥的影响力出现了一个明显的上升。这也使得中美关系中的北极议题这样一个新的领域凸显出来。中美围绕着南海争端的“针锋相对”与中美在北极事务上的“融洽合作”形成鲜明对比。无论是在现有的对话中，还是在包括北极理事会在内的国际组织中，两国在北极问题上都保持着积极的态度。中美在北极航运、能源开发、环境和生态保护等一系列问题上需要克服现有的困难和阻碍，才能更好地寻找到利益契合点。

【关键词】 北极 气候变化 中美关系 北极理事会

* 沈鹏，博士，中国社会科学院美国所副研究员；花馨，中国社会科学院研究生院美国所博士研究生。

北极包括整个北冰洋以及加拿大、俄罗斯、美国等八个国家的部分地区。随着近些年北极冰雪的显著融化，北极资源开发和北极航道的开放逐渐成为引人注目的前景。根据2008年发布的一份美国地质调查报告，北极地区蕴藏着相当可观的石油、天然气资源。①全球变暖使得北极的经济开发似乎越来越具有可行性。北极新航道可以大大缩短欧洲、北美和东亚主要港口之间的距离，有可能使北极成为全球集散中心。②同时，国际社会对北极面临的生态环境挑战更加关切。加强对北极生态环境的保护，成为一项全球性的挑战和普遍共识。

上述状况增加了北极的现实价值，引发了更多的地缘争夺和国际社会的关注。进入21世纪，北极主权权利之争变得激烈起来。俄罗斯政府声称包括北极点在内的半个北冰洋都是西伯利亚的地理延伸，并率先完成了北极海域海图的绘制，希望获得有利于自身北极权益要求的佐证。2004年8月，加拿大首次派兵对北极进行8 000千米的巡逻，并首次在北极进行了反恐军事演习。但相关国家群起抗议，指责加拿大试图独吞北极。③2007年俄罗斯在北冰洋底插旗事件之后，北极主权权利和资源之争进一步加剧。④鉴于北极巨大的价值，各国纷纷加紧提升自己在北极的话语权。北极八国以及欧盟、德国、英国等国家和国际组织纷纷更新自己的北极战略。北极经济、政治重要性的提升推动了美国政府和中国政府更多地关注这一议题。作为国际政治的两大重要行为体，美国和中国在北极的国家利益和所能发挥的影响力相差较远，但却不妨碍两国通过磋商推动北极地区的善治和繁荣。本文拟对中美在北极议题上互动的情况与前景作一回顾与分析。

---

① USGS Fact Sheet 2008-3049：Circum-Arctic Resource Appraisal：Estimates of Undiscovered Oil and Gas North of the Arctic Circle，http：//pubs.usgs.gov/fs/2008/3049/fs2008-3049.pdf.

② 北极新航道开通的预计时间有很大的差异，因为学者们对北极冰融的速度认识不同，对全球长周期的气候变化认识不同。有学者认为北极“部分通航”的时代已经到来，“无冰全通航”的时间不确定，但商业利用价值潜力巨大。关于北极近年来冰融引起的国际问题，可参见王郦久：《北冰洋主权之争的趋势》，载《现代国际关系》2007年第10期；王秀英：《国际法视阈中的北极争端》，载《海洋开发与管理》2007年第6期；吴慧：《“北极争夺战”的国际法分析》，载《国际关系学院学报》2007年第5期。

③ 曾望：《北极争端的历史、现状及前景》，载《国际资料信息》2007年第10期，第13页。

④ 2007年8月2日，俄罗斯知名北极专家、国家杜马副主席奇林加罗夫（Artur Chilingarov）率俄科考队员乘深海潜水器从北极点下潜至四千多米深的北冰洋洋底，插上一面钛合金制造的俄罗斯国旗，引起世界媒体的关注。俄罗斯插旗之后，美国和加拿大政府都表示，俄罗斯这一做法不具有任何法律效力。

一、美国在北极的利益和政策背景

第二次世界大战后，美国力图在北极获取多学科资料，确保其在北极的边界及主权、环境保护、国家安全、海上贸易等利益。随着环境保护问题的日益严峻，美国与其他北极国家合作保护北极环境和生物资源，已建立了部分北极圈区域观测网。①从能源角度来说，美国拥有在北极开采石油、天然气资源的领先技术，阿拉斯加州是美国重要的能源基地，美国石油产量的20%出自阿拉斯加州。②冷战期间，美国还在北冰洋沿岸建立雷达网及侦察卫星的早期预警系统。

在政策层面上，美国历届政府都出台了一些北极政策文件。但北极问题在美国政策议程上的地位并不是一成不变的。世界局势和决策者关注点的不同往往影响美国北极政策的出台。例如，在几届共和党政府执政的时期，出台了一些比较重要的北极政策文件。③尼克松政府时期，美国于1971年12月发布了第144号国家安全决策备忘录，创立机构间北极政策小组，负责审查美国北极政策的执行和评估。④里根政府时期，于1983年发布第90号国家安全决策指针，强调“美国在北极地区有着独特的关键性利益”，它直接关系到美国的国家安全、资源及能源开发、科学调查和环境保护。⑤冷战结束后，北极地区的战略价值有所降低，北极在美国全球战略中的比重相应减少。美国一度采取保守而被动的北极政策。但俄罗斯在北冰洋洋底插旗事件，刺激北极再次进入美国决策者的视野。就在小布什政府任期即将结束前夕，2009年1月9日，小布什发布了第

① *National Strategy for the Arctic Region*，May 2013，pp.7—10，available at：https：//www.whitehouse.gov/sites/default/files/docs/nat _ arctic _ strategy.pdf.

② *Arctic Research of the United States*，NSF 07-137，Volume 20，2006，p.118.

③ 除了共和党政府时期，1994年9月29日，克林顿政府也颁布了《1994年美国北极政策指令》。参见“Fact Sheet：U.S. Arctic policy，” *U.S. Department of State Dispatch*，5：52，December 26，1994，p.852。

④ “United States Arctic Policy and Arctic Policy Group，Dec. 22，1971，” National Security Decision Memorandum 144，http：//nixon. archives. gov/virtuallibrary/documents/nationalsecuritydecision-memoranda.php.

⑤ “United States Arctic Policy，Apr. 14，1983，” National Security Decision Directive 90. http：//www.fas.org/irp/offdocs/nsdd/index.html.

66号国家安全总统指令即《美国的北极地区政策》，较为详细地介绍了美国在北极地区的关切。①

美国国会也出台了不少关于北极的法律，从立法的角度确立美国的北极利益。例如，1953年，美国国会颁布了外大陆架法案。1980年12月，美国国会通过了《阿拉斯加国家利益土地保护法》，要求内政部、国防部和能源部进行北极研究，目的是“为联邦政府制定一个全面的北极政策”。②1984年美国国会通过了《北极考察和政策法》。③该法把美国对北极的科学研究、经济利益和战略考虑三者联系在一起，并以法律的形式确定下来。

奥巴马政府执政后，在第一任期延续了小布什政府的北极政策。美国总体上并未特别重视北极问题，坚持将北极视为一个能够提升与其他国家合作的地区，不愿在北极投入过多资源。与俄罗斯拥有数十艘破冰船相比，美国长期只拥有两艘破冰船。奥巴马政府只在2010年5月的《国家安全战略》中谈及了美国的北极政策，指出：“美国是一个北极国家，在北极地区拥有广泛、根本的利益。美国在北极寻求的利益包括：确保国家安全的需要、保护环境、负责任地管理北极资源、对原住居民负责、支持科学研究和在一系列广泛的问题上加强国际合作。”④

随着过去的几年北极地区形势发生巨大变化，美国政府开始重新评估美国在北极地区的国家利益，并制定相应的北极政策，大力加强了美国在这一问题领域的发言权和领导力。2013年5月，美国政府发布了《北极地区国家战略》，致力于提升美国在以下三个方面的利益：（1）提升美国的安全利益；（2）追求该地区负责任的管理工作；（3）加强国际间的合作。⑤继发布《北极地区国家战

① *Arctic Region Policy*, NSPD-66/HSPD-25, January 9, 2009, available at: http: //www.fas.org/irp/offdocs/nspd/nspd-66.htm, 2011-11-17.

② Samuel Frye, the Arctic and US foreign policy, 1970-90, *US Department of State Dispatch*, April 8, 1991, http: //findarticles.com/p/articles/mi_m1584/is_n14_v2/ai_11161742? tag=content; col1.

③ 《北极考察和政策法》，美国国家科学基金会网站，http: //www.nsf.gov/od/opp/arctic/iarpc/arc_res_pol_act.jsp。

④ *National Security Strategy*, Washington, May 2010, p.50.

⑤ *National Strategy for the Arctic Region*, May 2013, https: //www.whitehouse.gov/sites/default/files/docs/nat_arctic_strategy.pdf.

略》之后，美国国防部、海岸警卫队和美国北极研究委员会等部门又发布了各自领域的北极政策文件。美国政府还发布了《北极地区国家战略实施计划》，阐述美国北极战略的目标和实施方案。①美国行政部门还持续呼吁美国国会批准加入《联合国海洋法公约》。近年来，美国政府的北极政策比较值得关注的方面是，强调反恐、反偷渡等非传统安全问题；强调环境保护和生态利益，提升美国在北极的科研和环境监测能力；提倡国际社会多方合作共同治理北极，防止其他国家激烈竞争导致北极地区局势的军事化和复杂化。美国北极战略的最大特点是与美国全球战略紧密结合，以维护美国的全球领导地位为最终目标。②从安全角度出发，2009 年，美国提出在北极地区建立导弹防御和预警系统，并授权波音公司研发卫星进入北极上空轨道，为在北极的军事行动提供支援。2011 年，美国国防部出台《北极地区行动报告》，提出为建立北冰洋舰队作好准备。

二、中国对北极事务的关注与参与

虽然中国不是北极国家，但随着气候和环境的变化，再加之近年来北极问题所引发的国际关注，中国也日益重视北极的战略价值。中国北部临近北极，北极地区的大气环流变化对中国的气候、生态环境和农业生产活动影响显著。因此，中国对北极环境变化的关切是非常必要的。从航运方面来说，北极海冰的融化使北极航道开发的前景逐渐明朗起来。东北航道和西北航道如果开通将对全球航运产生重要影响，也可以使中国的海运贸易降低成本。还可以使中国国际航运多元化，避免长期以来海上通道单一的局面。从资源方面来说，中国已是世界上最大的能源消费国，北极地区丰富的能源和资源对中国具有吸引力。此外，中国也需要对北极的安全价值予以关注。

中国开展北极科学考察起步于 20 世纪 90 年代后期，落后于美、俄、法、英等许多国家。中国政府于 1999 年首次组织了北冰洋地区部分海域的综合考

---

① *Implementation Plan for National Strategy for the Arctic Region*, January, 2014, https: //www.whitehouse.gov/sites/default/files/docs/implementation _ plan _ for _ the _ national _ strategy _ for _ the _ arctic _ region _ - _ fi ….pdf.

② 郭培清、董利民：《美国的北极战略》，载《美国研究》2015 年第 6 期，第 56 页。

察，随后又分别于2003年、2008年和2010年组织了三次北冰洋地区部分海域的科学考察。在这几次考察过程中，中国邀请了多国科学家参与。作为《斯匹次卑尔根群岛条约》的缔约国，经挪威政府同意，中国于2004年建立了北极科学考察站黄河站。

中国逐渐增多的北极活动引起了国际社会和舆论的关注，这里面既有比较平和的声音，也有一些国家和媒体的质疑。某些国家将中国日益增长的石油进口量和对海外油气资源的拓展量视为威胁。中国商人黄怒波在冰岛、挪威购地引起风波，可见中国同北欧既有合作也有隔阂。日本《产经新闻》在其2012年1月28日的一篇报道中认为中国在北极的科学考察是在北极地区进行地质勘探，并通过投资北欧国家构建北极战略据点，以控制未来冰川融化后的亚欧北极航线主导权。①这类对中国参与北极事务不安的论调一时间非常多。但许多学者则不同意上述论调，例如美国著名极地专家奥兰·扬（Oran Young）认为，包括中国在内的域外国家对北极事务的参与将是实现北极地区有效治理的唯一选择。北极国家在决策时应充分考虑域外国家在北极地区的合法权益和对北极事务的参与。②

对于国际上的质疑，中国政府官员多次解释了中国的北极政策。例如，2009年外交部部长助理胡正跃、2010年中国驻挪威大使唐国强等人就分别发表讲话，澄清了中国的一些政策立场。其中胡正跃表示："中国尊重北极地区国家根据国际法享有的主权权利和管辖权，愿就北极相关问题与各方加强互利合作，为北极地区的和平、稳定和可持续发展而努力。""北极理事会是关于北极问题最具影响力的区域性政府间组织，在协调北极科研、促进北极环境与可持续发展合作方面发挥着重要作用。理事会在科学研究的基础上进行政策讨论、采取实际行动，在认识北极生态、防治环境污染等方面取得显著成绩，北极气候影响评估等研究对全球应对气候变化产生重大积极影响。中国赞赏北极理事会对非北极地区国家和相关国际组织的开放态度，希望理事会尽早就观察员国家的

① 《中国北极活动无关战略控制》，新华网，2012年1月31日，http：//news.xinhuanet.com/world/2012-01/31/c_111474321.htm。

② 孙凯、王晨光：《国外对中国参与北极事务的不同解读及其应对》，载《国际关系研究》2014年第1期，第35页。

作用和接受新观察员问题做出决定，形成北极地区国家与非北极地区国家密切合作、良性互动、共同解决跨区域问题的合作模式。”①这些政策阐释在很大程度上打消了国际上对中国北极活动的顾虑。

自2013年成为北极理事会的永久观察员国以来，中国在北极科学考察和治理体系中正发挥着越来越大的影响和作用。2015年7月，中国发布《国家安全法》，正式将极地提升至国家安全战略范畴。该法规定：“国家坚持和平探索和利用外层空间、国际海底区域和极地，增强安全进出、科学考察、开发利用的能力，加强国际合作，维护我国在外层空间、国际海底区域和极地的活动、资产和其他利益的安全。”②总之，无论从自身利益，还是从世界经济协调发展来看，中国都将在北极新秩序的构建中发挥作用。而北极国家以及北极国家与域外国家之间的竞争，则为中国参与北极事务提供了政治空间。

三、中美在北极议题上的互动分析

中美关系是一个既互相竞争，又彼此合作的复杂关系。随着中美两国实力对比的变化，中美关系的发展轨迹确实不同于以往，既受到国际形势的影响，又受到中美两国战略博弈的牵制。2009年以来，中美关系的发展遭遇到相当多的挑战。在美国“重返亚太”战略和东海、南海局势紧张的背景下，中美之间的战略制衡相当激烈。但中美关系中也出现了一些“新发现”的国际热点区域。中美两国在北极航道、北极环境等问题领域出现了很多相同或相近的利益。

美国在北极议题上的关切点主要包括：维护北极的和平稳定以推进美国的安全利益、气候问题、保护北极海洋和生态系统、开发北极的同时改善北极原住民的经济状况和生活条件。中国的关切点同样主要包括北极的安全环境、北极气候和生态环境、北极航运及能源和资源开发。在这个背景下，中美两国间存在加强良性互动的现实性和可能性。

① 《中国对北极事务的看法：外交部胡正跃部长助理在“北极研究之旅”活动上的报告》，载《世界知识》2009年第15期，第54—55页。

② 《中华人民共和国国家安全法》，2015年7月1日，第32条，http://www.npc.gov.cn/npc/xinwen/2015-07/07/content_1941161.htm。

首先，中国承认北极国家在国际法框架下对北极地区的主权和主权权利，把与北极国家之间的合作看作是中国参与北极事务的基本途径。因此，中国在北极的利益也得到众多北极国家的承认。中国与俄罗斯、北欧各国的合作也非常密切。[①]中国倡导北极地区中立化，促使北极向着稳定、和谐的方向发展的愿景与美国希望避免北极地区出现不稳定的诉求是一致的。中美两国虽然都关注自己的国家安全问题，但两国在北极发生冲突的几率很低。

其次，美国非常强调北极的气候变化和海洋管理，而中国也日益重视北极的生态环境。中美在气候变化问题上进行的对话持续推进。

再次，中国希望拓宽海外油气资源供给渠道与美国把北极地区的能源开发提上日程这两者之间也存在互补性。美国阿拉斯加州已经开始了油气资源的供给，未来阿拉斯加丰富的天然气将能够出口到中国。美国支持在北极地区的国际投资，中美之间存在潜在油气资源合作，特别是油气管道建设合作的机会。中美在认为北极航道是可以用于国际航行的海峡方面的意见也是一致的。

最后，中美都准备加大北极科考的力度和加强北极科技能力的建设。

与此同时，中美在北极议题上也存在不同利益，需要寻求克服不良互动的措施。首先，在中国实力和国际影响力不断增强的战略背景下，美国对中国在北极地区的活动和利益诉求也不可能完全没有疑虑，一些美国国会议员和前政府官员就发出与美国官方不一样的声音。美国希望中国能够公开声明或更加透明地说明中国在北极的关注点，抱怨中国没有发布相关白皮书，只能通过学者的看法和研究来理解中国在北极的科研和企业活动。其次，美国的北极政策议程也还会受到其他北极国家特别是美俄关系的制约。中俄在北极的合作是美国密切关注的。自 2014 年以来，七个北极理事会的成员对俄罗斯进行了制裁。所有北极理事会成员停止了与俄罗斯的军事合作，这是北极合作进程中的一个新问题。再次，中国在未来将继续扩大与所有北极国家的合作，但北极经济活动的技术要求和环境风险都是巨大的。中国在北极油气资源的开发、北极航运方面也会面临着与其他国家的激烈竞争。北极恶劣的气候环境、船舶抗冰性能、

① 参见肖洋：《俄罗斯的北极战略与中俄北极合作》，载《当代世界》2015 年第 11 期；邓贝西、肖琳：《北极协同合作：政策与最佳实践——第三届中国—北欧北极合作研讨会简讯》，载《太平洋学报》2015 年第 6 期。

航线沿岸基础设施建设和搜救能力的不足，都将对中国利用北极航道的前景提出挑战。

具体来看，近年来中美在北极议题上有以下良性互动。

自2013年起，美国政府开始推行积极进取的北极政策，美国进一步从全球战略的角度筹划北极政策。为了应对北极传统和非传统安全威胁，美国日益认识到与中国、印度等新兴大国及关键国家的合作的必要性。与加拿大、俄罗斯这两个国家相比，美国在北极问题上对域外国家的参与持更为积极和开放的态度。美国政府对中国参与北极事务也多次口头表达不排斥，欢迎中国参与北极事务。中国2006年就提出申请加入北极理事会。对于扩大北极理事会规模的问题，北极理事会各成员国意见出现分歧。北欧几个国家希望北极“国际化”，而俄罗斯和加拿大则持保守态度。就在2013年5月15日北极理事会准备在瑞典基律纳召开第八次部长级会议的前夕，北极理事会成员国对于接纳更多新的观察员国的立场仍然未定。美国政府在会议前夕也没有作出公开决定，但最终成为支持中国加入北极理事会的关键因素。最终会议批准中国和其他5个国家成为该组织正式观察员国。①北极理事会观察员席位为中国参与北极事务提供了一个良好的平台，使中国能为北极的可持续发展贡献力量。美国表示欢迎中国等国家成为北极理事会的永久观察员。美国积极加强同中国等域外国家的协商，在北极公海捕鱼、气候变化、加强地区应急机制等多个议题上，同中国、日本、韩国、欧盟等国家和区域组织展开合作与交流。2015年8月31日，美国组织召开了“北极全球领导力大会”，美国总统奥巴马专程前往阿拉斯加州参加会议，中国、日本、印度、欧盟、韩国等域外重要利益相关方的学者和官员获邀参会。②

除了对中国参与北极事务持开放态度外，美国已将北极议题纳入与中国合作的清单。自第二轮中美战略与经济对话以来，中美就北极议题举行了系列会谈。2015年4月，美国接任北极理事会轮值主席国，加紧推进美国的北极战略。

① 《中国成为北极理事会正式观察员国，将享合法权利》，中国新闻网，2013年5月15日，http：//www.chinanews.com/gj/2013/05-15/4822384.shtml。

② “Conference on Global Leadership in the Arctic：August 30—31，2015，” http：//www.state.gov/e/oes/glacier/index.htm.

因为北极理事会轮值主席国任期为两年，在这两年中，美国可以在很大程度上主导北极议题的设置。2013年至2015年，加拿大担任北极理事会轮值主席国期间，强调加强北极域内国家之间的合作，导致域外国家感到难以介入北极事务。而美国官方则表示，美国担任北极理事会轮值主席国期间，最关注的是气候变化以及北冰洋的安全与管理这样的议题。①美国国务院海洋和极地事务主任布鲁姆称，在美国目前担任轮值主席国的北极理事会中，中国正扮演着积极的角色。②美国之所以比较重视域外国家对北极议题的参与，与其世界秩序主导者的身份有关。美国希望与中国就应对气候变化等议题展开合作，以此来降低其维护国际秩序所需花费的成本。

在2015年6月举行的第七轮中美战略与经济对话中，中美双方决定继续通过海洋法和极地事务对话、渔业对话等机制加强沟通与协调，推动在国家海洋保护、海洋酸化监测和评估等海洋环保领域的务实合作。6月24日，第七轮中美战略与经济对话“保护海洋”特别会议在美国华盛顿举行。会议期间，中国国家海洋局局长王宏与美国北极事务特别代表罗伯特·派普（Robert J.Papp Jr.）举行了会谈。中方表示，中国高度重视中美两国在极地领域的务实合作，支持美方在担任北极理事会轮值主席国期间发挥建设性作用，愿意继续就北极相关问题与美方加强交流对话与合作，共同促进北极地区的和平、稳定和可持续发展。双方还就北极气候变化、生态环境保护、北极航道利用、北极事务合作等情况进行了交流。③2015年10月，中国外交部长王毅在第三届北极圈论坛大会上亦对北极事务作出表态。王毅在大会开幕式上发表视频致辞称：“中国是北极的重要利益攸关方，参与北极事务秉承尊重、合作与共赢三大政策理念。尊重是中国参与北极事务的重要基础。北极域内外国家依据国际法享有的权利和国际社会在北极的整体利益均应得到尊重。合作是中国参与北极事务的根本途径。中国愿同有关各方在气候变化、科研、环保、航运等广泛领域加强合作，取得

① Laura Barron-Lopez, “Arctic envoy: Climate change key focus for US,” *The Hill*, http://thehill.com/policy/energy-environment/219324-arctic-envoy-climate-change-key-focus-of-us-strategy.

② 《美媒：中美北极事务合作良好，两国人员常一同执法》，参考消息网，2016年1月27日，http://www.cankaoxiaoxi.com/china/20160127/1063372.shtml。

③ 《王宏主持中美“保护海洋”特别会议并会见美国海洋大气局局长和美北极事务特别代表》，新华网，2015年6月25日，http://news.xinhuanet.com/politics/2015-06/25/c_127950788.htm。

务实成果。共赢是中国参与北极事务的最终目标。北极未来发展关乎人类共同命运。中方愿建设性参与北极事务，与各方一道共享机遇，共迎挑战，追求共赢，为促进北极的发展作出更多贡献。”①

除了官方层面，中美学界也开始在北极问题上进行交流。2015 年 5 月 16 日至 17 日，同济大学国际与公共事务研究院、同济大学极地与海洋国际问题研究中心、美国战略与国际研究中心（CSIS）在同济大学共同主办了首届中美北极社科研讨会，研讨会的主题是“北极地区：利益、挑战和中美合作的可能性”。来自中美两国的极地问题专家就气候变化对北极地区的影响、北极渔业科研所面临的挑战、中美在北极地区的合作空间与障碍，以及乌克兰危机后美俄在北极地区的关系变化等议题进行了广泛的探讨。会议决定将“中美北极社科研讨会”机制化。②

具体到中美北极渔业合作方面，美国积极推动北极公海渔业协议，并且明确表示不会在北极理事会框架内讨论北极公海渔业协议。这样，中国等域外国家就有机会参与北极公海渔业协议的制定。在美国的大力推动下，2015 年 7 月 16 日，北极五国（加拿大、丹麦、挪威、俄罗斯及美国）发布《北极渔业宣言》，同意在以科学为依据的渔业管理措施到位前，暂时禁止在中央北冰洋的公海从事商业渔业。2015 年 12 月，北极五国又与北冰洋渔业重要的利益攸关方——中国、韩国、日本、冰岛、欧盟——在华盛顿就建立北冰洋公海渔业协议进行了第一次对话（即“A5 + 5”机制）。而在专家层面，2015 年 1 月和 3 月，分别在中国和韩国召开了北冰洋渔业问题国际学术研讨会。在 2016 年 1 月 15 日，在华盛顿智库史汀生中心举行的北极东西合作讨论会上，美国海岸警卫队副司令查尔斯·米歇尔（Charles Michel）中将说，美国和中国渔业执法人员在北冰洋和周边海域合作良好，中国渔业执法官员有时会搭乘美国海岸警卫队船只去外海执法。③

在开发北极资源和航道方面，美国没有限制中国在阿拉斯加的投资。美国

---

① 《王毅部长在第三届北极圈论坛大会开幕式上的视频致辞》，中国外交部官方网站，2015 年 10 月 17 日，http：//www.fmprc.gov.cn/web/wjbzhd/t1306854.shtml。

② 夏立平、唐尧、吉如：《中美北极合作前景探讨》，载《国际学术动态》2016 年第 2 期，第 11 页。

③ 《美媒：中美北极事务合作良好，两国人员常一同执法》，参考消息网，2016 年 1 月 27 日，http：//www.cankaoxiaoxi.com/china/20160127/1063372.shtml。

希望为阿拉斯加一些偏远地区的原住民提供新资源，只是这些投资费用高、周期长。中美可以在阿拉斯加油气资源，特别是油气管道合作方面进行进一步合作。中美两国在北极航道问题上都认为东北航道和西北航道均属于国际航线。而不是加拿大和俄罗斯的内水。中美两国作为世界贸易大国，北极航道通航将对两国的经济利益和航运发展有着重要的意义。

在北极气候、环境合作方面，中国和美国这两个排放大国间的协调与合作都是非常重要的。由于中美已在气候变化合作方面取得了相当多的进展，而北极又是气候变化问题的中心，因此北极气候变化的调查和政策自然成为中美两国合作的重要领域。美国担任北极理事会轮值主席国之后，大力强调气候变化问题，积极推动这个领域的国际合作。在北极气候和生态环境议题上，中国的利益攸关者身份早已得到广泛认可。中国有权提出自己对北极气候环境变化的关切，并可以为国际社会的北极气候、环境研究提供智力、物力支持。在气候变化的问题上，美国不仅需要同北极国家加强交流与合作，而且需要与域外国家展开密切合作，特别是与中国的合作。①

中美在北极科学考察活动中合作密切，两国科学家都经常参加对方组织的历次北极科学考察活动。2016 年 7 月，中国开始了第七次北极科学考察活动，将通过对白令海、白令海峡、楚科奇海、楚科奇海台、门捷列夫海脊、加拿大海盆和高纬海区等北极太平洋扇区进行多学科综合考察，以求系统掌握北冰洋海洋水文与气象、海洋化学、海洋生物与生态、海洋地质、海洋地球物理等要素的分布和变化规律，探究北极气候变化对中国气候的影响。在这次北极科考中，中国政府邀请了美国、法国等国科学家开展合作，共同对海洋酸化问题进行深入研究，推进极地领域合作协议的实质性履行。中国在 2008 年就与美国、欧盟签署了关于共同研究海洋酸化的合作文件。中美两国海洋酸化的研究合作还被写入了 2016 年第八次中美战略与经济对话的成果文件。②

① 2015 年 4 月 24 日，美国国务卿克里在北极理事会部长级会议上再次强调中美合作共同应对气候变化的重要性。参见“Remarks at the Presentation of the U.S. Chairmanship Program at the Arctic Council Ministerial,” John Kerry，Secretary of State，Iqaluit，Canada，April 24，2015，http：//www.state.gov/secretary/remarks/2015/04/241102.htm。

② 《中美法北极科考队员聚焦海洋酸化问题》，新华网，2016 年 7 月 25 日，http：//news.xinhuanet.com/tech/2016-07/25/c_129176129.htm。

四、结　　语

实践表明，尽管中美在诸多国际政治议题上存在分歧，但中美作为世界上两个重要国家，在全球治理中发挥怎样的作用，如何相互合作，已成为国际社会关注的重要问题。中美只有共同致力于类似北极治理这样的艰巨任务，形成比较成熟的、可持续性强的合作模式，才更有可能超越分歧，展示负责任大国的形象。美国作为北极理事会轮值主席国，仍在影响北极治理的走向。随着新的合作领域的敞开，中美有义务和机会就一系列问题展开合作，以保障北极的繁荣和安全。

对中美北极合作而言，还有不少领域可以深化和加强。例如，首先，由于中美已经在全球气候变化问题上进行正式对话，因此对与全球气候变化高度相关的北冰洋进行调查研究也是中美两国合作的重要领域。这就需要在科研上加强合作。中美联合进行海洋学研究，以及对船舶排放的黑炭，以及海冰和冰川研究，将会带来有价值的成果。其次，美国理解中国对北极地区丰富的自然资源和重要的地理位置展现出的兴趣。由于北极海洋基础设施建设方面需要主要海运国家的关注，因此中美在基础设施建设上的合作，能够极大地推进两国的官方和民间合作。中美可以进一步探讨港口和海上通信的需求等一系列问题。此外，中美在海事执法方面已经展开合作，两国可以继续扩大合作的范围。在海洋管理方面建立信任和弹性机制将是更为复杂的挑战。

总的来看，中美在北极有很多利益的契合点，同时也需要关注和克服一些不确定因素的干扰，以加强中美在北极议题上的良性互动。美国卸任北极理事会轮值主席国后的北极地区治理前景，以及特朗普政府执政后的美国北极政策，都存在不确定性。奥巴马在离任前夕下令无限期中止在北极的一部分石油钻井活动。对此，共和党人极力反对。而特朗普政府是否愿意在气候变化等议题上落实前届政府的北极战略还存在不确定性。中国需要关注这些变化将对中美北极合作产生的影响。

青年论坛

中美反恐合作：现实困境与未来出路

贾春阳*

【内容提要】　中美在“9·11”事件后进行了一定程度的反恐合作，这种合作意义重大，但也面临一些障碍。事实上，两国都对双方反恐合作的现状有所不满，且将责任推给对方。两国反恐合作不畅是多种因素综合作用的结果，需要认真分析并找到真实的原因。伴随着“伊斯兰国”的崛起及其背后代表的宗教极端主义的传播，世界反恐形势发生了重大变化，这不仅对中美两国的现实国家利益构成多重威胁，还将影响到中美两国所分别代表的中华文明和西方文明的兴衰存亡。因此，面对“伊斯兰国”的兴起以及由此带来的世界反恐形势的变化，中美有必要认真思考两国反恐合作的真实现状及问题所在，站在大战略和文明兴衰高度而非战术高度推进两国的反恐合作，将之打造成中美合作的典范，在维护两国安全利益和长远利益的同时，为世界和平与稳定作出两国应有的贡献。

【关键词】　中国　美国　反恐合作　新形势　未来出路

---

* 贾春阳，博士，中国现代国际关系研究院美国所副研究员。本文获中美新型大国关系协同创新中心资助，特此感谢！

众所周知，“9·11”事件后，美国将国际恐怖主义认定为其面临的最直接、最紧迫的安全威胁，先后打着“反恐”旗号发动阿富汗战争和伊拉克战争，并以反恐划线、定敌友。在此过程中，美国逐渐认识到单边主义的缺陷以及多边反恐合作的重要性，积极寻求盟友及中国、俄罗斯、印度等大国的支持。在此背景下，中美因共同的反恐利益走到一起，开展了多种形式的反恐合作。双方的反恐合作既符合两国的安全利益，也有助于推进世界反恐斗争，可谓意义重大。然而，从双方的官方表述及学者研究来看，中美两国官方及学者大多对当前两国反恐合作的现状有所不满，且将责任推给对方。这种双向不满既源于两国法律体系、意识形态、国家利益的差异，也深刻反映了两国的战略互信缺失，以及两国在反恐原则、重点、意愿和能力等方面的差异。伴随着“伊斯兰国”的兴起及全球反恐形势的发展，恐怖主义及其背后代表的宗教极端主义意识形态不仅成为中美两国共同面临的现实威胁，也是影响两国长治久安、文明兴衰的长远性战略威胁。在此背景下，中美均需作出一定的政策调整，并克服障碍，进一步加深反恐合作，并将之作为一项战略合作加以推进。

一、中美反恐合作的现状及方式

“9·11”事件发生后，中国时任国家主席江泽民第一时间与美国总统小布什通话，谴责这一恐袭事件并向美国政府和人民表示慰问。第二天，两人再次通话，小布什表示期待与中国及国际社会一起加强合作，共同打击国际恐怖主义。同年9月20日，中国时任外长唐家璇访美，代表中国政府向美国政府和人民表示同情和慰问，并表达了与美国开展反恐合作的真诚愿望。可以说，中美两国领导人在“9·11”事件后初期的良性互动虽然并未改变中美关系中的竞争态势，但确实改变了两国因南海“撞机事件”、小布什政府宣布大规模对台军售而恶化的氛围。在此背景下，中美反恐合作迅速展开。这种合作主要体现在以下方面。

其一，在联合国框架下就反恐事务开展外交合作。“9·11”事件后，中国政府多次发表声明，宣布强烈谴责恐怖主义暴行、支持美国的反恐行动；配合美国冻结恐怖组织的资金，如查封与“基地”组织有关的在香港的银行账户；

许诺摧毁任何同“基地”组织有关的在华活动组织；向美国引渡2名在香港贩卖军火和毒品的恐怖分子嫌犯，对运往北美的集装箱进行反恐安全检查等。此后，为了配合美国的反恐工作，中国2003年加入了美国国土安全部发起的《集装箱安全倡议》(Container Security Initiative)；2005年加入了美国能源部发起的《大港倡议》(Megaports Initiative)；2006年与美国签署谅解备忘录，在各自飞往对方的航班上部署空警，以全面提升中美间国际航班安保水平，增强空中处置恐怖、暴力犯罪和非法干扰行为的能力。同年，美国海岸警卫队还在北京设立联络办公室，以加强双方的港口安全合作。同时，中国在联合国安理会、亚太经济合作组织会议等多边框架内也积极运筹，促成了相关反恐决议的达成。中国的配合也得到了美方的肯定，美国时任国务卿鲍威尔（Colin Powell）2002年2月在参议院外委会作证时公开表示，“中国向美国的反恐战争提供了帮助”①。在此情况下，美国也投桃报李，放弃了小布什上任之初将中国视为“竞争对手”的不友好论调，公开将中国称作反恐战争中的“盟友”。②2002年8月，美国将“东突厥斯坦伊斯兰运动”(ETIM，简称“东伊运”)列入恐怖组织名单。③同年9月，美国还允许中国司法人员进入关塔那摩监狱参与对“东突”恐怖分子嫌犯的审讯。

其二，通过机制性对话就反恐事务开展磋商与合作。2001年9月、12月，中美两国先后举行了两次反恐事务磋商，确定将双方的反恐事务磋商机制化，半年举行一次，并成立中美金融反恐工作组。如今，中美反恐磋商已升级至副部长级，并分别于2014年7月、2015年8月、2016年10月举行了三次磋商，议题涉及反恐情报交流、打击外国“圣战”分子跨国流动、应对恐怖组织资金网络、遏制危险化学前品和两用爆炸物成分非法流通、应对极端主义、打击网

---

① Shirley A. Kan, “U.S.-China Counterterrorism Cooperation: Issues for U.S. Policy,” CRS Report for Congress, RL33001, July 15, 2010, p.1, http://www.fas.org/sgp/crs/terror/RL33001.pdf.访问日期：2016年8月19日。

② White House, “President Bush, Chinese President Jiang Zemin Discuss Iraq, N.Korea,” October 25, 2002, http://georgewbush-whitehouse.archives.gov/news/releases/2002/10/20021025.html.访问日期：2016年8月22日。

③ 美国仅将“东伊运”列入《被禁恐怖组织名单》(TEL)，并未将其列入影响范围更大、制裁程度更严的《外国恐怖组织名单》(FTOs)。

络恐怖主义等。①除了反恐磋商，中美双方年度战略与经济对话框架下的战略对话也涉及反恐合作。在2016年6月举行的第八轮中美战略与经济对话上，双方决定落实联合国安理会2199号和2253号决议，扩大打击恐怖融资合作；并将加强信息分享和航空安全合作，落实联合国安理会2178号决议，以阻止外国恐怖作战分子跨境流动。②此外，除了副外长级反恐磋商，中美还通过中国公安部与美国国土安全部部级会晤、中美执法合作联合联络小组、中美打击简易爆炸装置问题研讨会等机制开展反恐合作。

其三，反恐情报合作。众所周知，“9·11”事件后中美两国反恐合作的重要方面便是情报合作。2002年10月，经中方同意，美国联邦调查局（FBI）在美国驻华大使馆设立了法律参事办事处，中方则保留在美国设立同样机构的权利，这为双方加强反恐情报交流创造了便利。根据美国国务院发布的报告，2003年发生的“波兰七人案”中，部分美国人因涉嫌投奔“基地”组织在波兰被捕，中国为该案的调查提供了帮助。③美国时任助理国务卿詹姆斯·凯利（James Kelly）2002年12月在谈及中美反恐情报合作时表示：“我们的反恐情报合作达到了前所未有的程度，但两国会独立作出判断。”④

其四，金融领域的反恐合作。切断恐怖组织和恐怖分子的资金来源、资金流动是反恐行动的重要手段，中美都非常重视在金融领域的反恐合作，并将之纳入双方反恐磋商的议程之中。2002年开始，中国开始参照联合国安理会1267号决议的制裁方式对被美国13224号总统令列入制裁名单的个人和实体实施制裁。⑤

---

① “U.S.-China Counterterrorism Dialogue,” August 6，2015，http：//www.state.gov/r/pa/prs/ps/2015/08/245782.htm；“中美第二次副外长级反恐磋商在北京举行”，2015年8月4日，http：//www.fmprc.gov.cn/web/wjbxw_673019/t1286319.shtml；“中美第三次副外长级反恐磋商在华盛顿举行”，2016年10月31日，http：//www.fmprc.gov.cn/web/wjb_673085/zzjg_673183/swaqsws_674705/xgxw_674707/t1411477.shtml。访问日期：2016年12月1日。

② 中国外交部：《第八轮中美战略与经济对话框架下战略对话具体成果清单》，2016年6月8日，http：//www.fmprc.gov.cn/web/zyxw/t1370469.shtml。访问日期：2016年8月19日。

③ U.S. Department of State，“Patterns of Global Terrorism 2003，” April 2004，22，http：//www.state.gov/documents/organization/31912.pdf。访问日期：2016年8月22日。

④ James A.Kelly，“U.S.-East Asia Policy：Three Aspects，” December 11，2002，http：//2001-2009.state.gov/p/eap/rls/rm/2002/15875.htm.访问日期：2016年8月24日。

⑤ U.S. Department of State，“Patterns of Global Terrorism 2002，” April 2003，p.16，http：//www.state.gov/documents/organization/20177.pdf.访问日期：2016年8月22日。

2004年，中国银行设立了一个金融情报部门，开始与美方进行交流和合作。与此同时，美国也对“东伊运”实施了一定金融制裁，除了冻结其在美国境内的资产，禁止美国任何政府机构或私人机构为其提供任何形式的支持，还与中国一道要求联合国将“东伊运”列入联合国安理会第1267号、1390号决议的制裁清单。①依照美国国务院2016年6月发布的《2015年国别反恐报告》，过去四年来，中美两国每年至少就反洗钱和打击恐怖主义融资问题会晤一次，该机制是中美战略与经济对话框架的一部分。②

其五，在中亚、南亚开展地区性反恐合作。“9·11”事件后，美国在海外实施反恐行动的重点之一便是南亚以及与之接壤的中亚，该地区也是“东突”势力内外勾连的重点地区。因此，中美两国反恐合作的重点地区便是中亚和南亚。“9·11”事件后不久，美国将打击目标锁定为“基地”组织，中国派时任副外长王毅前往巴基斯坦，劝说穆沙拉夫与美国开展反恐合作。美国也公开承认，“中国在应对南亚和中亚恐怖主义方面采取了建设性政策”，“公开支持联军在阿富汗的行动，并利用其对巴基斯坦的影响力敦促巴基斯坦支持美国针对塔利班和‘基地’组织的行动”。③在美国发起阿富汗战争后，为配合美国的军事行动、防止恐怖分子外蹿，中国加强了在中阿、中巴边境的巡逻力度，以防恐怖分子逃窜，并准许美国航母在前往印度洋过程中在香港停留，这些都为美国的军事行动提供了一定的便利。美国国务院2002年5月发布的《2001年全球恐怖主义形势》报告明确表示：“中国也是恐怖主义的受害者，无论是在联合国层面还是在南亚和中亚，都向美国的反恐战争提供了宝贵的外交支持，包括向阿富汗过渡政府提供资金和物质支持。”④对中国而言，美国在阿富汗的反恐行动虽然针对的是“基地”组织及阿富汗塔利班，但因“东突”势力与上述势力有密切勾连并在阿富汗设有

---

① Shirley A. Kan，“U.S.-China Counterterrorism Cooperation：Issues for U.S. Policy，” CRS Report for Congress，RL33001，July 15，2010，p.6，http：//www.fas.org/sgp/crs/terror/RL33001.pdf.访问日期：2016年8月19日。

② United States Department of State，“Country Reports on Terrorism 2015，” June 2，2016，p.65，http：//www.state.gov/documents/organization/258249.pdf.访问日期：2016年8月24日。

③ U.S. Department of State，“Patterns of Global Terrorism 2001，” May 2002，p.16，http：//www.state.gov/documents/organization/10319.pdf.访问日期：2016年8月24日。

④ IbId.，p.15，http：//www.state.gov/documents/organization/10319.pdf.访问日期：2016年8月24日。

训练营地，因而美国的行动也间接压缩了“东突”势力在南亚及中亚的活动空间。

由此可知，双方的反恐合作，无论对中国还是对美国，都是有益的，可谓双赢之举、意义重大。因此，双方在反恐合作中虽有分歧，但都愿意继续与对方开展反恐合作。另一方面，从双方的官方表述及学者研究成果来看，中美都对当前两国反恐合作的现状有所不满，且大多将责任推给对方。

美国国务院 2015 年 6 月发布的《2014 年国别反恐报告》明确表示：“尽管中美仍在探索推进双方反恐合作的方法，但两国的反恐合作仍然有限。”①2016 年 6 月发布的《2015 年国别反恐报告》则宣称：“中国虽然继续强调中美反恐合作的重要性，但双方反恐合作仍然有限；中国执法部门仍不愿与美国执法部门开展联合调查，或向美方提供特定恐怖主义威胁信息。”②美国“近东和南亚战略研究中心”学者杰弗里·佩恩（Jeffrey Payne）甚至表示：“中美两国目前实际上还没有任何实质性的反恐合作。美国主要把资源集中在安全和政治领域，而中国则不愿积极介入他国的任何冲突，因此倾向于在经济领域采取行动，这种情况导致双方的合作努力复杂化。”③还有美国学者认为，中美在法律体系和意识形态方面的差异导致美国部分官员对中美反恐合作持谨慎态度。④此外，美国学者还认为，中美反恐合作还可能因其他原因受阻，这些原因可归结为，例如美国提出需求，一是进入中国领土，二是要求中国改变本国行政管理体系，如对危险化学品和两用技术的管理，三是要求中国对特定两用商品实施制裁，这些领域在中国法律体系中会遇到困难或引发争议。⑤

---

① United States Department of State，“Country Reports on Terrorism 2014，” June 19，2015，p.57，http：//www.state.gov/documents/organization/239631.pdf.访问日期：2016 年 8 月 24 日。

② United States Department of State，“Country Reports on Terrorism 2015，” June 2，2016，p.65，http：//www.state.gov/documents/organization/258249.pdf.访问日期：2016 年 8 月 24 日。

③ “Ideological Differences Limit U.S.-China Counterterrorism Cooperation，” August 1，2016，http：//www.worldpoliticsreview.com/trend-lines/19537/ideological-differences-limit-u-s-china-counterterrorism-cooperation.访问日期：2016 年 8 月 27 日。

④ Murray Scot Tanner and James Bellacqua，“China's Response to Terrorism，” June 16，2016，p.119，http：//origin.www.uscc.gov/sites/default/files/Research/Chinas%20Response%20to%20Terrorism_CNA061616.pdf.访问日期：2016 年 8 月 23 日。

⑤ Murray Scot Tanner and James Bellacqua，“China's Response to Terrorism，” June 16，2016，p.123，http：//origin.www.uscc.gov/sites/default/files/Research/Chinas%20Response%20to%20Terrorism_CNA061616.pdf.访问日期：2016 年 8 月 23 日。

然而，在中国看来，制约中美反恐合作深化的最大障碍是美国在反恐问题上的“双重标准”，是美国没有真正将中国视为平等的反恐伙伴。中国国务委员杨洁篪2014年7月在第六轮中美战略与经济对话框架下的战略对话中强调：“恐怖主义就是恐怖主义，无论发生在哪里，出于什么原因，以什么样形式，针对什么对象，国际社会都应明确一致反对和共同打击，不应存在任何双重标准或三重标准。”①在中国学者看来，除了“双重标准”，中美反恐合作“还存在不对称性”，“这种不对称性主要表现为中国在坚持原则的前提下，在反恐斗争中对美国提供了尽可能多的协助、配合与支持。但美国并未给中国应有的回应，除把众多‘东突’恐怖组织中的一个列入恐怖组织外，给予中国的支持甚少”。②

二、影响中美深化反恐合作的障碍

中美两国对恐怖主义的危害都有切身体会，也都有与对方加强反恐合作的意愿，但两国的反恐合作在现实中又面临诸多障碍，导致双方的反恐合作无法实现质的突破。这表明影响双方深化反恐合作的因素是多方面的，且非常复杂。

首先，中美在战略层面缺乏真正互信。中美反恐合作的展开并未打消美国对中国崛起的猜忌甚至敌视，“美国对华政策中防范乃至遏制的一面始终存在”③。在寻求与中国开展反恐合作的同时，美国领导人及国务院报告也多次表示，“反恐战争不能成为迫害少数民族的理由”，“不能以反恐为借口压制民众合法的社会和经济诉求”。④美国时任中情局局长乔治·特尼特（George Tenet）2002年2月在参议院情报委员会作证时表示，“9·11”事件并未改变中国与美国打交道

① 《杨洁篪：打击恐怖主义不应存在双重或三重标准》，新华网，2014年7月9日，http://news.xinhuanet.com/politics/2014-07/09/c_1111536235.htm。访问日期：2016年8月23日。

② 孙晋忠：《反恐合作与中美关系》，载《国际问题研究》2005年第2期，第17页。

③ 达巍、王文峰：《全球反恐战争与美国对华战略关注》，载《现代国际关系》2008年第1期，第43页。

④ White House, “U.S., China Stand Against Terrorism,” October 19, 2001, http://georgewbush-whitehouse.archives.gov/news/releases/2001/10/20011019-4.html; U.S. Department of State, “Patterns of Global Terrorism 2002,” April 2003, p.16, http://www.state.gov/documents/organization/20177.pdf.访问日期：2016年8月24日。

的“基本原则”。[①]美国军方更是对中国持有根深蒂固的不信任，美军参联会主席邓福德（Joseph F.Dunford）公开将中国排在美国所面临的“威胁排行榜”的第二位，[②]太总司令哈里斯（Harry B.Harris）将中国崛起特别是军事现代化视为美国面临的“持久性挑战”，[③]副防长弗兰克·肯德尔（Frank Kendall）则宣称“中国发展先进武器系统特别是精确和复杂的巡航导弹和弹道导弹，目的就在于击败美军的远程投射力量”[④]。因此，美国虽然在“9·11”事件后放弃了将中国视为“竞争对手”的政策基调，甚至一度公开将中国称作“负责任的利益攸关方”，但美国高层赤裸裸的不友好言行实在难以让中国相信美国对中国没有敌意，也让中国不得不怀疑美国在南亚及中亚开展反恐行动的真实用意。部分中国学者认为，“美国醉翁之意不在酒，欲借反恐的名义扩展地缘利益空间”[⑤]，“在中亚、西亚、南亚甚至东南亚实行渗透并扩大其力量存在，挤压中国的战略空间”[⑥]。2011 年前后，伴随美国击毙本·拉登、推出新版《国家反恐战略》、提出“亚太再平衡”战略，美国的反恐战略和国家安全战略重点再次发生变化，并更加积极地介入南海问题、东海问题等涉华纠纷。在此背景下，中国很多学者认为，“美国之所以急于从反恐抽身，幕后是为集中战略资源应对中国崛起带来的挑战”[⑦]。俗话说，人无信不立。国家间关系亦如此。在缺乏互信的情况下，

---

① Shirley A. Kan，“U. S.-China Counterterrorism Cooperation：Issues for U. S. Policy，” CRS Report for Congress，RL33001，July 15，2010，p.2，http：//www.fas.org/sgp/crs/terror/RL33001.pdf.访问日期：2016 年 8 月 19 日。

② Senate Armed Services Committee，“Hearing to consider the nomination of General Joseph F. Dunford，JR.，USMC，to be chairman of the Joint Chiefs of Staff，” July 9，2015，p.83，http：//www.armed-services.senate.gov/imo/media/doc/15-62%20-%207-9-15.pdf.访问日期：2016 年 8 月 27 日。

③ United States Senate Committee on Armed Services，“Advance Policy Questions for Admiral Harry B.Harris，Jr.，U.S. Navy，Nominee to be Commander，U.S. Pacific Command，” December 2，2014，p.5，http：//www.armed-services.senate.gov/imo/media/doc/Harris _ 12-02-14.pdf.访问日期：2016 年 8 月 27 日。

④ Frank Kendall，“Testimony Before the House Committee on Armed Services，” January 28，2015，p.3，http：//docs.house.gov/meetings/AS/AS00/20150128/102849/HHRG-114-AS00-Wstate-KendallF-20150128.pdf.访问日期：2016 年 8 月 27 日。

⑤ 王珏：《全球化背景下中美反恐合作的思考》，载《国际观察》2004 年第 3 期，第 62 页。

⑥ 傅勇：《中美反恐合作的前景和问题》，载《世界经济研究》2003 年第 4 期，第 14 页。

⑦ 袁鹏：《中美关系——反恐弱化寻新机遇》，载《广州日报》2011 年 9 月 11 日，第 009 版。

中美的反恐合作注定会遇到各种意想不到的“暗礁”。美国学者也认识到互信缺失对中美反恐合作的影响，认为“美国对中国意图的信任程度将影响美国是否在反恐斗争中将中国视为一个可靠的伙伴；鉴于对中国崛起日益增加的担心，美国将中国视为可靠的反恐合作伙伴的前景似乎是暗淡的”①。

其次，美国在反恐方面的“双重标准”。美国学者将中美反恐合作中的问题归结于两点，一是中美两国在法律体系和意识形态方面的差异，二是两国不断变化的国家安全利益；认为两国在法律体系和意识形态方面的差异导致两国对发生在中国境内的恐怖主义和社会暴力的性质和原因有不同的看法，美国对中国人权和法制、在华美国人和商业的保护、与中国开展反恐合作的法律影响等的担忧促成了美国对中国某些反恐政策的批评。②事实上，法律体系和意识形态差异固然重要，但中国的很多反恐做法及出台的《反恐法》都参照了联合国相关决议及美国的法律法规，可以说在恐怖组织和恐怖分子认定方面与美国的差异非常小，而且中国还向美国提供了认定相关恐怖组织和恐怖分子的详细证据。在此背景下，美国虽然将“东伊运”列入《被禁恐怖组织名单》，但并未将其列入制裁范围和力度更大、国际影响更大的《外国恐怖组织名单》；美国还以“证据不足”为由拒绝将中国政府认定为恐怖组织的其他三个“东突”组织（“东突厥斯坦解放组织”、“世界维吾尔青年代表大会”、“东突厥斯坦新闻信息中心”）列入恐怖组织名单。③同时，美国经过审讯，认为其在阿富汗战争中俘获的22名中国籍恐怖分子嫌犯“并非恐怖嫌犯”，但事实上对这些人的危害心知肚明，因此不敢让他们进入美国。在此情况下，美国以这些人“可能遭中国警方拷问”为由拒绝将他们遣返中国，并先后分批次将他们送往第三国。中国境内发生暴恐事件后，除了少数事件，美国政府往往以缺乏“可信证据”和“独立消息来

① Andrew Small，Wei Zhu，Eric Hundman，“Is China a Credible Partner In Fighting Terror?” November 24，2015，http：//foreignpolicy.com/2015/11/24/china-islamic-state-terrorism-war-beijing-paris-us/.访问日期：2016年8月28日。

② Murray Scot Tanner and James Bellacqua，“China's Response to Terrorism，” June 16，2016，pp.117，119，http：//origin.www.uscc.gov/sites/default/files/Research/Chinas% 20Response% 20to% 20Terrorism _ CNA061616.pdf.访问日期：2016年8月23日。

③《公安部公布首批“东突”组织和恐怖分子名单》，新华网，2003年12月15日，http：//news.xinhuanet.com/mil/2003-12/15/content _ 1232022.htm。访问日期：2016年8月19日。

源”、中国政府“限制记者采访”等为借口否定中国政府、媒体对暴恐事件的定性；①美国媒体则公开为暴恐分子开脱，或借境外“东突”组织及其头目的言论来反驳中国政府的观点。美国个别学者甚至建议美国国会像在西藏问题上一样，通过决议要求美国政府设立一位“维吾尔事务特使”，在国务院设立“维吾尔事务特别协调员”；重新评估对“东伊运”的恐怖组织定性；要求政府派负责民主、人权和劳工事务的助理国务卿访问新疆并在与中国进行人权对话时讨论维吾尔族人问题。②这些做法和言论实际上与法律体系关系不大，只能说明美国在反恐斗争中的“双重标准”。美国“印中美研究所”国际商务研究室主任丹·斯坦伯克（Dan Steinbock）认为，美欧将中国境内的宗教极端分子视为爱好和平的自由战士，宣称他们对民主的合法诉求遭到压制才引发了暴力；然而，美国实际上在向旨在破坏中国稳定的组织和活动提供资助，就像20世纪80年代向阿富汗“圣战”分子提供支持一样，最终这些人将把恐袭目标指向美国。③可以说，美国虽然在反恐行动中积极寻求中国的合作和支持，但实际上以“双重标准”对待中国的反恐工作，并未将中国作为真正的合作伙伴。

第三，中美反恐侧重点差异。每个国家都有自己独特的国情，也都面临独一无二的反恐形势，因而反恐侧重点必然有所不同。“9·11”事件表明，对美国而言，美国面对的恐怖威胁主要来自国际恐怖组织及恐怖分子，以及境外极端主义意识形态的渗透，最重要的是要“御恐怖分子于国门之外”，因此美国注重加强在机场、港口、海关、驻外使领馆等“入口”场所或部门对恐怖分子及嫌犯的筛选。这一点，从美国“9·11”事件后所设跨部门恐怖分子筛选机构的工作重点，从美国各恐怖分子数据库所收录人员的内外比例，都可得到佐证。美国国家反恐中心（NCTC）资料显示，截止到2016年6月30日，该中心负责

---

① U.S. Department of State，“Country Reports on Terrorism 2013，” April 30，2014，p.55，http：//www.state.gov/j/ct/rls/crt/2013/index.htm.访问日期：2016年8月19日。

② Shirley A. Kan，“U.S.-China Counterterrorism Cooperation：Issues for U.S. Policy，” CRS Report for Congress，RL33001，July 15，2010，p.3，http：//www.fas.org/sgp/crs/terror/RL33001.pdf.访问日期：2016年8月19日。

③ Dan Steinbock，“Destabilizing Terror and US-Chinese Counterterrorism，” May 14，2014，http：//www.chinausfocus.com/peace-security/destabilizing-terror-and-us-chinese-counterterrorism/.访问日期：2016年9月18日。

管理的“恐怖分子身份数据处理环境”（TIDE）数据库总计收录约150万名个人的信息，其中美国人（包括公民和合法的永久居民）只有约1.5万，其余99%均为外国人。[①]对中国而言，从近年来的反恐态势看，中国所面临的恐怖威胁主要来自“东突”势力，其成员接受的虽是境外极端思想的洗脑，但主要来自国内，具有内生性。国际恐怖势力虽然对中国也是长远威胁，但与“9·11”事件及此后美国的遭遇相比，中国所受冲击和影响显然相对较小。因此，中国首先要做的是将国内的暴恐态势消灭在萌芽状态，重点是加强对国内恐怖组织、恐怖分子及嫌犯、支持者、关联者的识别、监控和打击。从地区看，在“伊斯兰国”崛起之前，美国境外反恐的重点是南亚，“伊斯兰国”崛起之后首要重点是中东，其次是南亚、北非。同时，伴随美国本土恐袭案件的增多，美国已逐渐将反恐重心转向本土，对境外反恐的重视度实际上有所下降。与之相比，中国在境外面临的恐怖主义威胁主要来自南亚和中亚，“中国开展国际反恐合作的主要目标是打击‘东伊运’，中国将其视为新疆暴力事件的幕后主谋”[②]。因此，无论是反恐目标还是反恐区域方面，中美两国都有不同的侧重点。美国学者也认识到这种差异的影响，认为“美国是从全球安全、国家利益和自由价值的高度来定义和处理恐怖主义的。由于在各种多边机构和全球联盟网络中处于领导地位，美国一般会与盟友和地区伙伴协同行动，并把打击目标对准那些通过对政府和平民实施暴力行动来达到政治目的的极端组织。而中国基本上是从本土和本国政府所受威胁角度来定义恐怖主义的”[③]。因此，这种差异无疑会对中美反恐合作产生一定的制约。

第四，中美反恐能力、反恐目标及合作意愿的差异。就反恐能力而言，美国有长期在海外开展反恐活动的丰富实践，因而在海外反恐情报搜集、恐怖分子识别、定点清除、使领馆和人员安保等方面都有非常丰富的经验、先进的技

① National Counterterrorism Center, “Terrorist Indentities Datamart Environment (TIDE),” https://www.nctc.gov/docs/tide_fact_sheet.pdf.访问日期：2016年8月24日。

② United States Department of State, “Country Reports on Terrorism 2015,” June 2, 2016, p.62, http://www.state.gov/documents/organization/258249.pdf.访问日期：2016年8月24日。

③ “Ideological Differences Limit U.S.-China Counterterrorism Cooperation,” August 1, 2016, http://www.worldpoliticsreview.com/trend-lines/19537/ideological-differences-limit-u-s-china-counterterrorism-cooperation.访问日期：2016年8月27日。

术装备、强大的情报搜集和行动能力。与之相比，虽然“东突”势力与国际恐怖势力有勾连，但中国的反恐重点长期以来一直是国内恐怖主义。因此，中国既缺乏海外反恐的经验，事实上也缺乏海外反恐所需的情报搜集和军事行动能力，以及海外行动意愿。近年来，伴随中国战略“走出去”和海外企业、人员等的增多，中国面临的国际恐怖主义威胁也在上升。与此同时，境外特别是盘踞在南亚、中亚部分地区的“东突”势力也开始复活，并与“基地”组织、“伊斯兰国”等勾结在一起。发生于2016年8月30日的中国驻吉尔吉斯斯坦大使馆遇袭案，便是由“东伊运”策划实施、叙利亚恐怖组织“征服沙姆阵线”（原称“基地”组织叙利亚分支“支持阵线”）资助的恐袭案。事实上，中国领导人也逐渐认识到“境外清源”的重要性，表示要“深入推进‘境外清源’，深挖一批恐怖分子”①。尽管如此，中国在境外开展的反恐行动仍然非常少，因此相对缺乏在海外开展反恐情报搜集、定点清除、人员安保等方面的经验。就反恐目标而言，以中东为例，美国多番鼓动中国加入其领导的反“伊斯兰国”联盟，并要求中国为其反“伊斯兰国”行动作贡献，但两国对于如何打击“伊斯兰国”及中东未来地区秩序却有分歧，“打倒阿萨德政权是美国的目标，美国为此向叙利亚反对派提供支持；确保阿萨德政权延续下去则是中国的目标，一旦世俗化的阿萨德政权垮台，叙利亚很可能成为国际恐怖势力对中国发动恐袭的基地”②。这种目标的差异所带来的结果便是，中国很难向美国的反“伊斯兰国”行动提供支持甚至参与进去，美国则以此为借口指责中国“不积极反恐”甚至“坐收渔翁之利”。

此外，中美受限于意识形态和外交原则差异，某种程度上都很难以对方希望的方式与对方开展反恐合作。中国外交政策长期以来一直坚持“和平共处五项原则”，反对干涉别国内政，更不用说未经联合国安理会授权而对他国动武。而美国的反恐战争，以及部分海外反恐行动，如未经他国同意便派无人机入境

① 中国公安部：《郭声琨在政法领导干部全面推进依法治国专题研讨班结业式上强调：明确方位认清责任提升理念，在全面推进依法治国中立好标杆当好标兵》，2015年5月10日，http：//www.mps.gov.cn/n2254314/n2254315/n2254317/n2254375/n2254379/c4927933/content.html。访问日期：2016年8月24日。

② Christina Lin，“A bipolar US policy towards China and Syria，” March 30，2016，http：//atimes.com/2016/03/a-bipolar-us-policy-towards-china-and-syria/.访问日期：2016年9月12日。

打击恐怖分子，都违背了中国所坚守的“主权不容侵犯”原则。因此，中国事实上很难认同或支持美国的海外反恐行动，更不用说直接参与美国的海外反恐行动。同时，中国也有人担心在国际反恐斗争中与美国过度紧密地捆绑在一起可能会引火烧身，引发国际恐怖势力的仇视甚至报复，或像第二次世界大战前的苏联一样成为西方国家“祸水东引”的对象。而在美国“近东和南亚战略研究中心”学者杰弗里·佩恩看来，“美国外交政策圈里的一些人认为与中国开展反恐合作相当于同意中国扩大势力范围”①。美国加利福尼亚大学欧文分校教授彼得·纳瓦罗（Peter Navarro）甚至宣称：“随着我们心系巴黎，充满同情之心，华盛顿首脑们将再一次把视线从亚洲移开，将重心完全置于反恐战争之上。随着恐怖情绪笼罩西方世界，中国将默默地继续其在东方的崛起。”②由此可见，这种能力和意愿方面的差异是显而易见的，不可能不对中美反恐合作产生影响。美国布鲁金斯学会副总裁马丁·英迪克（Martin Indyk）在谈到中美反恐合作时表示：“中美对恐怖主义威胁有不同看法，美国必须以现实态度对待中国能做什么和愿意做什么。”③

三、世界反恐形势新变化为中美反恐合作带来契机

近年来，伴随着“伊斯兰国”的崛起和宗教极端主义意识形态的扩张，世界反恐形势出现了重大变化。简言之，恐怖主义已由西方国家所面对的威胁演变为世界各国共同面临的挑战，这种挑战既是对各国现实安全利益的挑战，也是对世界秩序和人类文明的持久性挑战。“9·11”事件及随后发生的西班牙“马德里爆炸案”、英国“伦敦爆炸案”表明，恐怖主义已成为西方国家面临的

---

① Jeffrey Payne, “Can the US and China Cooperate on Counterterrorism?” July 23, 2014, http: // thediplomat. com/2014/07/can-the-us-and-china-cooperate-on-counterterrorism/. 访问日期：2016年8月27日。

② Peter Navarro, “As ISIS Strikes, China Rises (And America’s Pivot Seems on Hold ... Again),” November 17, 2015, http: //nationalinterest. org/blog/the-buzz/isis-strikes-china-rises-americas-pivot-seems-holdagain-14360.访问日期：2016年8月27日。

③ Michael Martina, David Brunnstrom, “For Obama and Xi, fight against Islamic State a brief moment to agree,” November 2, 2014, http: //www. reuters. com/article/us-china-usa-islamicstate-idUSKBN0IM03420141102.访问日期：2016年8月27日。

首要安全挑战。在此期间，虽然世界其他地区也发生过规模和频次不等的恐袭事件，但这一阶段国际恐怖主义活动的主要目标是西方国家，对世界其他地区和国家的冲击和威胁相对较小。然而，近年来全球范围内一系列恐袭事件的发生，如法国巴黎连环恐袭案、美国奥兰多枪击案、孟加拉国达卡餐厅爆炸案、伊拉克巴格达系列恐袭、巴基斯坦奎达系列恐袭案等，以及中国遭受的昆明“3·01”案、乌鲁木齐“5·22”案、莎车“7·28”案、驻吉尔吉斯使馆爆炸案等，表明恐怖主义已不再仅仅是西方国家面临的威胁，而是世界各国面临的共同威胁，全球范围内已鲜有与恐怖主义活动绝缘的安全港。不仅如此，与“基地”组织等传统恐怖组织不同，“伊斯兰国”有非常长远的政治野心，即建立一个世界性“哈里发国”。建立世界性“哈里发国”就要打破现有国家体系和世界秩序，必然意味着暴力和战争。“伊斯兰国”事实上从不排斥暴力，其在中东地区攻城略地的同时，就不断对外渗透和扩张，并在世界各地制造暴恐事件，成为世界各国共同面临的恐患。可以说，当前恐怖组织的活动不仅威胁到恐怖活动受害国的安全和稳定，也深刻影响着地区局势，其地缘冲击力及对世界经济的影响早已超出传统类型的单一恐怖活动。然而，“伊斯兰国”的最大威胁并不在于其暴恐活动或攻城略地，而在于其极端主义意识形态对世界各地穆斯林的蛊惑能力，以及由此带来的对世界其他文明的冲击。可以说，“伊斯兰国”的存在及其极端主义意识形态已成为包括中美在内的世界各国甚至人类文明共同面临的威胁。这种威胁主要体现为以下几个方面。

（一）世界多地因恐怖主义陷入动荡，直接损害中美安全和经济利益

“伊斯兰国”自2014年6月宣布“建国”开始，便设立了两大目标：一是生存，即守卫其在伊拉克和叙利亚的控制地区；二是扩张，即通过战争建立一个全球性的“哈里发国”。①因而，“伊斯兰国”不仅在叙利亚和伊拉克攻城略地，还将渗透触角伸向南亚、东南亚、中亚、北非等穆斯林聚居区，并将暴恐活动扩展到包括美国、欧洲等在内的非伊斯兰国家。根据联合国安理会2016年1月

① Jessica Lewis McFate, “The ISIS Defense in Iraq and Syria: Countering an Adaptive Enemy,” June 2, 2015, pp.10—11, http: //understandingwar.org/sites/default/files/ISIS%20Defense%20in%20Iraq%20and%20Syria%20-%20Standard.pdf.访问日期：2016年8月19日。

底发布的一份报告，截止到2015年12月中旬，世界范围内共有34个组织宣布效忠“伊斯兰国”，预计2016年“伊斯兰国”的附属组织数量将继续增加，其成员也将继续增多。①在暴恐活动方面，依照美国马里兰大学“恐怖主义和应对恐怖主义研究”（START）全国联盟2016年8月发布的报告，从2002年至2015年，“伊斯兰国”及其前身、分支、追随者等在全球共实施了4 900多起恐袭事件，共导致3.3万多人死亡，4.1万多人受伤，并有1.1万多人沦为人质或被绑架；这些恐袭事件约占同期世界恐袭事件总数的13%，因恐袭死亡人数的26%，因恐袭受伤人数的28%，因恐怖活动沦为人质或被绑架人数的24%。②不仅如此，鉴于“伊斯兰国”在叙、伊战场上面临越来越大的压力，该组织未来可能更加频繁地在世界各地煽动恐袭，或建立分支机构，以转移国际视线、减轻战场压力，这将给世界各国带来更加严重的恐怖主义隐患。

从得州枪击案（2015年5月，得克萨斯州加兰市）到加州枪击案（2015年12月，加利福尼亚州圣贝纳迪诺市），再到奥兰多枪击案（2016年6月，佛罗里达州奥兰多市），美国国内已发生多起与“伊斯兰国”有关的暴恐案。美国也已认识到这种威胁，奥巴马公开表示：“事实上，‘伊斯兰国’在叙利亚和伊拉克的挫败似乎促使其转向我们曾经领教过的策略——变本加厉地煽动追随者发动高调的恐袭，包括在美国境内。”③对中国而言，“伊斯兰国”在中东的肆虐及对中亚、南亚、东南亚等地区的渗透，也对中国的国家利益构成了现实威胁：一是“伊斯兰国”祸乱中东影响中国在中东的能源利益、人员安全及政治利益，并对中国“一带一路”倡议的实施构成威胁。二是中国面临着“伊斯兰国”渗

① United Nations Security Council,“Report of the Secretary-General on the Threat Posed by ISIL (Da'esh) to International Peace and Security and the Range of United Nations Efforts in Support of Member States in Countering the Threat,” January 29, 2016, p.3, http://www.un.org/ga/search/view_doc.asp?symbol=S/2016/92&referer=http://foreignpolicy.com/2016/02/11/the-islamic-state-will-survive-americas-military-onslaught/&Lang=E.访问日期：2016年8月21日。

② Erin Miller,“Patterns of Islamic State-Related Terrorism, 2002—2015,” August 2016, p.1, https://www.start.umd.edu/pubs/START_IslamicStateTerrorismPatterns_BackgroundReport_Aug2016.pdf.访问日期：2016年8月18日。

③ Jim Garamone,“ISIL Knows It Will Lose, Already Shifting Strategy, Obama Says at Pentagon,” August 4, 2016, http://www.defense.gov/News/Article/Article/905447/isil-knows-it-will-lose-already-shifting-strategy-obama-says-at-pentagon.访问日期：2016年8月27日。

透的危险。“伊斯兰国”早已将中国视为“敌人”，将中国西部特别是新疆列为其未来“攻取目标”，公开对中国“宣战”，[①]并大肆招募中国籍极端分子入伙。三是“伊斯兰国”对南亚、东南亚、中亚的渗透可能导致中国周边出现一条环绕中国西部、南部和东南部并充斥极端主义和恐怖主义的“弧形地带”，严重损害中国的周边安全环境。在美国学者安东尼·科德斯曼（Anthony H.Cordesman）看来，“尽管中美有不同的贸易伙伴，但两国都非常依赖从中东、北非和中亚地区进口能源”，“两国同样严重依赖全球经济的整体健康发展和稳定，同样需要全球经济发展和全球贸易能够安全进行。恐怖主义、海盗、暴乱对贸易和经济的增长都构成普遍威胁，尤其是如果恐怖主义升级到暴乱，袭击主要经济目标或者参与使用了大规模杀伤性武器，其造成的威胁会更大”。[②]

（二）外国“圣战”分子跨境流动成为世界各国的共同威胁，中美亦成为受害者

“伊斯兰国”的力量源泉之一便是来自世界各地的外国“圣战”分子，其能够一路攻城略地也是因为能够从世界各地获得众多武装人员。根据美国情报咨询机构“苏凡集团”（The Soufan Group）2015年底发布的报告，当前有至少来自86个国家、共计27 000—31 000名“圣战”分子奔赴叙利亚和伊拉克为“伊斯兰国”而战，而2014年6月时这一数字仅为12 000人；其中约有300人来自中国，约150人来自美国。[③]当前，更加危险的是，伴随着“伊斯兰国”在中东

---

① John Hall, “The ISIS map of the world: Militants outline chilling five-year plan for global domination as they declare formation of caliphate-and change their name to the Islamic State,” June 30, 2014, http://www.dailymail.co.uk/news/article-2674736/ISIS-militants-declare-formation-caliphate-Syria-Iraq-demand-Muslims-world-swear-allegiance.html; Marcus Marvin, “Terrorist ‘Caliphate’ Declares War With China, India, Rome,” June 27, 2015, http://www.africametro.com/world-news/terrorist-caliphate-declares-war-with-china-india-rome.访问日期：2016年8月21日。

② Anthony H.Cordesman, Brandon Fite, “US and Chinese Cooperation in Counterterrorism in the Middle East and Central Asia: Finding Ways to Move Forward,” August 29, 2011, p.10, https://csis-prod.s3.amazonaws.com/s3fs-public/legacy_files/files/publication/110829_US_China_Coop.pdf.访问日期：2016年8月29日。

③ The Soufan Group, “Foreign Fighters: An Updated Assessment of the Flow of Foreign Fighters into Syria and Iraq,” December 7, 2015, pp.4, 8—10, http://soufangroup.com/wp-content/uploads/2015/12/TSG_ForeignFightersUpdate_FINAL.pdf.访问日期：2016年8月15日。

战场的失利甚至溃败，相当一部分为“伊斯兰国”效力的外国“圣战”分子已开始逃离中东，或回归母国，或逃亡第三国，或在国际社会流窜，这势必给包括中美在内的世界各国带来更加严重的恐怖主义隐患。来自中美两国的“圣战”分子虽然数量都不多，但两国面临的“圣战”分子回流威胁却非常严重。对中国而言，虽然中国籍“圣战”分子只有区区数百人，但来自南亚、中亚和东南亚等中国周边地区的外国“圣战”分子却有数千人之多。①而且，活跃在中东的中国籍“圣战”分子当前已开始走上回流之路，这势必给中国带来更加致命的恐怖主义威胁。据时任新疆维吾尔自治区党委书记张春贤 2015 年 3 月透露，新疆已经抓获了一些从中东战场回国的极端分子。②对美国而言，在中东为“伊斯兰国”及其他恐怖组织而战的美国人虽然不多，但西欧籍“圣战”分子却有约 5 000 人，这些人的母国大部分与美国有免签协议。虽然美国 2016 年 1 月出台了《2015 年改善免签证计划暨防范恐怖分子旅行法案》，但这些免签伙伴国的人仍能够相对容易地进入美国。因此，这些人对美国的潜在威胁也不容忽视。中美对此已有清醒认识，多次表示要加强两国在应对外国“圣战”分子方面的合作。2015 年 4 月，美国国土安全部长杰伊·约翰逊（Jeh Johnson）访华并与中国国务委员郭声琨会谈，双方承诺通过国际数据库加强中美在外国“圣战”分子方面的情报共享③。在中美第七轮、第八轮战略与经济对话框架下的战略对话中，两国也接连强调要加强双方在打击外国“圣战”分子跨国流动方面的合作。④

---

① 根据“苏凡集团”前述报告，当前分别约有 900 名东南亚籍、2 000 名中亚籍“圣战”分子奔赴叙利亚或伊拉克加入“伊斯兰国”，在巴基斯坦、阿富汗境内活动的“伊斯兰国”武装分子也数量巨大。

② 《张春贤：新疆警察牺牲率是全国警察的 5.4 倍》，人民网，2015 年 3 月 11 日，http://leaders.people.com.cn/n/2015/0311/c58278-26672248.html。访问日期：2016 年 10 月 14 日。

③ Department of Homeland Security, “Readout of Secretary Johnson’s Trip to China,” April 11, 2015, https://www.dhs.gov/news/2015/04/11/readout-secretary-johnsons-trip-china.访问日期：2016 年 8 月 23 日。

④ 中国外交部：《第七轮中美战略与经济对话框架下战略对话具体成果清单》，2015 年 6 月 25 日，http://www.fmprc.gov.cn/web/zyxw/t1276058.shtml；《第八轮中美战略与经济对话框架下战略对话具体成果清单》，2016 年 6 月 8 日，http://www.fmprc.gov.cn/web/zyxw/t1370469.shtml。访问日期：2016 年 8 月 24 日。

(三) 宗教极端主义意识形态盛行威胁各国本土安全，对世界其他文明亦构成长远威胁

如前所述，对中东及世界各国而言，“伊斯兰国”带来的暴恐威胁是现实的，但与之相比，更大、更深远的威胁很可能是该组织极具暴力倾向的极端主义意识形态渗透和宣传。即便有朝一日“伊斯兰国”在战场上走向覆灭，这种极端主义意识形态也不会轻易消亡。一旦某一个人或社会接受了极端主义理念，那么要想消除这种极端主义理念绝非一朝一夕、单靠行政命令及物理手段所能完成的。依照美国“皮尤研究中心”2015年11月发布的调查结果，对于“你对‘伊斯兰国’持何种看法，不好、好或不知道?”这一问题，巴基斯坦有28%的受访者对“伊斯兰国”持“不好”的看法，有9%的受访者对“伊斯兰国”持“良好”的看法，另有62%的受访者回答“不知道”；印度尼西亚的数据分别是79%、4%、18%，马来西亚分别是64%、11%、25%。①这充分体现了“伊斯兰国”对穆斯林信徒的意识形态渗透能力。在穆斯林不占主体的国家和地区，如欧洲、美国，亦有相当数量的人对“伊斯兰国”的极端主义意识形态有认同，不自觉地成为其追随者。在这些人中，除了一部分成功离开母国成为活跃在中东的外国“圣战”分子，还有相当一部分未能离境，或说不想离境，而是留在母国“潜伏”。

根据美国国会研究局（CRS）2016年6月发布的报告，从2014年1月到2016年6月初，在美国本土出现的76起恐袭阴谋中，有67起与“伊斯兰国”追随者有关；其中38起与离境或归国“圣战”分子有关，有28起与“受蛊惑者”有关（其中2起亦有离境“圣战”分子参与）。②美国联邦调查局（FBI）局长詹姆斯·科米（James Comey）2015年11月透露，美国联邦调查局已在美国境内进行了900多起“伊斯兰国”嫌犯调查，范围遍及美国50个州。③另据《华

---

① Jacob Poushter，“In nations with significant Muslim populations，much disdain for ISIS，” November 17，2015，http：//www.pewresearch.org/fact-tank/2015/11/17/in-nations-with-significant-muslim-populations-much-disdain-for-isis/.访问日期：2016年8月21日。

② Jerome P.Bjelopera，“The Islamic State's Acolytes and the Challenges They Pose to U.S. Law Enforcement，” CRS Report for Congress，June 13，2016，pp.1—3，http：//www.fas.org/sgp/crs/terror/R44521.pdf.访问日期：2016年8月25日。

③ Paul Sperry，“900 ‘Homegrown’ ISIS Cases Being Investigated in U.S.：FBI，” November 22，2015，http：//nypost.com/2015/11/22/obamas-isis-strategy-only-increases-risk-of-a-us-attack/.访问日期：2016年8月25日。

盛顿邮报》透露，截止到2016年8月初，美国境内因与“伊斯兰国”有关联而被起诉的人已达100人，其中43人已被判定有罪。①加州枪击案、奥兰多枪击案表明，这些留在本土的“伊斯兰国”追随者无疑将对美国构成巨大的恐怖主义威胁。奥兰多枪击案发生后，美国中央情报局局长约翰·布伦南（John Brennan）在参议院情报委员会作证时表示：“伴随‘伊斯兰国’在战场上失利，该组织可能改变战术，派更多西方籍‘圣战’分子到欧洲及其他地方发动恐袭，并用社交媒体鼓动‘独狼’在美国发动恐袭。”②不仅如此，伴随着恐怖活动的增加及伊斯兰激进主义意识形态的渗透，加上中东难民的涌入，美欧各国“9·11”事件后一度盛行的“穆斯林恐惧症”再度抬头，相关国家仇视和伤害穆斯林及中东难民的事件时有发生。这种排斥或歧视则会加剧美欧穆斯林和中东移民的极端化倾向，为恐怖组织的渗透和招募提供可乘之机。这反过来会进一步加剧美欧社会的排外情绪，并刺激美欧政治生态的加速极化，最终导致美欧所代表的西方文明发生某种变异，并与伊斯兰文明发生美国学者亨廷顿所言的“文明冲突”。

中国虽然鲜有“伊斯兰国”及其追随者在境内开展活动的报道，但中国已成为“伊斯兰国”进行思想渗透和人员招募的对象。据报道，“伊斯兰国”已发布中文招募歌曲，鼓动中国境内的穆斯林信徒“拿起武器，战死战场”。③因此，除了那些已经奔赴中东为“伊斯兰国”而战的极端分子，中国境内究竟有多少“伊斯兰国”的追随者、支持者或同情者，实在难以统计，也难以识别和认定。这些人无疑将会给新疆等穆斯林聚居省区带来巨大的恐怖主义隐患。与此同时，伴随“伊斯兰国”及宗教极端主义对中国周边地区的渗透，中国西部地区将不可避免地直面极具暴力色彩的宗教极端主义意识形态的大范围冲击，这势必给

---

① Adam Goldman, Jia Lynn Yang and John Muyskens, “The Islamic State's suspected inroads into America,” August 8, 2016, https://www.washingtonpost.com/graphics/national/isis-suspects/.访问日期：2016年8月23日。

② Kimberly Dozier, Nancy A. Youssef, “CIA Chief Warns ‘Formidable’ ISIS Plots More Paris, Orlando-Style Attacks,” June 17, 2016, http://www.thedailybeast.com/articles/2016/06/16/cia-chief-john-brennan-gives-war-on-isis-an-f.html.访问日期：2016年8月24日。

③ “Isis seeks to boost recruitment in China with new song,” December 8, 2015, http://www.irishtimes.com/news/world/asia-pacific/isis-seeks-to-boost-recruitment-in-china-with-new-song-1.2458598.访问日期：2016年8月24日。

相关省区的社会稳定带来巨大的隐患。从长远看，鉴于中国西北部地区拥有庞大的穆斯林社群及高人口增长率，这种恐怖主义和宗教极端主义的渗透，不仅会损及西北诸省区的安全与稳定，未来很可能对中华文明的存续构成冲击。

简言之，“伊斯兰国”及宗教极端主义的兴起不仅改变了中东地缘格局，也彻底改变了世界反恐形势。近年来全球范围内的一系列恐袭事件，包括发生在中东、非洲、南亚及中国境内的诸多恐袭事件，特别是“伊斯兰国”宣布“建国”以来的所作所为表明，恐怖主义及其背后的宗教极端主义意识形态已不再仅仅是西方国家面临的威胁，而是世界各国、国际秩序和人类文明的威胁，中美概莫能外。中美近些年的反恐经历表明，作为两个世界大国，中美未来完全有可能成为国际恐怖组织及恐怖分子的主要攻击目标。从长远的历史角度来看，恐怖主义及其背后所代表的宗教极端主义的扩张和蔓延，不仅是中美两国所面临的现实威胁，还关系到两国所代表的中华文明和西方文明的兴衰存亡，因而兹事体大，绝不可掉以轻心。这也意味着，“伊斯兰国”的兴起及由此带来的世界反恐形势的变化为中美加强反恐合作创造了契机。

四、推进中美反恐合作的思路

习近平主席曾经指出：“中美两国合作好了，就可以做世界稳定的压舱石、世界和平的助推器。”①面对世界反恐新形势，中美作为两个世界大国，双方加强反恐合作不仅有助于维护两国的安全利益和长远利益，夯实两国的合作基础，冲淡两国在传统安全领域的竞争烈度，也有助于维护世界和地区稳定、捍卫人类文明的多样性。用美国学者的话来说，“中美反恐合作是两国在不存在竞争的领域中实现合作、建立互信的重要方式；尽管中美已在某些反恐领域开展了合作，但未来仍有很大的合作空间”②。展望未来，中美需站在大战略和各自文明

① 中国中央人民政府：《国家主席习近平同美国总统奥巴马共同会见记者》，2013 年 6 月 8 日，http：//www.gov.cn/ldhd/2013-06/08/content _ 2422916.htm。访问日期：2016 年 8 月 23 日。

② Anthony H.Cordesman，Brandon Fite，“US and Chinese Cooperation in Counterterrorism in the Middle East and Central Asia：Finding Ways to Move Forward，” August 29，2011，pp.9，20，https：//csis-prod.s3.amazonaws.com/s3fs-public/legacy _ files/files/publication/110829 _ US _ China _ Coop.pdf. 访问日期：2016 年 8 月 29 日。

存续的高度推进双方的反恐合作，既需要克服各种主客观障碍，又需开拓思路，探索一些实实在在的新方法和新领域。

（一）通过高层交往从战略高度为双方反恐合作指明方向

从2014年11月的“瀛台夜话”到2015年9月的“白宫秋叙”，再到2016年9月的杭州峰会，近年来中美两国领导人会晤时一个无法撇开的议题便是两国的反恐合作。在2014年11月举行“习奥会”时，双方领导人讨论了“伊斯兰国”的全球威胁、外国“圣战”分子等问题，同意加强双方在阻止外国“圣战”分子跨境流动、切断恐怖分子资金链、反恐情报交流、支援伊拉克政府重建等四方面的合作。①在2015年9月的“习奥会”上，两国领导人承诺加强双方的情报交流以打击外国“圣战”分子跨境流动，并在华盛顿举办应对“简易爆炸装置”（IEDs）会议。②在2016年9月举行的中美领导人杭州峰会上，双方一致认为，“恐怖主义对国际和地区稳定与安全的威胁进一步上升，中美加强反恐领域合作的必要性、紧迫性增强”③。这表明，尽管中美近年来在南海、网络、“中美邻”关系等问题上不时进行激烈的交锋，但中美两国领导人已认识到“伊斯兰国”崛起及宗教极端主义意识形态扩张所带来的共同挑战，以及中美加强反恐合作的重要性、必要性和紧迫性。可以说，面对新时代的恐怖主义和宗教极端主义，中美除了进一步加强合作，已经别无其他选择。用美国学者的话来说，“在着手实现联合反恐的过程中，两国都必须认识到，当两国利益一致时，互信并不是必需的，而且如此庞大复杂的双边关系必然同时包含合作因素与矛盾因素”④。因此，

---

① The White House，“FACT SHEET：President Obama's Visit to China，” November 11，2014，https：//www.whitehouse.gov/the-press-office/2014/11/11/fact-sheet-president-obama-s-visit-china.访问日期：2016年8月23日。

② The White House，“FACT SHEET：President Xi Jinping's State Visit to the United States，” September 25，2015，https：//www.whitehouse.gov/the-press-office/2015/09/25/fact-sheet-president-xi-jinpings-state-visit-united-states.访问日期：2016年8月23日。

③ 中国外交部：《中美元首杭州会晤中方成果清单》，2016年9月4日，http：//www.fmprc.gov.cn/web/zyxw/t1394413.shtml.访问日期：2016年9月7日。

④ Jeffrey Payne，“Can the US and China Cooperate on Counterterrorism?” July 23，2014，http：//thediplomat.com/2014/07/can-the-us-and-china-cooperate-on-counterterrorism/.访问日期：2016年8月27日。

尽管中美缺少战略互信，但两国决不能因此让双方的反恐合作停滞不前。为进一步做实做强中美反恐合作，中美需利用两国领导人的高层会晤，为双方的反恐合作指明方向，并确保中美反恐磋商机制、金融反恐合作机制、执法合作机制等在任何情况下都不会受干扰或中断，使之成为中美合作的典范。具体而言，中美两国领导人可在会晤中明确两国反恐合作的未来方向、领域范围、实现路径，以便为两国一线反恐部门及执法部门的合作提供指导。为此，中美两国领导人可授权或指定两国相关部门、智库及专家学者就此开展联合研究，或定期开展“二轨”或“一轨半”反恐合作论坛，然后形成政策建议报告供两国领导人及决策部门参考。当前，美国新任总统特朗普虽然对奥巴马政府反恐政策颇有微词，但从其言行看，属于坚定的反恐行动支持者，多番强调要对“伊斯兰国”进行“无情的打击”，要与极端主义意识形态作斗争，并支持国际合作。①因此，特朗普上台后，即便中美在其他领域发生摩擦，但在反恐领域继续开展合作是可期的。

（二）妥善处理“双重标准”问题，在“求同存异”中推进双方反恐合作

从中美关系发展趋势看，虽然两国的外交、经济、文化交流日益密切，但两国在社会制度、法律体系和意识形态等方面的差异和分歧无疑将会长期存在，这种差异和分歧对两国领导人、学者及媒体的影响是根深蒂固的。美国学者将中美反恐合作受到的制约归结于两国在法律体系和意识形态方面的差异，这虽然有偏颇，但两国在法律体系和意识形态方面的差异确实对两国的反恐合作有重大影响。加上美国对中国的战略不信任，以及部分美国人的对华“敌意”，要彻底改变美国在中美反恐合作中的“双重标准”是非常困难的。同时，值得注意的是，近年来，美国在涉及中国境内暴恐事件的认定方面已有所改观，开始承认中国境内暴恐事件的恐怖主义性质。以 2014 年昆明火车站“3·01”暴恐

① David E.Sanger and Maggie Haberman，“Donald Trump’s Terrorism Plan Mixes Cold War Concepts and Limits on Immigrants，” August 15，2016，http：//www. nytimes. com/2016/08/16/us/politics/donald-trump-terrorism.html.访问日期：2016 年 12 月 8 日。

案为例，美国国务院发言人同年3月3日表示："这起事件针对大众任意攻击，看来像是恐怖行为。"[①]几天后，奥巴马在与习近平主席通话时公开表示"对云南昆明严重暴力恐怖事件遇难者表示哀悼"，"美国谴责一切形式的恐怖主义"。[②]2014年乌鲁木齐早市"5·22"暴恐案后，美国政府不仅反应迅速，反应层级也不同以往，白宫、国务院及美国驻华大使馆都迅速发声，并认可中国政府对案件的定性，公开表示"谴责发生在新疆的可怕的恐怖袭击"，"坚决反对所有形式的恐怖主义"。[③]美国国务院发布的《2014年国别反恐报告》也公开认可中国政府对昆明火车站"3·01"案、乌鲁木齐火车站"4·30"案、乌鲁木齐早市"5·22"案的定性，宣称"美国政府有充分的证据表明这些案件为恐袭事件"[④]。这表明，美国在涉及中国境内暴恐案件定性方面的"双重标准"已有所改变，部分案件的残暴程度迫使美国不得不认可其恐怖主义性质。

在此背景下，与其执意与美国在"双重标准"问题上纠缠，不如灵活处理。一方面，继续就恐怖组织和恐怖分子认定、爆恐事件定性等问题与美方进行磋商和沟通，通过摆证据、讲法理、外交和舆论施压等促使美国逐渐改变其"双重标准"，在中美间确立一套恐怖组织和恐怖分子认定、暴恐事件定性的标准、程序和机制，这样才能避免认定的模糊和随意性。[⑤]这是一个无法回避的问题，只有解决了这一问题，中美在反恐方面才有可能建立互信，中美反恐合作的根

---

① U.S. Department of State, "Daily Press Briefing," March 3, 2014, http://www.state.gov/r/pa/prs/dpb/2014/03/222806.htm#CHINA.访问日期：2016年8月24日。

② 中国外交部：《习近平同美国总统奥巴马通电话》，2014年3月10日，http://www.fmprc.gov.cn/mfa_chn/zyxw_602251/t1135571.shtml。访问日期：2016年8月18日。

③ 参见 http://www.whitehouse.gov/the-press-office/2014/05/22/statement-press-secretary-jay-carney-terrorist-attack-china；http://www.state.gov/r/pa/prs/dpb/2014/05/226459.htm#CHINA。访问日期：2016年8月24日。

④ United States Department of State, "Country Reports on Terrorism 2014," June 19, 2015, p.58, http://www.state.gov/documents/organization/239631.pdf.访问日期：2016年8月24日。

⑤ 美国对中国境内暴恐案件的认定有反复，前述2014年的三个案件被认定为恐袭事件，但其国务院《2015年国别反恐报告》提到了发生于2015年的广州火车站"3·06"案、喀什公路检查站"6·22"案、阿克苏拜城煤矿"9·18"案，但只说"这些事件是中国政府认定为恐袭事件的案例"，但并没有表态美国对其承认与否。参见 United States Department of State, "Country Reports on Terrorism 2015," June 2, 2016, p.63, http://www.state.gov/documents/organization/258249.pdf。访问日期：2016年8月24日。

基才会更加牢固。另一方面，从中国长远国家利益（如“一带一路”倡议实施、和平崛起、周边稳定等）及世界的反恐大局出发，跳过“双重标准”这一障碍，本着“求同存异”原则与美国拓展反恐合作的领域和方式。

以中东反恐为例，中东向来是美国外交安全战略的重点地区之一，为了其战略利益，美国不得不在中东打击恐怖主义。与之相比，中国眼前在中东似乎只有能源利益，因而有人认为应避免引火烧身，同时中国无力也无意在军事上介入中东反恐。然而，从长远来看，伴随中国战略“走出去”及“一带一路”倡议实施，中国必然要走向中东，中国未来在中东的利益将远不止能源利益。因此，可以说，美国当前在中东反恐虽然是出于美国的战略利益，也可以说是美国的“大国责任”，但美国稳定了中东，对中国的“一带一路”倡议及未来在中东的利益都将是有利的。反之，如果美国撒手不管，任由中东暴恐形势蔓延，不仅中国的能源利益得不到保障，中国的“一带一路”倡议恐怕也将面临巨大挑战，因为这一倡议在地理上很难绕开中东。可以说，美国在中东反恐虽然是为了本国利益，但客观上也符合中国的长远利益。同理，如果美国认为中东乱局对美国影响有限，对中国、俄罗斯、印度等国的未来影响会更大，因此可以放手不管并将战略资源聚焦“亚太再平衡”，这也是战略短视。这是因为，一旦中东恐情蔓延，不仅欧亚大陆深受其害，美国即便有两洋护卫，届时也不可能独善其身，中东及其邻近地区很可能成为恐怖组织对美国实施恐袭的“策源地”，“9・11”事件和美国如今面临的本土恐怖主义以及其海外公民、资产和利益面临的恐怖主义威胁便是最佳例证。因此，中美两国都需要着眼长远利益，妥善处理“双重标准”问题，在“求同存异”中相互支持，从战略高度尽可能地推进两国的反恐合作。

（三）坚持由简入难原则，先从分歧较少的领域推进中美反恐合作

如前所述，“双重标准”问题非短期可解，只能徐图缓进，慢慢化解或逐步减少其对中美反恐合作的消极影响。因此，面对这一短期内难解的障碍，中美可由简入难，先从双方分歧较少或不涉及国家主权、法律体系、意识形态的领域入手推进中美反恐合作。美国学者亦认为，对于那些与法律体系和意识形态关联度较高的领域，如恐怖主义本身及网络问题、恐怖分子跨境流动情报和信

息、中国要求遣返在美人员等，中美的合作“将面临限制、不确定性或分歧”①。因此，美国学者建议，中美可在与法律或意识形态相关性较少的领域推进两国的反恐合作，这些领域包括：一是中美围绕“简易爆炸装置”（IEDs）及其原材料、零部件等开展的对话和训练；二是航运和集装箱安全，包括美国发起的“集装箱安全倡议”；三是港口安全，包括美国发起的、旨在探测潜在核或放射性材料的“大港倡议”。②如果中美能够在分歧较少或不太敏感的领域扎实推进双方的反恐合作，不仅有助于扩大双方的反恐合作面，还能够增加两国在反恐领域的互信，为双方在难度较大、敏感度较高领域的反恐合作奠定基础。

（四）相互学习、互帮互助，在合作中提升双方反恐能力及合作水平

中美面临的恐情不同，打击恐怖主义的方式也就不同。从两国近些年的反恐实践来看，中美两国在反恐方面可以说各有所长，亦各有所短。以美国为例，美国长期在反恐一线，因此有相对完备的反恐法律、先进的反恐装备、丰富的海外反恐经验、庞大的反恐盟友体系，但也存在法律涉嫌歧视特定国家和人群、情报机构相互合作不畅、本土内部防护较弱、滥用国际法、违背《联合国宪章》等不足。就中国而言，中国虽然长期饱受恐怖主义之害，也积累了一定的国内反恐经验，但也面临反恐法律体系和机制建设滞后、海外反恐经验不足等困扰。因此，中美如果能够在反恐斗争中相互学习并互帮互助，无疑将会极大地提升两国各自的反恐能力以及双方的合作水平。以反恐装备为例，“9·11”事件后特别是2008年北京奥运会之前，美国一度放松了对向中国出口警用装备特别是反恐器械的限制。但这种做法在美国国内也面临质疑，认为中国相关部门可能将这些高科技监控装备用于监控政治异议分子、宗教人士及少数民族。③这种批评既反映了两国在意识形态方面的差异以及部分人在反恐方面的“双重标准”，

---

①② Murray Scot Tanner and James Bellacqua, “China's Response to Terrorism,” June 16, 2016, p.122, http://origin.www.uscc.gov/sites/default/files/Research/Chinas%20Response%20to%20Terrorism_CNA061616.pdf.访问日期：2016年8月23日。

③ Sander Levin, “Statement of the Honorable Sander Levin Chairman, Congressional-Executive Commission on China（CECC），” February 27, 2008, p.2, http://www.cecc.gov/sites/chinacommission.house.gov/files/documents/hearings/2008/CECC%20Hearing%20Statement%20-%20Chairman%20Sander%20Levin%20-%202.27.08.pdf.访问日期：2016年8月22日。

也是一种短视行为，因为美国向中国出售先进反恐装备不仅是帮助中国，也是在保护美国，至少可以为美国赴华参加 2008 年奥运会的运动员及相关人员提供更好的安全保护。再以海外反恐为例，如果美国能够将其海外反恐经验及装备技术与中国分享，表面上是帮助了中国，中国得到了好处，但中国海外反恐能力的提升，不仅有助于中国打击境外“东突”势力，也有助于中国为国际反恐斗争作出更大贡献，有助于防止中亚、南亚及中东等地重新沦为对美恐袭策源地，这对美国实际上有百利而无一害。对美国而言，中国在打造群众反恐防线、控制枪支及爆炸物等方面亦有值得借鉴的经验。可以说，中美在恐怖主义威胁面前已经休戚与共，两国只有互相学习并互帮互助，才是正确的选择。同时，这种互帮互助也能增进彼此的信任，为两国在敏感领域的反恐合作创造条件。

（五）共同引领全球反恐合作，并致力于铲除恐怖主义的滋生土壤

中美既是恐怖主义的受害者，同时也是有责任、有能力引领全球反恐合作的大国，两国应齐心协力，共同承担引领全球反恐合作的重任。其一，中美可在联合国框架下与其他大国就全球反恐问题加强协调与合作，并利用联合国大会、二十国集团峰会、“全球反恐论坛”（GCTF）等共同倡议和引领全球反恐合作，如在全球范围内推动建立打击外国“圣战”分子跨境流动、打击网络恐怖主义及极端主义宣传、阻止恐怖组织资金流动、推进信息共享和航空航海安全的合作机制。其二，以国际刑警组织的数据库为基础，推动建立世界各国共建、共享、共用的全球性恐怖组织、恐怖分子、外国“圣战”分子及其嫌疑人的数据库和识别系统，以便世界各国能够切实有效地监控、防范和制止恐怖组织及恐怖分子的暴恐活动，并阻断外国“圣战”分子的跨境流动。其三，牵头成立以联合国为主导，囊括中、美、俄、欧、日、印等大国及中东、南亚、中亚、东南亚、北非国家的“去极端化”或“社会治理”基金会，用于资助欠发达国家开展社会去极端化、失业救济、医疗卫生、社会治理等项目，以从根本上铲除极端主义和恐怖主义的滋生土壤。

（六）通过“大国十地区国家”模式推进地区反恐合作

中美在引领地区反恐合作过程中，既要注重与俄罗斯、欧盟、印度等大国

和国际组织的协调，更要重视地区国家的作用，调动地区国家的反恐积极性。再以中东为例，“中东主要国家对待‘伊斯兰国’多少抱有‘借力打力’的想法，进退之间都大打‘伊斯兰国’牌；各方都希望‘伊斯兰国’去耗损敌对一方，因此都采取了祸水东引、作壁上观的态度”①。然而，中东恐情蔓延首先受到伤害、受威胁最大的还是中东国家，如果“伊斯兰国”或“基地”组织的分支得势，中东任何国家恐怕都会“国将不国”。另一方面，从根本上讲，人类社会的未来在于世俗化和现代化，一个充斥着极端主义和恐怖主义的国家或地区是没有前途的。中东国家与中、美、俄等大国加强反恐合作，不仅是履行自己的反恐责任和维护自己的安全，也是对自己国家、民族的一种救赎。否则，中东国家、伊斯兰社会都将因极端主义和恐怖主义的蔓延而陷入长期动乱，失去未来。具体而言，在中东，中美可共同推动包括中国、美国、俄罗斯、欧盟及中东国家参与的反恐对话与磋商，其中关键是美国与俄罗斯的对话，以弥合各个反“伊斯兰国”联盟的分歧，推动建立打击“伊斯兰国”的统一阵线，或至少是各方达成谅解协议，能够协调行动或避免误伤误判，以推动中东反恐形势的改观。中国当前虽缺乏直接派兵赴中东打击“伊斯兰国”的意愿和能力，但可发挥独一无二的斡旋和撮合作用。在南亚，中美可与巴基斯坦、阿富汗、印度、孟加拉国等加强多边磋商与合作，或建立中美巴阿四国反恐对话机制，将反恐重点聚焦于巴基斯坦和阿富汗特别是两国边境地区，通过情报共享、联合行动、经济援助、社会去极端化等打压恐怖组织及极端主义的生存空间，以稳定南亚安全形势。在中亚，中国可与俄罗斯一道在上海合作组织框架下与中亚国家就打击当地极端主义和恐怖主义、加强边界防控等开展对话和磋商，以共同打击当地恐怖势力、防范“伊斯兰国”渗透、稳定当地社会秩序。在东南亚，中美可重点与印度尼西亚、马来西亚、菲律宾等国加强反恐交流与对话，或建立某种地区性反恐合作机制，并向相关国家提供一定反恐援助，在帮助相关国家打击当地恐怖组织的同时，防范“伊斯兰国”、“基地”组织等的渗透。

① 刘乐：《“伊斯兰国”兴起与国际安全新挑战》，载《国际政治研究》2016 年第 3 期，第 68 页。

五、结　语

反恐合作涉及不同文明、不同制度、不同意识形态和不同利益的国家间的对话和碰撞，注定是一个敏感议题。中美作为拥有不同文明和历史、不同制度和意识形态、不同国家利益和国际追求的大国，双方的反恐合作同样面临诸多障碍和困难，关键是怎么看和怎么办。首先，鉴于中美两国之间存在的前述巨大差异，两国反恐合作面临障碍和困难是正常的，不能因此对两国反恐合作失去信心，或认为深入推进两国反恐合作“难于上青天”。其次，“伊斯兰国”和宗教极端主义兴起，以及世界反恐形势的变化，给中美带来了共同威胁，提升了中美加强反恐合作的必要性和紧迫性，为中美进一步加强反恐合作创造了契机。第三，中美深化反恐合作不仅能够拓展中美关系中的合作面，对冲两国在传统安全领域的竞争，增进两国的战略互信，也将有助于地区乃至全球的和平与稳定，以及维护世界文明的多样性，这符合人类社会的根本利益。可以说，中美反恐合作虽然有障碍，但与两国在传统安全领域的博弈不同，反恐合作是最符合双方共同利益、最有可能也最有必要实现突破、意义也最重大的领域。因此，中美作为两个负有特殊历史使命的大国，应在反恐议题上抛弃成见、搁置分歧，站在大战略和各自文明存续的高度而非战术角度对待并推进双方的反恐合作，使之成为中美合作的典范。

青年论坛

美国经济不平等和政治极化关系探析

付随鑫*

【内容提要】 经济不平等是导致美国政治极化的一个长期的根本性原因。美国历史上两个经济不平等最严重的时期也是政治极化最严重的时期。通过考察基尼系数、不同层次的家庭收入和财富的比重等指标，可以发现过去几十年里美国的经济不平等变得越来越严重。经济不平等导致了政治上的分裂，增强了富人对政治的影响力。经济不平等导致的收入差距拉大，会增大两党的政治代表性的差异。同时，经济不平等还巩固和增强了选民的政党认同的差异：中高收入选民更加倾向于共和党，而低收入选民更加倾向于民主党。总之，经济不平等对精英政治行为的根本影响是巩固和增强了他们的政治分裂，也就是说加剧了政治极化。

【关键词】 美国　政治极化　经济不平等　政党认同

* 付随鑫，博士，中国国际问题研究院美国研究所助理研究员。本文系作者所主持的国家哲学社会科学2017年青年项目“美国的反全球化与民粹主义运动及其影响研究”（项目批准号：17CGJ029）的阶段性成果。

经济不平等对美国民主体制的影响一直是许多美国政治家关注和担忧的问题。美国的传统政治智慧认为庞大的中产阶级是民主制度的压舱石，而贫富分化和经济不平等很可能导致民主制度的倾覆。托马斯·杰斐逊（Thomas Jefferson）就认为小地主是一个国家中最宝贵的群体，而不平等对大部分人造成了巨大的悲剧，所以应当通过恰当的政治措施——如税收和土地分配制度——来保证社会的相对平等。①詹姆斯·麦迪逊（James Madison）在著名的《联邦党人文集》第10篇里面论述了财产与政治冲突的关系。他认为“造成党争的最普遍而持久的原因，是财产分配的不同和不平等。有产者和无产者在社会上总会形成不同的利益集团”②。美国人对经济不平等的担忧与防范，从建国伊始历经杰克逊民主、进步主义时代和罗斯福新政，一直延续到今天。奥巴马在一场专门针对收入不平等的演讲中称：收入不平等是我们时代的典型问题，它破坏了美国的经济增长，损害了美国的中产阶级，降低了社会流动性，增强了政治极化。③在2016年美国总统初选中，希拉里·克林顿（Hillary Clinton）在党内的主要竞争对手伯尼·桑德斯（Bernie Sanders）直接以反对经济不平等为竞选口号和施政目标，在年轻人中引起了强烈的反响。共和党内声势最大的参选人唐纳德·特朗普（Donald Trump）虽然没有像桑德斯那样直接针对经济不平等，但他成功利用了白人蓝领阶层因收入不平等加剧和工资停滞而产生的对共和党建制派的愤怒。桑德斯和特朗普的选民具有共同的特征：反对20世纪70年代以来的新自由主义共识和有利于商业利益集团的经济政策。④虽然很难说桑德斯和特朗普所代表的两个群体能够联合起来形成一个新的政治联盟，但他们确实使经济不平等成为2016年总统初选最重要的议题之一。本文将探讨经济不平等在美国过去几十年里日益加剧的趋势，并证明它是当代美国政治极化的一个主要因素。

① Thomas Jefferson to James Madison, October 28, 1785, http://press-pubs.uchicago.edu/founders/documents/v1ch15s32.html.

② ［美］汉密尔顿、杰伊、麦迪逊：《联邦党人文集》，程逢如、在汉、舒逊译，北京：商务印书馆2006年版，第47页。

③ The White House, "Remarks by the President on Economic Mobility," December 04, 2013, https://www.whitehouse.gov/the-press-office/2013/12/04/remarks-president-economic-mobility.

④ John B.Judis, "This Election Could be the Birth of a Trump-Sanders Constituency," *Vox*, January 30, 2016, http://www.vox.com/2016/1/30/10869974/trump-sanders-economic-history.

一、新镀金时代

在美国历史上，经济不平等的程度是随时间而发生变化的。美国建国以来第一个严重不平等的时期发生在19世纪最后30年，这个时期被美国著名文学家马克·吐温（Mark Twain）讽刺为“镀金时代”。在这一历史阶段，美国的经济快速增长，工业化大规模扩张，技术飞速进步，大量财富迅速积累，自由放任的资本主义经济空前盛行。然而严重的贫穷与不平等也随之同行。中西部农场主大量破产，工人罢工频仍，来自落后欧洲国家的移民潮水般地涌入美国社会的底层。为了应对镀金时代产生的社会危机，美国人在20世纪初发起了声势浩大的进步主义运动，打击经济垄断行为，改善政治体制和社会保障制度，增强政府在国家生活中的作用。进步主义运动的精神在20世纪30年代之后继续被罗斯福新政所继承和发扬。到20世纪60年代，贫困与经济不平等降低到美国历史最低程度。然而，随着新政自由主义共识的式微，从20世纪70年代开始，一个世纪前的历史似乎重演了：新自由主义盛行，技术快速进步，全球化势不可挡，巨量财富迅速积累，亚洲和拉丁美洲的移民大量涌入美国，收入差距大增，经济不平等重新回到历史最高水平。可以说，在过去半个世纪里，美国进入了一个新的镀金时代。

经济学家已经发明了众多方法来衡量经济不平等。最常用的衡量指标之一是基尼系数。基尼系数是将某个群体中收入或财富的分配与绝对平等的分配相比较。如果该群体中每个成员所拥有的收入或财富都相等，就达到了绝对的平等，此时基尼系数为零。基尼系数越大说明越不平等，0.3至0.4被认为是合意值，超过0.4就说明出现了较为严重的不平等。①根据美国人口普查局的数据，美国的税前家庭收入基尼系数在2014年已经达到0.48。②这说明美国的经济不平等已经很严重。如果横向地与其他发达国家相比，更能发现其严重程度。根

① 洪兴建：《基尼系数合意值和警戒线的探讨》，载《统计研究》2007年第8期，第84—87页。

② United States Census Bureau，“Income and Poverty in the United States：2014，” pp.30—34，https：//www.census.gov/content/dam/Census/library/publications/2015/demo/p60—252.pdf.

据经济合作与发展组织（OECD，以下简称“经合组织”）的数据，2012 年，美国税前基尼系数高达 0.513，税后为 0.389，后者比前者减少 0.124。对比来看，经合组织的 34 个成员国中只有主权债务危机比较严重的爱尔兰、希腊和葡萄牙的税前基尼系数高于美国，其他国家都低于美国。至于税后基尼系数，所有经合组织发达成员国的数据都比美国的低，只有墨西哥和土耳其这两个发展中国家的要高一些。与美国相比，欧洲的税收政策对降低收入不平等的效果要远为显著。例如，法国 2012 年的税前基尼系数跟美国相当，但税收基尼系数只有 0.306，后者比前者减少了 0.212。2016 年民主党总统参选人桑德斯希望美国效仿的北欧福利国家丹麦则更为平等，税前基尼系数为 0.436，税后仅为 0.249 。①

如果纵向地比较过去半个世纪美国的基尼系数，可以发现这一时期美国的经济不平等越来越严重。美国人口普查局对基尼系数的调查可以追溯到 20 世纪 60 年代后期，也就是新政自由主义达到顶峰和经济不平等降到最低的时期。如图 1 所示，1968 年美国的家庭收入基尼系数是 0.386，1972 年超过 0.4 的警戒

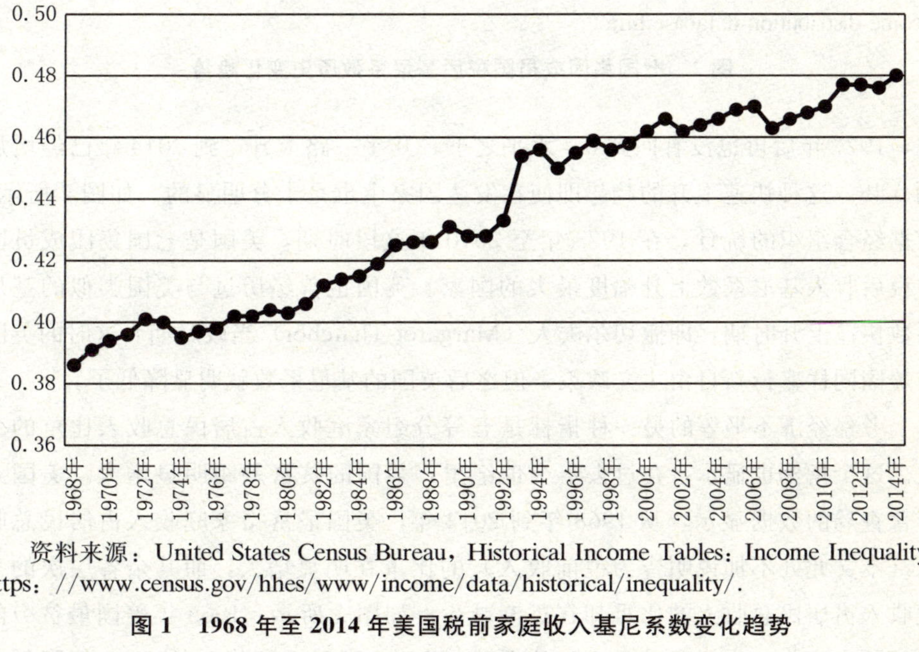

资料来源：United States Census Bureau，Historical Income Tables：Income Inequality，https：//www.census.gov/hhes/www/income/data/historical/inequality/.

图 1　1968 年至 2014 年美国税前家庭收入基尼系数变化趋势

① OECD Income Distribution Database，http：//stats.oecd.org/index.aspx? queryid = 66670.

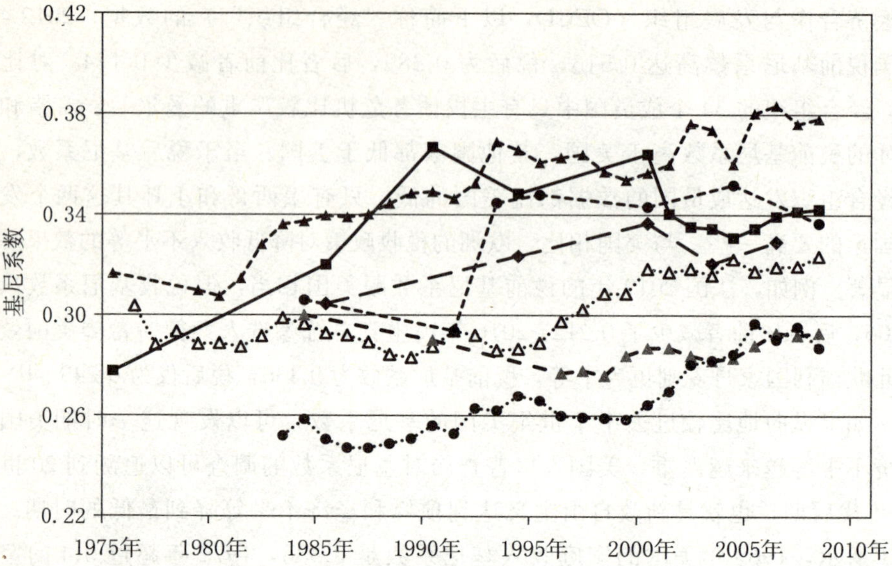

资料来源：OECD Income Distribution Database，http：//www.oecd.org/social/income-distribution-database.htm.

图 2 七国集团成员国税后基尼系数历史变化趋势

线，1977 年后再也没有回到 0.4 水平之下，几乎一路上升，到 2014 年已经增加到 0.48。这种快速上升的趋势即使在发达国家中也是十分明显的。如图 2 所示，根据经合组织的统计，在 1975 年至 2010 年这段时期，美国是七国集团成员国中税后收入基尼系数上升幅度最大的国家。英国也曾经历过与美国类似的基尼系数快速上升时期，即撒切尔夫人（Margaret Thatcher）当政时期。这时的英国与美国同样盛行新自由主义政策，但之后英国的基尼系数就明显降低了。

考察经济不平等的另一种指标是五等分组家庭收入占居民总收入比重的变化。这个指标也显示，在过去半个世纪里，美国的贫富差距明显增大。美国人口普查局的数据显示，从 1968 年到 2014 年，美国最富裕家庭收入占居民总收入（本文此处不加说明皆为税前收入）的比重在明显增大，而其余各层次的家庭收入占居民总收入的比重却在逐渐减少。如图 3 所示，1968 年美国最贫穷的 20%的家庭收入占居民总收入的比重为 4.2%，到里根卸任时的 1989 年降低到 3.8%，而到 2014 年继续减少到 3.1%。相比之下，1968 年美国最富裕的 20%的

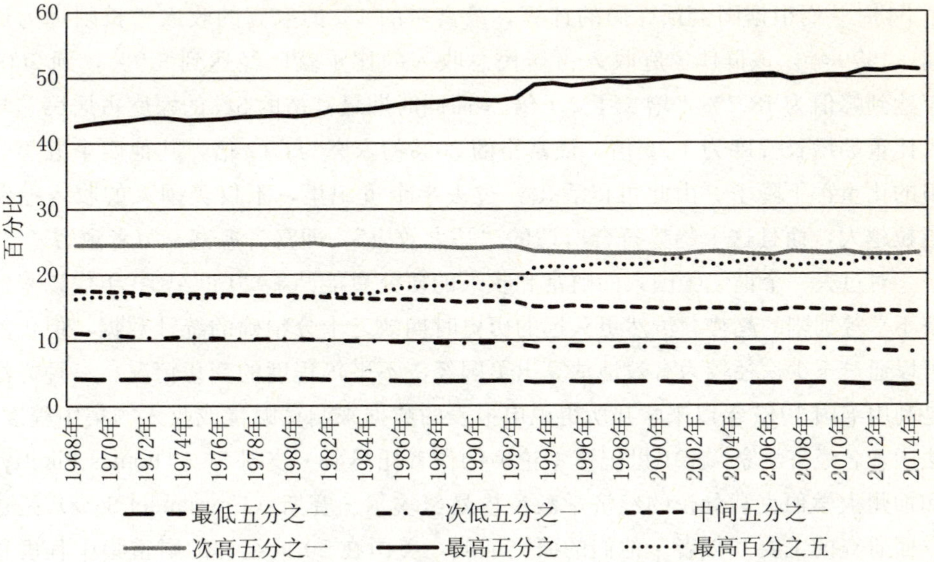

资料来源：United States Census Bureau，Income and Poverty in the United States：2014，https：//www.census.gov/content/dam/Census/library/publications/2015/demo/p60-252.pdf.

图3　1968 年至 2014 年美国五等分组家庭收入占居民总收入比重的变化

家庭收入占居民总收入的比重为 42.6%，是最贫穷的 20%的家庭收入的 10 倍，到里根总统卸任时这个比重升高到 46.8%，而到 2014 年继续增长到 51.2%，已经是最贫穷的 20%的家庭收入的 16.5 倍。从 1968 年到 2014 年的 46 年时间里，美国最富裕的 20%的家庭收入占居民总收入的比重增加了 20%，而同一时期最贫穷的 20%的家庭收入占居民总收入的比重降低了 26%。不仅是最贫穷的 20%的家庭，其他三个五等分组的家庭收入占居民总收入的比重也在下降，46 年间分别下降了 26%、19%和 5%。可以看出，过去半个世纪里，唯有最富裕阶层的家庭收入的比重在快速增加，其他几个层次的家庭收入的比重都在减少，而且越贫穷的阶层其家庭收入占居民总收入的比重降低得越多。如果将顶级富裕的家庭单独抽取出来，可以发现上述反差更加明显。1967 年最富裕的 5%的家庭收入占居民总收入的比重是 16.3%，到里根卸任时已经增长到 18.9%，到 2014 年更是上升到 21.9%，这比收入最低的 50%的家庭收入的总和还多，而且其比重在 46 年间增长了34%。[①]而根据国会预算局的计算，最富裕的1%的家庭的收入增长则远为迅速。1979年，该群体家庭收入占居民总收入的比重就已经达到8.9%，到2007年达到峰值为18.7%，增长了2.1倍。[②]而同时期最富裕的5%的家庭占居民总收入比重的增长幅度为1.25倍，最富裕的20%的家庭为1.12倍，其他四个五等分组的比重都下降了。由此可以看出，过去半个世纪里，不仅美国人的收入差距越拉越大，而且这个趋势符合所谓的"马太效应"，即富者愈富，穷者愈穷。

对过去一个世纪美国人的财富和收入的研究更能凸显20世纪70年代以来经济不平等加剧的趋势。虽然更久远的历史时期缺乏十分精确的统计数据，但仍然可以通过不少途径较为有效地估算出美国经济不平等程度的变化情况。一种方法是利用美国1913年以来联邦所得税申报表的数据来测算财富或收入的集中程度。法国著名经济学家、《21世纪资本论》的作者托马斯·皮凯蒂（Thomas Piketty）和加州大学伯克利分校的经济学教授埃曼努埃尔·赛斯（Emmanuel Saez）是这方面研究的主要开创者。他们的研究证明，美国在20世纪初的财富集中程度很高，但在20世纪30年代到70年代明显下降，之后又不断升高。[③]如图4所示，从1913年到1929年，美国最富有的0.1%的家庭所拥有的财富大约占美国家庭总财富的15%到25%，其中1916年和1929年最高，都达到24.8%。但1929年大萧条爆发后一直到第二次世界大战结束，最富有的0.1%的家庭的财富份额在快速下降，之后的30年间整体上稳中略降，1978年达到最低点7.1%。然后1978年之后，最富有的0.1%的家庭的财富份额迅速上升，到2012年高达22%，重新回到大萧条之前的水平。然而在同一时期，美国中下层90%的家庭所拥有的财富占居民总财富比重的变化趋势却差不多完全相反。1928年这部分家庭的财富的份额处于最低水平，仅为15.6%。罗斯福新政之后就开始快速上升，整个趋势一直持续到1986年，达到36.4%的最高水平，但随后便迅速下降，到2012年仅剩22.8%，差不多回到20世纪30年代的水平。[④]在2012年，

① United States Census Bureau，"Income and Poverty in the United States：2014，" pp.30—34.

② United States Congressional Budget Office，"The Distribution of Household Income and Federal Taxes，2011，" November 12，2014，https：//www.cbo.gov/sites/default/files/113th-congress-2013-2014/reports/49440-Distribution-of-Income-Taxes _ Supplemental _ 0 _ 0.xlsx.

③ Emmanuel Saez and Gabriel Zucman，"Wealth Inequality in the United States since 1913：Evidence from Capitalized Income Tax Data，" http：//eml.berkeley.edu/～saez/SaezZucman2016QJE.pdf.

④ Emmanuel Saez and Gabriel Zucman，Main data，http：//gabriel-zucman.eu/uswealth/.

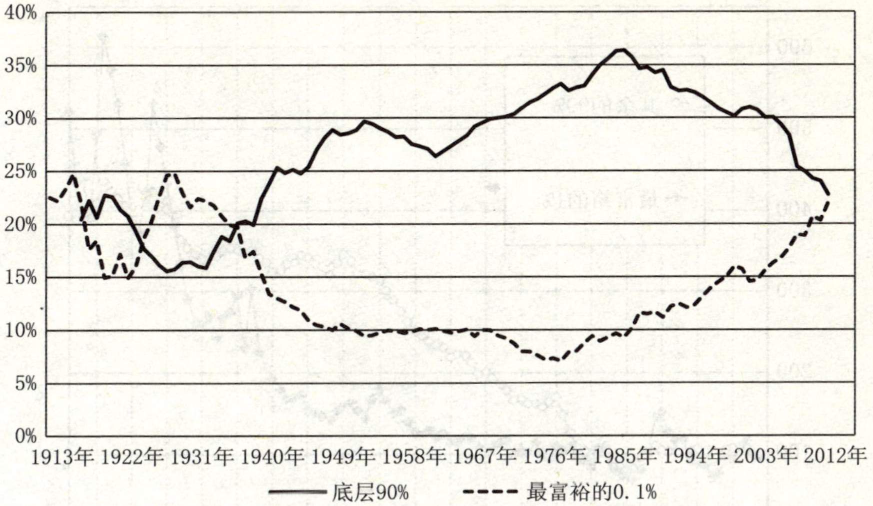

资料来源：Emmanuel Saez and Gabriel Zucman，http：//gabriel-zucman.eu/uswealth/.

图4　1913年至2012年最富有的0.1%和中下层90%的家庭的财富份额

美国最富有的0.1%的家庭所占有的财富跟中下层90%的家庭所拥有的财富几乎相等。从这方面看，“占领华尔街”运动喊出“99%反对1%”的口号并非没有缘由。另外，从最近一个世纪美国财富分布的变化趋势可以看出，在20世纪中期即新政自由主义占主导地位的时期，美国的经济不平等有所缓和，但从70年代开始不平等又快速加剧。

过去一个世纪美国人税前收入的增长情况也反映了20世纪70年代以来经济不平等越来越严重的趋势。图5显示了1913年以来美国最富裕的1%的家庭和后面99%的家庭的实际税前收入的变化过程。对于99%的家庭来说，他们的实际收入在20世纪30年代初到70年代初的40年时间里出现较快增长，随后20年却基本上处于停滞状态，最近20年则波动较大，但几乎没有实质增长。而最富裕的1%的家庭的实际收入变化趋势却基本上相反。他们在新政自由主义占主导地位的20世纪30年代至70年代的增长速度非常缓慢，但从70年代后期开始却急剧增长，速度远高于99%的家庭的任何时期。考察过去一个世纪不同层次的美国人的税前收入占国民总收入的比重，也能发现类似的现象。如图6所示，大萧条前20年，美国前10%人群的收入（不含资本收益）比重一直超过

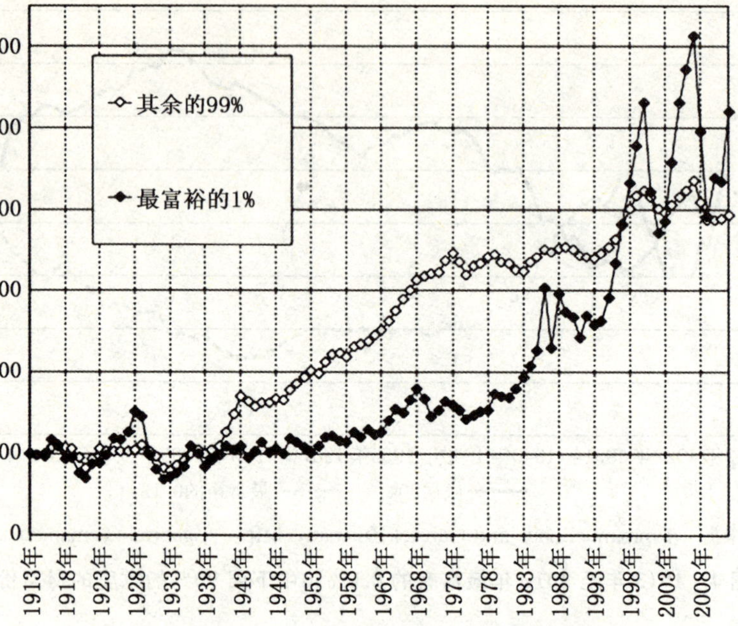

图 5　1913 年至 2013 年美国前 1%和后 99%家庭实际税前收入增长情况（1913 年家庭实际税前收入为 100）

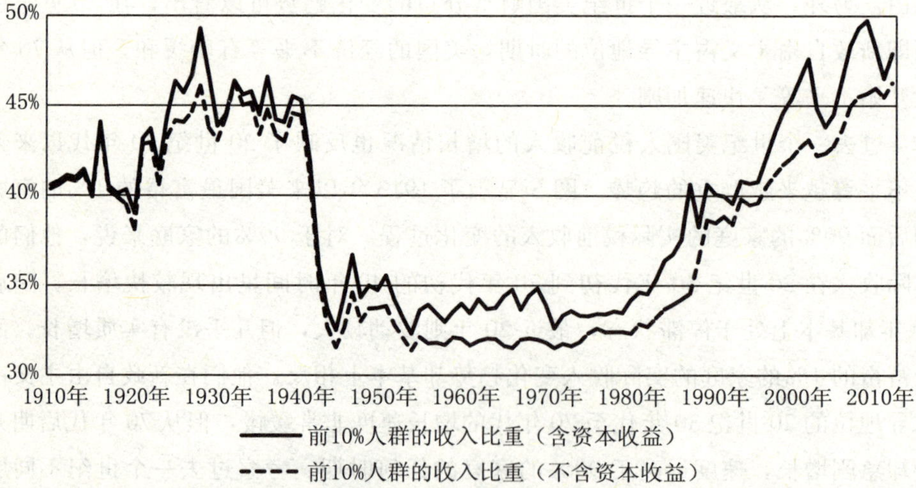

资料来源：Thomas Piketty，http：//piketty.pse.ens.fr/fr/capital21c.

图 6　1910 年至 2010 年美国前 10%人群的收入占国民总收入的比重

40%，最高值是1928年的46.1%。30年代后开始快速降低，最低值为1944年的32.5%。40年代初到70年代末处于平稳状态，但从70年代末开始迅速上升，在2010年美国前10%的人群收入占国民总收入的比重已高达46.3%，超过20世纪初的最高水平。如果算上资本收益，前10%群体的收入比重就更大了，在2007年时高达49.7%。从这些数据都可以看出，高低两个群体的收入差距的迅速拉大主要发生在最近40年时间里。

二、经济不平等与政治极化的相关性

如果同时考察20世纪美国经济不平等的趋势和政治极化的趋势，就会发现这两种变化是高度相关的。图7显示了1947年以来美国家庭收入的基尼系数和

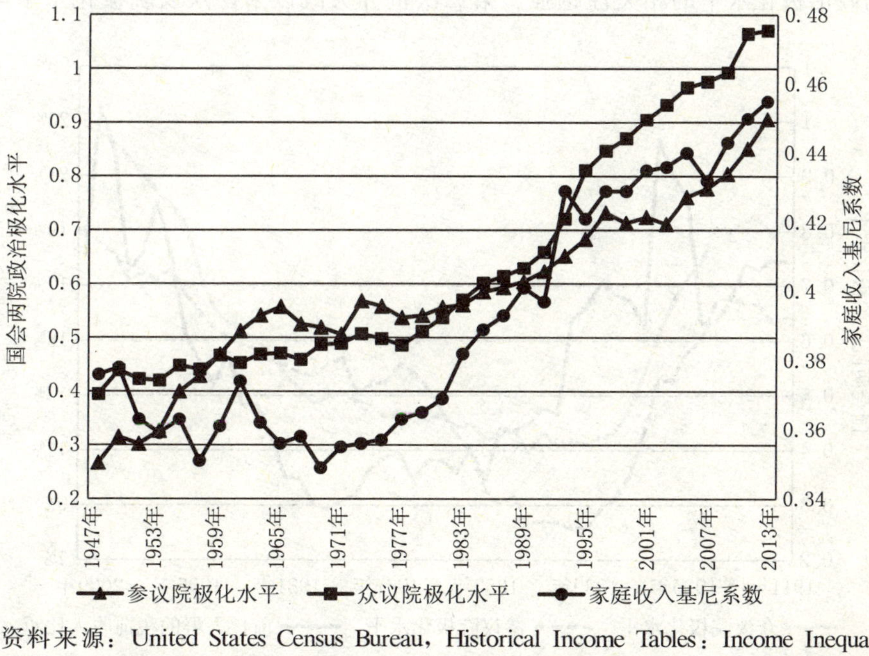

资料来源：United States Census Bureau，Historical Income Tables：Income Inequality，https：// www. census. gov/hhes/www/income/data/historical/inequality/；House Polarization 46nd to 114th Congresses，Senate Polarization 46nd to 114th Congresses，http：//voteview. com/dwnl.htm.

图7　国会两院政治极化水平与家庭收入基尼系数的变化趋势

国会两院的政治极化水平，可以发现三者具有非常相似的变化趋势。从20世纪40年代后期一直到70年代后期的30年时间里，基尼系数和极化程度的变动相对缓慢，但之后它们的上升幅度和速度都明显增大。在这一时期，基尼系数与众议院极化水平之间的相关系数高达0.958，说明两者有极强的相关性。基尼系数与参议院极化水平之间的相关程度略低一些，但也高达0.824。

考察更长时段的经济不平等和政治极化水平，也能发现两者之间的强相关性。如图8所示，过去一个世纪里，美国最富裕的1%的人群的税前收入比重与国会的政治极化水平呈现非常相似的U形变化趋势：都是在这个时期的两端出现峰值，在中间时期出现低谷。在这一个世纪里，众议院极化水平与前1%的人群的税前收入比重的相关系数高达0.705，表现出很高的相关性；参议院的相关性明显低一些，两者只有中等相关性。但实际上，时间离现在越近，经济不平等与政治极化水平的相关性越强。第二次世界大战以来，众议院极化水平与前

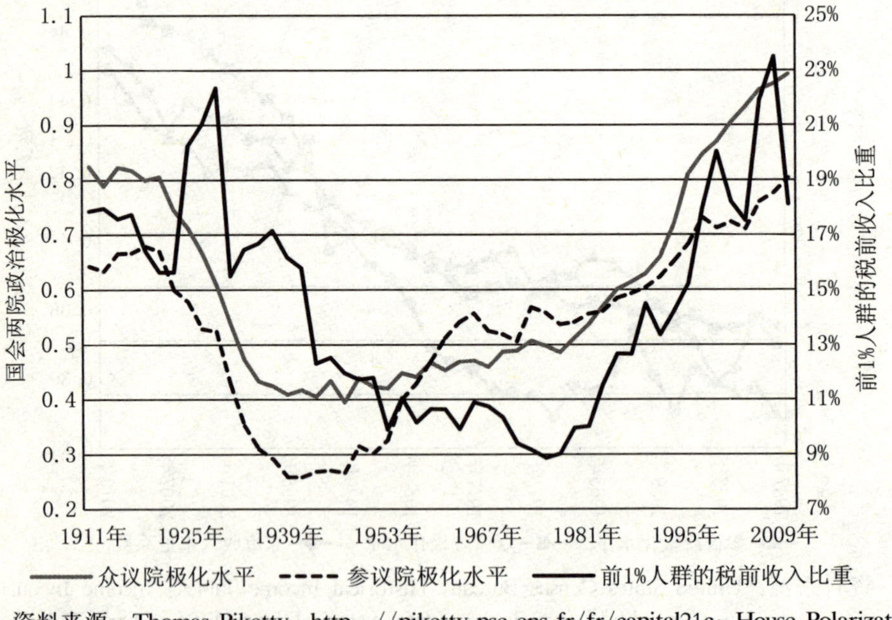

资料来源：Thomas Piketty，http：//piketty.pse.ens.fr/fr/capital21c；House Polarization 46nd to 114th Congresses，Senate Polarization 46nd to 114th Congresses，http：//voteview.com/dwnl.htm.

图8 国会两院极化水平与前1%人群的税前收入比重

1%的人群的税前收入比重的相关系数高达0.915，参议院的也达到0.691；1975年以来的数据更是分别达到0.944和0.934，呈现出极高的相关性。另一种现象是，越富裕的人群的收入比重与极化水平越相关。在过去一个世纪，前10%人群的税前收入比重与众议院、参议院极化水平的相关系数分别为0.666和0.395，这明显低于前1%人群的数据。

以家庭财富比重来衡量的经济不平等也与国会两院的政治极化水平具有较强的相关性。如图9所示，过去一个世纪里，这三者的变化趋势也很相似：都是两端高中间低的U字形。但第二次世界大战之前最富裕的0.1%的家庭的财富比重与国会两院极化水平的只有中等相关性，第二次世界大战之后就变得越来越相关。1945年以来，前0.1%的家庭的财富比重与众议院极化水平的相关系数高达0.901，参议院的也达到0.692；1975年以来就更显著，分别高达0.978和0.986。这说明最近几十年经济不平等与精英政治极化之间的关系极为密切。

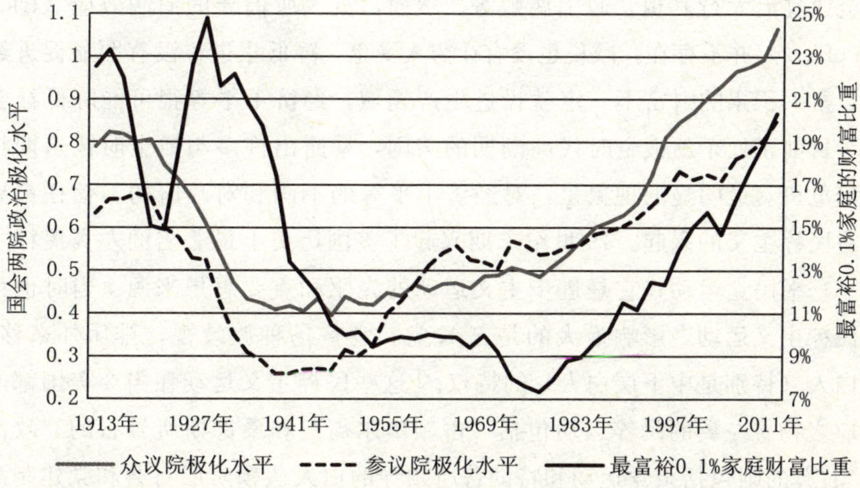

资料来源：Thomas Piketty，http：//piketty.pse.ens.fr/fr/capital21c；House Polarization 46nd to 114th Congresses，Senate Polarization 46nd to 114th Congresses，http：//voteview.com/dwnl.htm.

图9　国会两院极化水平与前0.1%家庭的财富比重

从美国的整个历史进程来看，美国至少经历了两个经济不平等和政治极化并存的高峰时期。第一个高峰时期无疑是内战结束后延续三四十年的镀金时代。

这是自由竞争资本主义的全盛期。长期自由放任经济导致大量垄断企业的兴起，行业寡头们进而向政府部门渗透，实际上控制了美国的参议院甚至最高法院。在这个时期，美国的经济不平等和政治极化水平都达到了历史上的第一个高峰，但这次浪潮被20世纪初的进步主义运动所缓解，其重大改革措施包括打击托拉斯、征收所得税、参议员普选和建立初步的福利制度等。经济不平等和政治极化在罗斯福新政后的40年里都处于美国历史中的最低水平，这时期的公共政策也更偏向中产阶级和下层。但从20世纪70年代至今，美国再次处于一个由财富和富人统治的高峰时期。两个经济高度不平等和政治高度极化的历史时期无疑有很多相似之处。经济方面的相似之处是：技术快速进步，经济结构转型，大企业兼并，金融部门大幅度扩张，风险等级不断提高，财富高度集中，收入不平等加剧。政治上则主要表现为：亲自由市场的思潮盛行、保守主义的意识形态主导政治生活，放松对企业的管制，为大企业和富人减税，强烈怀疑政府干预，金钱政治大行其道，政治腐败等。然而，富人所倡导的涓滴效应（trickle-down effect）并不存在，减税也没有让穷人受惠，降低累进税没有明显促进经济增长，富人积累的财富不一定就投进生产领域，经济不平等很可能降低社会流动性。目前正处于新镀金时代高潮期的美国，暴露出许多与镀金时代末期相似的政治危机。最明显的现象是，对经济不平等的不满和对政府的不信任都导致了左右民粹主义的兴起。19世纪末期兴起了美国历史上最著名的左翼民粹主义运动——平民党运动，它是进步主义运动的先驱和重要思想来源。当时也存在右翼民粹主义运动，影响最大的是三K党，它宣扬种族歧视，排斥外来移民，捍卫白人（特别是中下层白人）的特权。①这些民粹主义运动在当今美国都能找到对应之物。左翼的民粹运动包括“占领华尔街”和桑德斯所号召的“政治革命”，右翼的则包括茶党运动和特朗普所领导的白人蓝领阶层对共和党建制派的大反叛。

许多亲市场的人倾向于将经济和政治视为两个相对独立的系统。经济是个自发体系，由供需和价格等市场因素所控制，无需政治的干预，它的好坏也与

① 付随鑫：《从右翼平民主义的视角看美国茶党运动》，载《美国研究》2015年第5期，第96页。

政治没有太大的关系。就像美国前财政部长亨利·保尔森（Henry Paulson）所言，市场力量促进经济增长，是单纯的经济事实，去指责任何一个政党，都既不公平，也毫无用处。[①]虽然任何政党执政下都会存在经济不平等和穷人，但并非所有公共政策对经济不平等的效应都是一样的。反过来，不同程度的经济不平等对政治的影响也不会是毫无区别的。前面已经考察了经济不平等的状况及其与政治极化的高度相关性，后文将进一步探讨经济不平等加剧政治极化的机理。

三、经济不平等激发政治极化

（一）经济不平等与政治代表性

经济不平等意味着富人和穷人之间存在巨大的收入差异，进而意味着两个群体间存在巨大的政治代表性差异。因此很容易理解，在经济不平等加剧的情况下，富人对政治的影响力会越来越大，而穷人的影响力会日益缩小。这将不可避免地导致严重的政治分裂，即政治极化现象。

在理论上民主国家应该是一个政治上人人平等和多数统治的社会。正如著名政治学家罗伯特·达尔（Robert Dahl）所言："民主政体的一个关键特征是，政府对其政治上视为平等的民众的偏好持续作出回应。"[②] 然而，民主制度的一个明显悖论是，在基于多数统治原则的民主制国家里，为何人数甚多的穷人没有严厉剥夺为数甚少的富人；况且在经济严重不平等的情况下，穷人要求对富人增税和再分配的动力应该更强。而现实却是富人的财富和收入的增长越来越快，而绝大部分穷人没有意愿和能力去实施平均再分配。这个悖论反证了富人在民主制中的影响力远超出他们的人数比例。不论是通过正式的分权制衡制度，还是非正式的金钱政治等手段，富人都能施加强大的政治影响力。曾有学者论证，选民的政策偏好与其所选代表的政策偏好之间存在强相关关系。[③]这种结论

① Treasury Secretary Paulson Delivers First Official Speech at Columbia Business School.

② Robert A.Dahl，*Polyarchy*：*Participation and Opposition*（New Haven：Yale University Press，1971），p.1.

③ Wakken E. Miller and Donald E. Stokes，"Constituency Influence in Congress，" *American Political Science Review*，Vol.57，No.01，1963，pp.45—56.

或许没有错误，但它却没有具体考察不同群体的政治代表性的差异。如果只有富人的政策偏好能够很好地被代表，而穷人的偏好无法表达出来，那依然可以说该选区的代表体现了其选民的偏好。这种非平等的政治代表性正是经济不平等所引发的严重后果之一。

选民的收入水平很大程度上决定其政治偏好对政策制定的影响力。可以通过考察国会参议员对其选区的代表性差异来论证收入的影响力。将选区参议员作为研究对象的一个重大好处是他是单一选区代表，而且同一选区还有两个代表。这样至少避免了对不同议员进行跨选区比较可能存在的误差。美国全国选举研究[①]（American National Election Studies，ANES）也有针对参议院选举的调查，其中会询问投票者的意识形态，并反映在7点自由—保守量表上。参议员的意识形态分值可以用DW-NOMINATE方法（动态加权定类三步评估法）[②] 测算。对比参议员与其所在州的意识形态，可以发现即使两个参议员代表着同一个州，他们的意识形态也会出现很大差别，特别是当这两个参议员分属两个政党时。而且同州不同党的两个参议员之间的差异要明显大于不同州但同党的两个参议员的差异。例如，以第113届参议院为例，代表新罕布什尔州的民主党参议员珍妮·沙欣（Jeanne Shaheen）的意识形态分值为-0.29，共和党参议员凯利·艾约特（Kelly Ayotte）的分值为0.37，两者差距为0.66；而代表路易斯安那州的民主党参议员玛丽·兰德里欧（Mary Landrieu）的分值为-0.2，共和党参议员戴维·维特（David Vitter）为0.5，[③]两者差距为0.7。而不同州的两个民主党参议员的分值差距仅为0.09，两个共和党参议员的分值差距也仅为0.13，这两个值均远小于上述两州内不同党参议员之间的差距。由此可以看出，精英的意识形态对其政策制定的影响力要明显大于其所代表的选民的意识形态。换

① 本文所使用的所有ANES数据均来自其网站：http：//www.electionstudies.org/studypages/anes_timeseries_cdf/anes_timeseries_cdf.htm。

② DW-NOMINATE方法是美国政治学家基思·T.普尔（Keith T.Poole）和霍华德·罗森塔尔（Howard Rosenthal）发明的一种定量研究国会议员意识形态位置的方法，现已被美国政治学界广泛引用。它是通过议员的投票行为来对其意识形态作定量评估，比主观地打分更加精确。这种方法也可用于评估总统的意识形态，因为总统会批准或否决国会的议案，其实际效果相当于议员投票。

③ 各参议员的DW-NOMINATE分值均来自基思·T.普尔和霍华德·罗森塔尔所创建的网站：http：//voteview.com/。

言之，政党认同比选民偏好对精英的政治行为的约束更大。

在参议员对其选民的回应性已经很小的情况下，他们还基本上只回应中高层选民的偏好。将ANES参议院选举调查的受访者分成高、中、低收入三个群体，并测算它们的意识形态平均值，然后分别与参议员的意识形态分值进行回归分析。结果发现，参议员对本选区内高收入选民的回应性最大，其次是中等收入选民，而对低收入选民的偏好基本上没有回应。再将参议员按党派分开进行分析，能发现共和党参议员对中高收入选民的回应性高于民主党参议员，两党参议员对低收入选民都没有明显的回应性。

综合前面的分析可以发现几点结论。第一，政党认同比选民偏好更能影响政治精英的投票行为。第二，精英对高收入和中等收入的选民的回应性更强。第三，共和党对高收入选民的回应性比民主党更强，对中等收入的回应性差不多，对低收入选民都没有回应。在经济不平等加剧的情况下，共和党精英对高收入选民的回应性的增强幅度最大，而民主党精英对中等收入选民的回应性的增强幅度最大。换言之，收入差距拉大，会增大两党的政治代表性的差异。从政治代表性这个角度来看，经济不平等确实会加剧政治极化。

（二）收入不平等与政党认同的关系

经济上的差异通常会造成政党的分化。美国虽然不是一个存在明显阶级对立的国家，但不同的阶层仍会选择不同的政党作为支持对象。至少自新政以来，低收入者更多地支持民主党，而高收入者更倾向于支持共和党。下面将证明这种政党认同模式至今并没有发生根本性变化。

先考察一个很常见但又似乎很矛盾的现象：在过去几十年里，南部和西部的穷州往往支持共和党，特别是南方的穷人也日益支持共和党。自20世纪60年代《民权法案》通过后，相对贫穷的南方各州逐渐背离民主党而倒向共和党。到20世纪80年代还有一批里根民主党人也转投共和党的票。由此兴起一些流行的观念，认为穷人已经放弃了他们对民主党的传统忠诚，而成为共和党的忠诚支持者；或者认为选民不再像以前那样关心经济问题，他们转而主要关注社会议题；甚至进一步声称，正是因为共和党的小政府、亲市场的政策有利于穷人，所以他们才选择支持共和党。这些观点的一个代表性著作是托马斯·弗兰克（Thomas Frank）的《堪萨斯怎么了?》一书。这本书在2004年总统选举中获得了激烈的讨论和共和党人的赞扬。它探讨了位于南方的堪萨斯州为何从19世纪末的左翼激进主义转向20世纪末的保守主义。根据该书的观点，在过去几十年里，南方的政治话语从社会经济平等转向极具争议性的文化议题，如堕胎和同性恋结婚。南方工人阶级变成了文化保守主义者和价值观选民，他们宁愿牺牲自身经济利益也要坚定地支持共和党。他们还对自由化的精英分子感到愤怒，并认为民主党精英拿他们的钱去帮助穷人、少数族裔和移民。①

要解决上述悖论首先需要区分穷州和穷人这两个概念。不能笼统地认为穷州里的大部分人都是穷人，穷州里面也有为数众多的中高收入者，况且在同一个州里收入是个相对概念。事实上，穷州与富州之间的平均收入差距要远小于同一州内穷人与富人的平均收入差距。在美国，最富州的平均收入只有最穷州的两倍，如果根据购买力平价计算差距则更小，但同州内最富裕的20%的家庭的平均收入至少是最穷的20%的家庭的10倍。既然穷州不等同于都是穷人，那一个明显的推论就是穷州支持共和党并不必然意味着穷人支持共和党，也就是说个人和州的选择很可能是相反的。

这里以在社会议题上争论最激烈的2004年总统大选为例来论证低收入者的政党认同。这次选举中最受争议的是同性恋结婚和堕胎等社会议题（另外还有反恐战争），红蓝州的分裂也受到极大的关注。投票结果是小布什和共和党赢得了所有南部和西部的州，而克里和民主党只赢得东北部、五大湖区和太平洋沿岸的州。但深入研究两党在各州的得票情况，就会发现即便较穷的州基本上都支持共和党，也不意味着共和党获得了那些州的大多数穷人的选票。这里根据ANES的数据检验三个州的不同收入选民对共和党的投票率。这三个州分别是非常贫穷的密西西比州、中等收入水平的俄亥俄州和非常富裕的康涅狄格州。在这三个州，低收入选民对共和党的投票率非常接近，差不多都在40%左右。中等收入选民则出现了一定的区别，密西西比州的投票率接近60%，俄亥俄州为50%，康涅狄格州刚超过40%。这三个州的富裕选民的投票率差别更大。密西

① Thomas Frank，*What's the Matter with Kansas? How Conservatives Won the Heart of America* (Macmillan，2007)，p.245.

西比州接近 80%，俄亥俄州接近 70%，而康涅狄格州还不到 50%。

从这些数据可以看出，在非常贫穷的密西西比州，民主党赢得了大多数低收入者的选票，共和党赢得大多数中高收入者的选票，但后两个群体的投票率更高，投票人数更多，所以共和党赢得密西西比州。在中等收入的俄亥俄州，民主党也赢得了大多数低收入选民的票，共和党赢得了大多数高收入选民的票，但两党平分了中等收入选民的票。在富裕的康涅狄格州，民主党赢得了所有阶层的多数选票。由此证明，在这三个州大多数穷人都是投民主党的票，并不存在南方穷州的穷人更可能支持共和党的现象。更重要的一个结论是，收入效应在越穷的州表现得越明显。换言之，在较穷的州收入对选民的政治偏好的影响更大。在康涅狄格州，三个收入群体对共和党的支持率的差别很小。但在密西西比州，高收入选民对共和党的支持率比低收入选民高出 40 个百分点。中等收入的俄亥俄州则居于两者之间。因此，对穷州支持共和党的一个恰当的解释应该是，穷州的绝大多数中高收入选民都支持共和党。

实际上，在全国范围内，大多数穷人也没有支持小布什，相反他们支持的是戈尔。在 1992 年和 2000 年选举中，大多数穷人支持的是克林顿和戈尔。共和党并没有得到全国贫穷选民的多数选票。即使在州层面，共和党也只是得到了得克萨斯和几个西部州的大多数穷人的支持。①虽然不能否认许多穷人确实支持共和党，但富人对共和党的支持率更高。因此，共和党能够赢得南方穷州的支持，是因为它赢得了那里绝大多数中高收入群体的选票，而并不是因为大多数穷人倒向了它。

不过，这里仍需要解决一个问题：为何收入效应对穷州选民政党认同的影响更大，对富州选民的影响较小？换言之，为何在穷州富人的政治偏好与穷人的相差甚大，但在富州却相差不大？为何富州和大城市的多数富人愿意支持民主党？为何穷州的不少穷人依然支持共和党？虽然全国范围内大部分富人都支持共和党，但加州和东北部各州的多数富人却支持民主党。全国范围内的大部分穷人都支持民主党，但仍存在不少的里根民主党人。他们切身利益需要强有

① Andrew Gelman，*Red State*，*Blue State*，*Rich State*，*Poor State*：*Why Americans Vote the Way They Do*（New Jersey：Princeton University Press，2009），pp.16，19.

力的政府，但却支持共和党并坚持保守的意识形态。这个问题涉及经济以外的因素，如种族、宗教、生活方式等。对高收入者而言，经济因素对他们的政治偏好的影响变小（这符合边际效用递减规律），而文化等因素的影响增大。

前面的论述证明，低收入者更多地支持民主党，高收入者更多地支持共和党，这种至少是新政以来的政治分裂模式并没有发生根本性的改变。收入差距至今依然是引起政治对立的一个重大因素。随着最近几十年经济不平等的加剧，不同阶层的收入差距越来越大。下面将进一步论证收入与政治偏好或政党认同的关系越来越密切，进而加强了政治极化。

这里用收入差距引起的政党认同差异来考察收入与政党认同的关系。此处使用政党分层指数来描述这种关系，它是指收入最高的五分之一群体中认同共和党的人数比例与收入最低的五分之一群体中认同共和党的人数比例的比值。根据ANES的数据，在1956年和1960年的总统选举中，全国范围内收入最高的五分之一群体几乎并不比收入最低的五分之一群体更倾向于共和党。这跟前面所提到的低收入者更倾向于民主党，高收入者更倾向于共和党的结论并不矛盾。因为直到20世纪中期大多数南方高收入选民因为种族原因仍然停留在民主党内，此时收入效应对南方没有实质性的影响。随着经济不平等的加剧，政党分层指数在不断提高。到1992年、1996年和2000年这三次选举，收入最高的五分之一群体认同共和党的比例已经是收入最低的群体的两倍以上。这个趋势跟高收入群体投共和党票的比例的上升趋势是非常相似的。到最近几次总统选举，全国范围内最高收入的五分之一群体投共和党票的可能性也是最低收入的五分之一群体的两倍以上。①自20世纪60年代以来，政党分层指数的稳定上升，意味着收入差距导致两党之间越来越强的分裂。政党分层的增加都是因为收入效应对党派认同的影响的增强。结果便是，在过去几十年里，富人越来越倾向于共和党，而穷人则支持民主党。美国政党体系的经济基础也发生了重大转变。当今收入对政党认同的影响要远大于20世纪50年代，对60年代以来的南方尤其如此。在民权运动之后，南方中高收入群体逐渐抛弃民主党转投共和党，使

① Nolan McCarty，Keith T.Poole and Howard Rosenthal，*Polarized America*：*The Dance of Ideology and Unequal Riches*（Cambridge：MIT Press，2006），pp.73—74.

得共和党在全国获得了一定的优势。这是最近几十年共和党主导美国政治生活的重要原因之一。

从上述论述中可以得出经济不平等与政治极化的关系。至少自新政以来，低收入群体倾向于支持民主党，而高收入群体倾向于支持共和党。但由于种族原因的存在，一直到20世纪60年代，原来南方大部分中高收入群体都支持民主党，但民权运动之后这部分人转向共和党。使得之前两党沿着收入差异而发生的分裂进一步固化下来。这个过程实际上是种族维度被吸纳入经济维度的过程。而20世纪70年代以来的经济不平等巩固和增强了选民的政党认同的差异。换言之，中高收入选民更加倾向于共和党，而低收入选民更加倾向于民主党。反过来，共和党精英对高收入群体的回应性和代表性变得更强，而民主党对中等收入群体的回应性和代表性变得更强。不过，由于政党认同对精英的投票行为的影响要比选民偏好更强，而且选民与政党的关联在加强，所以选民主要通过支持政党来约束精英，而非通过投票直接约束精英。总而言之，经济不平等对精英政治行为的根本影响是巩固和增强了精英在经济维度上的分裂，也就是说加剧了精英的政治极化。

四、结　　论

美国的政治极化与经济不平等之间存在密切的关系。美国历史上的两个经济不平等最严重的时期也是政治极化最严重的时期。通过考察基尼系数、不同层次的家庭收入和财富的比重等指标，可以发现过去几十年里美国的经济不平等变得越来越严重。

经济不平等促进了政治上的分裂。精英对高收入和中等收入的选民的回应性更强。共和党对高收入选民的回应性比民主党更强，对中等收入选民的回应性差不多，共和党和民主党对低收入选民都没有回应。在经济不平等加剧的情况下，共和党精英对高收入选民的回应性的增强幅度最大，而民主党精英对中等收入选民的回应性的增强幅度最大。换言之，收入差距拉大，会增大两党的政治代表性的差异。从政治代表性这个角度来看，经济不平等确实会加剧政治极化。

会议综述

第九届“美国的战略走向与中美关系”学术研讨会综述

王 浩*

2016年11月11日—12日，第九届“美国的战略走向与中美关系”学术研讨会在复旦大学美国研究中心成功举行。来自北京大学、清华大学、中国人民大学、中国社会科学院美国研究所、中国现代国际关系研究院、中国国际问题研究院、军事科学院、上海国际问题研究院、财政部国际财经中心以及复旦大学等学术机构的20余位学者围绕“美国向何处去？特朗普当选后美国的内政外交走向与中美关系”这一前瞻性主题进行了深入研讨。这是2016年美国大选后中国国内学界召开的第一次关于美国战略走向与中美关系的重量级学术会议，取得了丰硕的研讨成果。会议分为四个部分：第一部分聚焦美国政治与经济，第二部分关注美国社会生态，第三部分讨论美国的安全战略，第四部分则转向美国的对外政策走向。本文将依照上述四部分内容，对此次学术研讨会作一综述。

一、美国政治与经济

中国人民大学国际关系学院副院长金灿荣教授认为，特朗普此次赢得大选体现出了当前美国社会发生的三个方面的重要变化，这些变化可以具体化为三大政治思潮。首先，美国社会的反精英情绪日益兴盛，这一点从希拉里与特朗

* 王浩，博士，复旦大学美国研究中心讲师。

普背后的支持者的社会背景便可以一目了然：特朗普一开始就定下了远离精英、接近普通民众的竞选方针，因此虽遭到精英阶层的批判，却获得了广大草根的支持，最终赢得了胜利。其次，奥巴马执政八年期间，美国的政治气氛左倾明显，政治正确大行其道，导致右翼保守势力在本次选举中一举爆发。再次，美国社会体现出一股反对全球化的思潮，站在全球化一边的民主党因此被美国选民抛弃。基于此，可以预见未来美国社会左右对立的情况很可能会持续。

中国社会科学院美国研究所副所长倪峰研究员认为，特朗普的意外获胜标志着美国国内政治运作的不确定性增加了，这一变化所诱发的社会和政治变动因子也将增多，这些不确定性具体表现为：第一，特朗普本人很有可能会产生一种幻觉，即认为他从美国人民手中获得的授权比实际更大，因而会更大胆地推行自己的主张。第二，特朗普的支持者和反对者都将会以一种较为激进的方式表达自己的诉求，从而引发社会不稳定。第三，特朗普的独特履历和个性会降低美国内外政策的可预测性，进而增加产生冲突的可能。第四，特朗普与共和党建制派占主流的国会之间如何处理好关系，存在很大的变数。第五，特朗普团队的工作方式存在不确定性。此外，本次大选还从更深层次上反映出美国政治生态发生的三方面变化：首先，社会裂痕的弥合将变得更为艰难；其次，政治极化仍将延续，民主、共和两党将面临重组；最后，政策领域的基本趋势将是变化大于继承、内顾倾向明显。

中国现代国际关系研究院美国研究所副所长钱立伟研究员指出，“特朗普经济学”在此次美国大选中成为关键词之一，但其能否成功存在很多不确定性。首先，就当前美国国内经济形势而言，一方面，近两年美国经济实现了温和复苏并达到了充分就业，同时薪酬增速和通胀水平也维持得不错；然而另一方面，美国经济也面临生产率低迷、经济不平等加剧以及劳动参与率低等问题。在这种背景下，特朗普提出了四个方面的经济主张，力图重振美国经济活力：第一，大力投资能源和基础设施；第二，简化税制，实行大规模全民减税，降低企业税负，以实现更低、更简单、更公平的税收目标；第三，减少政府监管，尤其是对金融业和能源业的监管，废除《多德—弗兰克法》，加大传统能源开采，以刺激经济增长和创造就业；第四，批评美联储的低利率政策，主张收紧货币政策，甚至表示当选总统后要撤换美联储主席耶伦。总的来看，特朗普就任后将面临共和党同时控制白宫和国会的有利局势，因此加大基础设施投资、大规模减税、大幅减少监管等政策基本符合共和党主流经济理念，较可能顺利实施。然而其经济政策也有相互矛盾之处，比如大规模基建很可能加剧美国的通胀等。基于此，“特朗普经济学”能否取得成功值得密切关注。

复旦大学美国研究中心副主任宋国友教授认为，特朗普时期美国的国际经济政策不会转向彻底的保护主义，而会采取一种“有限保护”的国际经济政策。首先，特朗普的国际经济政策理念有五点：一是公平贸易观，二是保护贸易观，三是较低成本观，四是双边推动观，五是治理低效观。基于此，未来特朗普政府的国际经济政策将具体体现为以下四个方面：第一，以增加美国出口为导向的贸易政策；第二，以维护强势美元以及要求特定国家货币相对美元升值的国际货币政策；第三，以提升美国能源主导力为目标的国际能源政策；第四，以促使制造业回流为目标的国际产业政策。上述政策可能产生的影响有六点：一是全球保护主义情绪上升；二是全球经济风险和不确定性加大；三是美国之外的区域自贸协定可能加速推进；四是全球能源价格可能会在相当长时间内保持低位；五是全球经济治理的美国动力下降；六是美国国内经济政策对国际经济政策的不确定性会增强。当然，特朗普政府的国际经济政策不会转向彻底的保护主义，其制约来源于四个方向：共和党、全球化、市场力量、其他国家。

二、美国社会生态

中国现代国际关系研究院美国研究所张文宗副研究员认为，社会分裂、社会运动、社会变革是2016年美国大选在社会领域的关键词。在这一背景下，特朗普利用白人蓝领中普遍存在的不满，成功进行政治动员并赢得了大选。不过，如果特朗普执意落实其竞选期间的极端主张，则有可能进一步加剧社会对立。2008年以来，美国社会一直存在裂痕与躁动，其背后的根源是阶级与身份的矛盾，其中阶级矛盾往往容易和种族矛盾相互交织。在这样的复杂背景下，未来特朗普政府能否安抚社会情绪、凝聚两党共识并逐渐弥合社会裂痕，将主要取决于三方面因素：一是特朗普的执政风格和执政能力，二是弥合社会分裂的意愿和能力，三是特朗普经济政策的效果。总的来看，近年来美国党派政治趋于极化对社会的撕裂不容忽视，如何重建国内共识，弥合政治创伤和社会裂痕，是美国未来必须跨过的一道坎。

中国社会科学院美国研究所周婧副研究员认为，当前美国的种族关系正在趋于紧张，而特朗普本身又带有明显的族裔偏见，因此在竞选期间发表了大量的相关言论，尤其是禁止穆斯林进入美国。这一取向很大程度上代表了美国白人阶层致力于重振美国主流文化，让盎格鲁—撒克逊文化再次强大的呼声，因而得到了更多白人的支持。但是，特朗普的个人偏见并不能等同于政府政策，因而我们无法得出今后美国政府必然推行所谓歧视性政策的结论。相比而言，更值得关注的是特朗普提名的联邦最高法院高级大法官将对美国种族关系可能产生的重大影响，亦即最高法院的意识形态立场如果从自由主义转向保守主义，将可能会激化美国的种族矛盾。因此总的来看，如何疏导社会情绪，如何实现对自由的承诺和对宽容的坚持，如何保持种族的多元与融合将是美国面临的现实挑战。

三、美国的安全战略走向

军事科学院中美防务关系研究中心吕晶华副研究员认为，美国在 2015 年 6 月出台的最新版《国家军事战略》中明确提出"一体化军事战略"概念，试图通过资源的有效配置与整合，扭转军事优势有所流失的趋势。随着特朗普就任总统，美国军事战略也面临新一轮调整。"一体化"这种美军刚刚找到的"灵丹妙药"会在多大程度上得以延续，是否能够达到美军的预期效果等，都会直接影响美国军事战略的基本走向。概而言之，"一体化军事战略"主要指的是全球一体化、跨域一体化、联盟一体化三个方面，目标是致力于解决在美国国力相对衰落的背景下，其战略目标与战略手段不相匹配的根本性矛盾，它预示着美国的军事战略未来将会有三点主要的发展趋势：第一，美国的全球战略目标不会收缩，美军在全球各地左支右绌的窘境不会改变；第二，美国对军事力量的运用可能更为频繁，军队的负担只会加重不会减少；第三，美国要维持和增大军事优势并非易事。在这种背景下，"一体化军事战略"能否真正拯救美军，存在不确定性，这种不确定也表现为三方面。首先，"全球一体化"的核心是"自由进入”，但其他国家军事实力的持续发展也意味着对美军“拒止”能力的增强。其次，“跨域一体化”的核心是“融合”，但美军的军兵种联合并不容易。最后，“联盟一体化”的核心是“分享”，这就会在一定程度上削弱美国军事的绝对优势。

军事科学院中美防务关系研究中心主任赵小卓研究员指出，第三次“抵消战略”是奥巴马政府在安全战略方面的重要遗产，这一战略追求研发颠覆性军事技术，具有“改变未来战争规则”的潜力。因此，尽管特朗普的治国理念与奥巴马存在巨大差异，但在军事战略上有可能会继续推动第三次“抵消战略”。具体而言，“抵消战略”强调的是用质量优势抵消对手的数量优势，其本质上强调的是非对称作战，而第三次“抵消战略”背后的支柱则是“国防创新计划”，其发展目标在于到2025—2030年时实现能力部署。回顾历史，前两次“抵消战略”均成功引发了军事革命，那么本次“抵消战略”能否达到同样的效果？通过综合分析，答案是肯定的。理由有三：第一，该战略目前锁定的核心技术符合信息社会发展方向；第二，美国有创新的社会土壤；第三，从美国的主观意愿看，就是要明白无误地推动一场军事革命。当然，本次“抵消战略”成功实现的难度也较前两次更大，一是因为瞄准所有战略对手难，二是因为防止高新技术扩散难，三是因为持续形成合力难，四是因为推动国际合作难。

四、美国的外交政策走向

中国现代国际关系研究院美国研究所所长达巍研究员指出，在探讨特朗普时代美国的全球战略是否会走向收缩这一问题时，需要考虑到两方面因素，一是特朗普本身的世界观，二是共和党内的主流观点。首先，特朗普的世界观具有一种简单、粗糙、狭隘的古典现实主义色彩，具体表现为四个方面。第一，特朗普认为世界乃至人性的本质是危险的。第二，特朗普认为，实力才是国家安全和利益的根本保障。第三，特朗普认为大国是国际关系中最重要的行为者，且能够基于理性达成良好关系。第四，特朗普的意识形态色彩较弱。其次，共和党主流派与特朗普的相似之处至少有三点，一是强调世界的性质是“危险”的，二是强调军队建设，三是重视中东对美国的威胁。基于以上两个大的方面，特朗普政府的全球战略可能会呈现出五个特征：第一，以内向和收缩为基本特征；第二，“经济治国术”将成为特朗普的首要战略工具；第三，亚太、中东、欧洲仍将是美国三大地缘战略要点，但对不同地区的轻重缓急会“再‘再平衡’”；第四，战略实施过程中，特朗普政府可能表现出重双边、轻多边，重大国、轻小国的特点；第五，特朗普政府期待“实力”可以自动转化为世界政治中的“权力”。

中国现代国际关系研究院副院长袁鹏研究员认为，分析特朗普政府的亚太政策，需要结合其整体外交政策理念进行研判。在外交上，特朗普的核心理念是“美国优先”，因此可以预计，特朗普对亚太地区的重视程度不会亚于奥巴马。一方面，美国加大对亚太地区的关注和投入符合时代要求和美国利益；另一方面，特朗普经济优先的政策取向也决定了其对亚太的重视只会加强不会减弱。因此，特朗普亚太政策的主轴将会体现在五个方面。第一，将亚太置于美国全球大棋局中重新审视，不因“再平衡”而忽视对欧洲、中东的关注。第二，在亚太外交关系的处理上，可能会更加重视加大应对中、俄、印、日等大国关系的经营，而非过多关注越南、菲律宾、缅甸等中小国家，“抓大控小”一面会有所突出。第三，在总体资源分配上，更加重视军事力量的投入和布控。第四，对多边主义的兴趣不大，对双边关系的重视程度有所上升。第五，就热点区域而言，特朗普对朝鲜半岛的关注度明显增高，同时会兼及南海、台海。

北京大学国际关系学院院长贾庆国教授认为，未来特朗普政府的对华政策将表现为一种“有限度的变化与冲击”。这种变化与冲击主要包括：（1）安全问题上更强硬；（2）经贸问题上更强硬；（3）人权问题上淡化。从历史的角度看，特朗普上台后短期内对中美关系的负面影响要比长期大，这主要是由于以下三方面因素：第一，他在竞选过程中提出的一些政策主张会部分落实，由此给中美关系带来负面影响；第二，作为在野党候选人，其对现行政策不熟悉，会造成摩擦和增加不信任感；第三，特朗普团队中的强硬派会对中美关系带来消极影响。然而从长期角度看，面对美国政治的相互制衡机制、美国建制派的力量以及中美两国的共同利益，特朗普政府的对外政策以及对华政策可能还会回到美国历届政府所坚持的政策轨道上来。

复旦大学美国研究中心主任吴心伯教授认为，特朗普的个人理念及其团队都会对其对华政策的制定产生重要的影响。综合分析，特朗普的对华政策有可能具有三个特点：一是重经济、淡化意识形态和地缘政治因素；二是重双边、淡化多边；三是对中国的崛起，更多关注其对美国具体利益而非美国的领导地位或是世界秩序的角度考虑。因此，特朗普政府对华政策的具体走向有如下几个方面值得关注。第一，在经贸领域，特朗普的对华政策将既有机遇又有挑战，双方有可能在贸易方面产生摩擦，也有可能通过谈成双边投资协定实现互利双赢。第二，在亚太地区，特朗普不会继续奥巴马政府的再平衡战略，而可能从“一带一路”中寻求商机。当然，美方会继续警惕中国军事力量的发展，谋求对华军事优势。第三，在全球层面，鉴于特朗普的反全球化立场，中美在全球治理问题上的合作可能会受到掣肘。

Abstracts and Key Words

Deep-rooted Factors that Influenced the Results of the 2016 U.S. Presidential Election

…………………………………………………… *Lin Zhimin　Wang Jianwei*

[**Abstract**]　Contrary to the predictions by a majority of observers and the main stream media, Donald J.Trump, the Republican Party candidate, rose precipitously and won the 2016 U.S. presidential election. This paper tried to provide some preliminary but systemic analyses of the so-called "Trump phenomenon." It argued that the election victory by Donald Trump was not a fluke of luck. Instead, it was a reflection of some of the deeply-rooted problems and their advancement in American society and embedded in U.S. domestic and foreign policies. These problems included the strong social backlash against the policy of globalization, the deep polarization of American politics and society, the mistakes made by the Democratic Party, the domestic fallout of foreign policies, as well as the impact of the rise of the so-called "identity politics." This paper further argued that the election of Donald Trump as US President had broken the traditional patterns and laws of American politics. While the long-term impact of Trump's victory on US political system is impossible to know for now, one can expect further polarization of domestic politics in the US, routinization of political confrontations or even political instability rarely seen in the past.

[**Key Words**]　US Presidential Election　Donald Trump　Anti-globalization　Middle Class　Blue-collar Workers　Identity Politics

Political Polarization: A Great Challenge Facing the US Today

…………………………………………………………… *Liu Yongtao*

[**Abstract**] In recent years, political polarization has become a main topic of American politics. To some extent, it is the result of the political system design of this country when it was founded. In history, although partisan conflict and ideological divergence were always problems in American politics, they have become even worse now. Today, the polarization of American politics is reflected in three aspects: ideological divergence, gridlock of public policy and the vulgarization of political speech. This problem has become a great challenge facing the United States today.

[**Key Words**] US Political Polarization Ideological Divergence Gridlock of Public Policy the Vulgarization of Political Speech

On the Fungibility of Economic Power: China's Economic Rise and the Secutiry Order of East Asia

…………………………………………………………………… *Robert Ross*

[**Abstract**] China is now second only to the United States as a world economic power. Its economic rise has challenged U.S. ability to fundamentally shape the world trade order. But the importance of the rise of the Chinese economy for international security affairs is less clear. The key analytical issue for security studies is whether economic power is fungible in international security affairs, whether it can independently determine the strategic alignments of small states. This is also the key question in assessing the implications of China's economic rise for the East Asian security order. The political economy literature argues that trade dependence can lead small states to realign within great power politics, regardless of the military balance. But poor case selection challenges this prior literature. By using contemporary East Asia as a source of multiple bilateral case studies, I argue that the economic dependence of a small state on a great economic power is an insufficient force to influence independently small state strategic alignment preferences and that China's rising economic power has not generated and will not generate strategic accommodation by East Asia's economically dependent small states.

[**Key Words**] China's Economic Rise U. S.-China Relations East Asian Security Order Economic Interdependence

Analysis on Obama Administration Strategic Patience to North Korea

………………………………………………………………… *Zhang Jingquan*

[**Abstract**] As the key policy of Obama administration toward North Korea, strategic patience was a double tracks strategy of engagement and pressing synchronous. The target of strategic patience was vague, while it demonstrated on stressing pressure and neglecting engagement during operation. The issues of unfavourable engagement and failure pressure in the running of approach and the escalation of North Korean nuclear crisis and enforcement of alliance on the aspect of strategic efficiency which affected the security of Northeast Asia and relationship of Sino-U. S. passively. Therefore, it wasn't benefit for the improvement of North Korean nuclear crisis. Ingeneral, Trump administration should change strategic patience as for it had got into trouble.

[**Key Words**] Strategic Patience North Korean Nuclear Crisis Korean Peninsular Obama Administration

Games, Strategic Thinking and the Gaming Logic of China-U. S. Interactions: A Framework of Analysis

………………………………………………………………… *Pan Zhongqi*

[**Abstract**] To analyse the basic logic of China-U.S. strategic interactions, it is necessary to start from an analysis of real games instead of the game theory. According to the criteria of typicality, representation and comparability, Weiqi, Majiang and Taijiquan are games that best reflect the Chinese way of strategic thinking, whereas Chess, Texas Hold'em and American Football stand for the American way of strategic thinking. In playing those games, the way players define their strategic goals, threats, means, principles, linchpins, and taboos will bespeak their strategic thinking. Based upon an analysis of the Chinese and American strategic thinking through real games, the gaming logic of China-U.S. strategic interactions could be explored from a perspective of the capacity for accommodation between their strategic thinking, which will constitute a new framework of analysis for the studies of China-U.S. strategic interactions.

[**Key Words**] Game Strategic Thinking Strategic Interaction the Gaming Logic

The Trump Administration and the New Development of China-U.S. Economic Relations

…………………………………………………………………… *Song Guoyou*

[**Abstract**] China-U.S. economic and trade relations have been severely affected by U. S. domestic politics. Overall, Trump's economic and trade perspectives towards China have clear characteristics with fair trade, protective trade and reciprocal trade, and therefore Trump administration will bring new uncertainty to China-U.S. economic and trade relations. Although Trump's trade protectionism will be constrained by U.S. domestic factors, China-U.S. bilateral factors, global factors, he will still make various trade protectionist policies, toward China, which will damages China-U.S. economic and trade relations. In response to Trump's protectionism, China should be more actively, and shape Sino-U.S. economic and trade relations.

[**Key Words**] Trump Administration China-U.S. Economic Relations Trade Frictions

Chinese Investment in the United States and U.S.-China Relations

…………………………………………………………………… *Zhu Zhiqun*

[**Abstract**] China began to invest overseas in the 1960s and 1970s, particularly in Africa. After the 1990s, China expanded its coverage of outbound investment to other developing regions such as Latin America, Southeast Asia, Central Asia, and the Middle East. Since the beginning of the 21st century, China has entered a new phase of its economic diplomacy: investing in the developed West. This paper suggests that investment in the West is an integral part of China's "*zou chu qu*" strategy, which also includes the establishment of Asian Infrastructure Investment Bank and the launching of "One Belt One Road" initiative. This paper focuses on Chinese investment in the United States and discusses its motivations, features, challenges and opportunities. It argues that US concerns about Chinese investment stem from the long-standing lack of trust between the two countries. Both sides need to adjust to the changing conditions in international political economy, and they should sign an investment treaty to better serve their economic objectives as well as further improve bilateral relations.

[**Key Words**] Reform and Opening Up Outbound Investment Investment in the U. S. U. S.-China Relations International Political Economy

The Origin of the U.S.-Soviet Rapprochement in the 1980s

………………………………………………………………… *Wang Hao*

[**Abstract**] Scholars of international relations historyhave long believed that the U.S.-Sovietrapprochement in the 1980s began after Mikhail Gorbachev became the leader of the Soviet Union and conducted reforms. However, according to the newly declassified documents, the memoirs of high officialsin the Reagan Administration and some scholars' research, this idea is not in accordance with history. The real starting point of the U.S.-Soviet rapprochement in the 1980s is the so-called "Able Archer 83" incident as well as Reagan's strategic adjustment toward USSR afterward. In essence, the reversal of the Regan Doctrine came out of America's fear that a nuclear war may burst out between the two superpowers. Therefore, in this article, the author will illustrate the "Able Archer 83" incident and its impact on U.S. foreign policy, exploring the real origins of the so-called "Reagan Reversal" and the beginning of the U.S.-Soviet rapprochement in the 1980s.

[**Key Words**] "Able Archer 83" Ronald Regan American-Soviet relations the Cold War

An Analysis of the Positive Interaction on the Arctic Agenda between China and the United States

………………………………………………………………………… *Shen Peng*

[**Abstract**] As the melting of the arctic sea ice continues in recent years, the rise of arctic interest has drawn more international attention and has caused more geopolitical contests. Both the United States and China has upgraded their arctic policy and increased their resource investment in this area. During the later stage of Obama administration, an apparent increase of U.S. influence on arctic affairs has been seen. Thus the arctic as a new policy topic is becoming more and more important in China-U.S. relations. The China-U.S. contradiction on South China Sea strongly contrasts with their cooperation on the arctic affairs. Both countries has maintained an active cooperative attitude on arctic issues in the present bilateral political dialogue and international forum like Arctic Council. To seek more common interest in arctic agenda, China and the U.S. need to overcome the present difficulties and barriers on issues including arctic shipping, energy development, environment and ecological protection.

[**Key Words**] the Arctic Climate Change China-U. S. Relations Arctic Council

China-U.S. Counter-terrorism Cooperation: Current Dilemma and Future Ways

………………………………………………………………………… *Jia Chunyang*

[**Abstract**] After 9/11, China and U.S. carried out some extent counterterrorism cooperation. This cooperation is significant, but it is also confronted with some obstacles. Actually, both sides dissatisfied with the situation of this cooperation and accused each other. This insufficient of cooperation is the result of many factors, both sides need to analysis seriously so as to find the true reason. With the rise of the so called Islamic State and the expanding of islamic extremism, the global counter-terrorism situation has changed a lot, this change not only threatens China and U.S.' current interests, but also affects the rise and down of Chinese civilization and western civilization which was represented by China and U.S. respectively. In confront of the rise of IS and the changes of the world counter-terrorism situation, China and U.S. shall think deeply about the true situation and problem of their counter-terrorism cooperation, carry forward their counter-terrorism cooperation at the great strategic and civilization height rather than the tactical angle, so as to create a model for China and U.S. cooperation, and make due contributions to the world peace and stability while enhance both sides' national security and long term interests.

[**Key Words**] China U.S. Counter-terrorism Cooperation New Situation Future Ways

An Analysis of the Relations between U.S. Economic Inequality and Political Polarization

………………………………………………………………………… *Fu Sunxin*

[**Abstract**] Economic inequality is a long-lasting fundamental factor that causes U.S. political polarization. During the American history, the two times of the most serious economic inequlity are exactly the times of the most serious political polarization. Considering the indexes of Gini Coeffiecient and the household income and wealth shares of different classes, we can find out that U.S. economic inequality has become increasingly severedruing past decades of years. Economic inequality stimulates politicaldivision, andstrenghens political influence of the wealthy. The growing of income gap caused by economic equality increases difference of representivity of two major parties. Meanwhile, economic equalityalso solidifies and increases difference of voters' partisan indentity: the upper-and-middle-class voters have been more inclined to the Republican Party, and the lower-class voters more to the Democratic Party. In conclusion, the fundamental impact of economic inequality on elites' political behaviors is consolidating and enlarging their political division, that is to say, intensifying political polarization.

[**Key Words**] USA Political Polarization Economic Inequality Partisan Identity

复旦大学美国研究中心简介

复旦大学美国研究中心成立于1985年，是我国最早建立的专门从事美国研究的主要机构之一，也是我国高校第一个专门从事美国研究的机构。已故复旦大学校长、中心首任主任谢希德教授对中心的成立和发展作出了卓越贡献。

中心于2000年被批准为教育部普通高等学校人文社会科学重点研究基地，2006年又被批准为美国研究国家哲学社会科学创新基地。2015年牵头北京大学、中国人民大学、解放军军事科学院、中国现代国际关系研究院、中国社科院美国所等单位联合组建中美新型大国协同创新中心。

中心具有学术研究、政策咨询、人才培养、国际交流四大功能。中心以美国研究和中美关系研究为特色，研究领域涵盖美国政治、美国经济、美国外交、美国社会和文化、中国对美政策以及中美关系等。中心主办的学术刊物为《美国问题研究》辑刊，出版“21世纪的美国与世界”丛书。

中心积极开展决策咨询，与外交部建立了密切联系。中心研究人员经常性承担外交部研究课题、应邀参加外交部专家会议、率领或参加外交部专家学者小组赴美调研。

中心开设本科生和研究生课程10余门。自成立以来，已培养美国研究和中美关系研究方向硕士生200余名，博士研究生100余名。

中心与美国交流广泛，先后接待美国前总统卡特、前国务卿基辛格、克里斯托弗、副总统拜登等来访，与布鲁金斯学会、战略与国际问题研究中心等著名智库有密切的联系。

中心行政上隶属于外交部政策研究重点合作单位——复旦大学国际问题研究院，中心内设有一行政办公室和图书馆。中心现拥有一幢单独的办公大楼，总面积为8 000平方米。

征稿启事

《美国问题研究》（*Fudan American Review*）是由教育部人文社会科学重点研究基地复旦大学美国研究中心编辑、出版、发行的专业性学术刊物。现任主编为复旦大学美国研究中心主任吴心伯教授。

《美国问题研究》创刊于 2001 年。从初期作为全国高校系统唯一美国研究重点基地的学术成果展示平台，到如今的中国社会科学引文数据库（CSSCI）来源核心刊物，《美国问题研究》立足本校，面向国内外，致力于征集各种有关美国问题的前沿性、学术性、创造性研究，刊登对美国政治、经济、外交、社会与文化的独到见解，无论是过去的还是现在的，是全球背景下的，还是从某一特定区域出发的，其宗旨是加深对美国与各国关系、美国多元性、美国全球政治及文化影响力等方面的理解。《美国问题研究》每年正式出版两辑，并将不定期根据中美关系中的重大事件推出专辑。

本刊来稿要求：

（1）本刊欢迎用电子邮件附件发送至编辑部，或者提供打印稿，来稿时附寄稿件优盘。正文用五号宋体字，注释用小五号宋体字，一律采用脚注。

（2）文稿论点明确、论据可靠、数字准确，并应为能公开发表的数据，行文力求鲜明简练，引用文献资料需在文中标明。学术论文每篇字数一般为 1—2 万字；书评及学术会议综述一般在 4 000 字以内。

（3）来稿内容应依次包括：题名、作者姓名、工作单位、内容提要（250—300 字）、关键词（3—5 个）、正文；以及相应的英文题名、作者姓名、工作单位、内容摘要、关键词。同时请提供作者简介、详细通信地址、邮编、电话号码、电子邮件地址。来稿务必署作者真实姓名，并附身份证号码（以备稿酬支付）。

（4）来稿请勿一稿多投，来稿一经录用，即付稿酬，并赠送当期本刊2册。不采用的稿件，一律不退。3个月内未接到通知的，作者可自行处理。

（5）本刊实行匿名审稿制，对采用的稿件有删改权，不同意删改者，请在来稿中声明。

（6）文稿的著作权除《著作权法》另有规定外，属于作者，文责由作者自负。为适应我国信息化建设，扩大本刊及作者知识信息交流渠道，本刊已被《中国学术期刊网络出版总库》及CNKI系列数据库收录，其作者文章著作权使用费与本刊稿酬一次性给付。如作者不同意文章被收录，请在来稿时向本刊声明，本刊将作适当处理。

来稿请将电子版寄至FAR@fudan.edu.cn；也可将打印稿及优盘寄至上海市邯郸路220号复旦大学美国研究中心《美国问题研究》编辑部（邮编：200433）。

图书在版编目(CIP)数据

美国问题研究.第24辑/吴心伯主编.—上海:
上海人民出版社,2017
ISBN 978-7-208-14747-8

Ⅰ.①美… Ⅱ.①吴… Ⅲ.①美国-研究 Ⅳ.
①D771.2

中国版本图书馆CIP数据核字(2017)第207934号

责任编辑 王 琪
封面装帧 夏 芳

美国问题研究
(第24辑)
吴心伯 主编
世纪出版集团
上海人民出版社出版
(200001 上海福建中路193号 www.ewen.co)
世纪出版集团发行中心发行 常熟市新骅印刷有限公司印刷
开本720×1000 1/16 印张14.5 字数227,000
2017年6月第1版 2017年6月第1次印刷
ISBN 978-7-208-14747-8/D·3086
定价45.00元